實戰智慧館 340 李仁芳 策劃

走對下一步

——向棋王學策略思考

How Life Imitates Chess

Making the Right Moves, from the Board to the Boardroom

by

Garry Kasparov

with

Mig Greengard

卡斯帕洛夫 著

方祖芳 譯

實戰智慧館 340

走對下一步
——向棋王學策略思考

作　　者——卡斯帕洛夫（Garry Kasparov）
譯　　者——方祖芳
封面設計——黃聖文
主　　編——林麗雪
副總編輯——吳家恆
財經企管叢書總編輯——吳程遠
策　　劃——李仁芳博士
發 行 人——王榮文
出版發行——遠流出版事業股份有限公司
臺北市 100 南昌路二段 81 號 6 樓
電話：2392-6899　傳真：2392-6658
郵撥：0189456-1

著作權顧問——蕭雄淋律師
法律顧問——王秀哲律師・董安丹律師
排　　版——中原造像股份有限公司
2007 年 12 月 1 日初版一刷
行政院新聞局局版臺業字第 1295 號

新台幣售價 340 元（缺頁或破損的書，請寄回更換）

ISBN　978-957-32-6205-3

YLib 遠流博識網
http：//www.ylib.com　E-mail：ylib@ylib.com
http://www.ylib.com /ymba　E-mail: ymba@ylib.com

《實戰智慧館》

出版緣起

王榮文

在此時此地推出《實戰智慧館》，基於下列兩個重要理由：其一，臺灣社會經濟發展已到達了面對現實強烈競爭時，迫切渴求實際指導知識的階段，以尋求贏的策略；其二，我們的商業活動，也已從國內競爭的基礎擴大到國際競爭的新領域，數十年來，歷經大大小小商戰，積存了點點滴滴的實戰經驗，也確實到了整理彙編的時刻，把這些智慧留下來，以求未來面對更嚴酷的挑戰時，能有所憑藉與突破。

我們特別強調「實戰」，因爲我們認爲唯有在面對競爭對手強而有力的挑戰與壓力之下，爲了求生、求勝而擬定的種種決策和執行過程，最值得我們珍惜。經驗來自每一場硬仗，所有的勝利成果，都是靠著參與者小心翼翼、步步爲營而得到的。我們現在與未來最需要的是腳踏實地的「行動家」，而不是缺乏實際商場作戰經驗、徒憑理想的「空想家」。

我們重視「智慧」。「智慧」是衝破難局、克敵致勝的關鍵所在。在實戰中，若缺乏智慧的導引，只恃暴虎馮河之勇，與莽夫有什麼不一樣？翻開行銷史上赫赫戰役，都是以智取勝，才能建立起榮耀的殿堂。孫子兵法云：「兵者，詭道也。」意思也明指在競爭場上，智慧的重要性與不可取代性。

《實戰智慧館》的基本精神就是提供實戰經驗，啓發經營智慧。每本書都以人人可以懂的文字語言，綜述整理，爲未來建立「中國式管理」，鋪設牢固的基礎。

遠流出版公司《實戰智慧館》將繼續選擇優良讀物呈獻給國人。一方面請專人蒐集歐、美、日最新有關這類書籍譯介出版；另一方面，約聘專家學者對國人累積的經驗智慧，作深入的整編與研究。我們希望這兩條源流並行不悖，前者汲取先進國家的智慧，作爲他山之石；後者則是強固我們經營根本的唯一門徑。今天不做，明天會後悔的事，就必須立即去做。臺灣經濟的前途，或亦繫於有心人士，一起來參與譯介或撰述，集涓滴成洪流，爲明日臺灣的繁榮共同奮鬥。

這套叢書的前五十三種，我們請到周浩正先生主持，他爲叢書開拓了可觀的視野，奠定了紮實的基礎；從第五十四種起，由蘇拾平先生主編，由於他有在傳播媒體工作的經驗，更豐實了叢書的內容；自第一一六種起，由鄭書慧先生接手主編，他個人在實務工作上有豐富的操作經驗；自第一三九種起，由政大科管所教授李仁芳博士擔任策劃，希望借重他在學界、企業界及出版界的長期工作心得，能爲叢書的未來，繼續開創「前瞻」、「深廣」與「務實」的遠景。

《實戰智慧館》

策劃者的話

李仁芳

企業人一向是社經變局的敏銳嗅覺者，更是最踏實的務實主義者。

九○年代，意識形態的對抗雖然過去，產業戰爭的時代卻正方興未艾。

九○年代的世界是霸權顛覆、典範轉移的年代：政治上蘇聯解體；經濟上，通用汽車（GM）、IBM虧損累累——昔日帝國威勢不再，風華盡失。

九○年代的台灣是價値重估、資源重分配的年代：政治上，當年的嫡系一夕之間變偏房；經濟上，「大陸中國」即將成爲「海洋台灣」勃興「鉅型跨國工業公司（Giant Multinational Industrial Corporations）的關鍵槓桿因素。「大陸因子」正在改變企業集團掌控資源能力的排序——五年之內，台灣大企業的排名勢將出現嶄新次序。

企業人（追求筆直上昇精神的企業人！）如何在亂世（政治）與亂市（經濟）中求生？外在環境一片驚濤駭浪，如果未能抓準新世界的砥柱南針，在舊世界獲利最多者，在新世界將受傷最大。

亂世浮生中，如果能堅守正確的安身立命之道，在舊世界身處權勢邊陲弱勢者，在新世界將掌控權勢舞台新中央。

《實戰智慧館》所提出的視野與觀點，綜合來看，盼望可以讓台灣、香港、大陸，乃至全球華人經濟圈的企業人，能夠在亂世中智珠在握、回歸基本，不致目眩神迷，在企業生涯與個人前程規劃中，亂了章法。

四十年篳路藍縷，八百億美元出口創匯的產業台灣（Corporate Taiwan）經驗，需要從產業史的角度記錄、分析，讓台灣產業有史爲鑑，以通古今之變，俾能鑑往知來。

《實戰智慧館》將註記環境今昔之變，詮釋組織興衰之理。加緊台灣產業史、企業史的紀錄與分析工作。從本土產業、企業發展經驗中，提煉台灣自己的組織語彙與管理思想典範。切實協助台灣產業能有史爲鑑，知興亡、知得失，並進而提升台灣乃至華人經濟圈的生產力。

我們深深確信，植根於本土經驗的經營實戰智慧是絕對無可替代的。另一方面，我們也要留心蒐集、篩選歐美日等產業先進國家，與全球產業競局的著名商戰戰役，與領軍作戰企業執行首長深具啓發性的動人事蹟，加上本叢書譯介出版，俾益我們的企業人汲取其實戰智慧，作爲自我攻錯的他山之石。

追求筆直上昇精神的企業人！無論在舊世界中，你的地位與勝負如何，在舊典範大滅絕、新秩序大勃興的九〇年代，《實戰智慧館》會是你個人前程與事業生涯規劃中極具座標參考作用的羅盤，也將是每個企業人往二十一世紀新世界的探險旅程中，協助你抓準航向，亂中求勝的正確新地圖。

【策劃者簡介】

李仁芳教授，一九五一年出生於台北新莊。曾任政治大學科技管理研究所所長，輔仁大學管理學研究所所長，企管系主任，現為政大科技管理研究所教授，主授「創新管理」與「組織理論」，並擔任行政院國家發展基金創業投資審議會審議委員，交銀第一創投股份有限公司董事，經濟部工業局創意生活產業計畫共同召集人，中華民國科技管理學會理事，學學文化創意基金會董事，文化創意產業協會理事，陳茂榜工商發展基金會董事。近年研究工作重點在台灣產業史的記錄與分析。著有《管理心靈》、《7-ELEVEN 統一超商縱橫台灣》等書。

走對下一步
How Life Imitates Chess

目錄

第三部 融會貫通

推薦文一

棋場·商場·人生競爭場

文化評論家
南方朔

本書作者前世界棋王卡斯帕洛夫（Garry Kasparov），已於九月三十日被俄羅斯在野反對聯盟「另一個俄羅斯」，推選爲反對陣營總統候選人，參加二〇〇八年三月二日大選。這也是他二〇〇五年三月宣告從棋王寶座退休下來後，轉換跑道，終於站到了新跑道的第一線。

坦白說，卡斯帕洛夫的大選之路，可以說完全不被看好。目前俄國是普丁總統當道，以恢復大國地位爲號召，加以油價持續飆漲，俄國售油所得增加，經濟成長率平均皆破七，因而他的聲望高達七至八成，由於普丁即將於二〇〇八年三月任滿，他遂部署出兩個皆由他掌控的政黨：一個是較大的中間偏左「圖結俄羅斯黨」，有百分之五十七的實力；另一個是中間偏右的「正義俄羅斯黨」，有百分之十四的實力。今年十二月俄國國會改選，估計這兩黨將可囊括絕對多數席次。此外，普丁也修法。將政黨的國會得票門檻由百分之五升高到百分之七。這意味著在野小黨將更難生存。國會改選後，由於普丁掌控的兩黨囊括國會席次，他即可出任總理，繼續掌控權力。

至於總統方面，普丁目前已任命一個藉藉無名的技術官僚祖布科夫（Viktor Zubkov）爲總理。屆時將由祖布科夫競選總統，在普丁全力加持下，他當選並成爲普丁的傀儡分身可謂毫無問題。

而在野反對勢力方面，目前則處於嚴重分裂與潰散的狀態。幾個老資格的反對政黨，如前總理朱拜斯（Anatoly Chubais）領軍的「正義力量聯盟」，由於過去當權時推動特權式的私有化，搞到民不聊生，早已不被人民支持。這些老在野派已注定將加速沒落。而前棋王卡斯帕洛夫從二〇〇四年起即開始進入政治活動領域，到了二〇〇六年成立「另一個俄羅斯」組織，完成了參與政治的準備工作。不過，搞政治與下棋，雖然在許多地方有類似性，但也有極大的不同，而政治最難免的就是惡鬥與內耗。「另一個俄羅斯」成立迄今一年餘，幾個上層人物和前總統卡斯雅洛夫（Mikhail Kasyanov）、獨立國會議員里茲科夫（Vladimir Ryzhkov），以及卡斯帕洛夫間即爭執不已，爲了推選總統候選人，也是六人相爭。所幸卡斯帕洛夫由於形象清新，始告勝出。在野勢力的四分五裂的確使得卡斯帕洛夫的從政之路充滿了崎嶇坎坷。

然而，從中長期來看，卡斯帕洛夫的從政也並非全無希望。他目前年方四十三歲，在棋壇這已是老人，但對政壇這卻只能勉強算新人。年齡的優勢使他可以等待形勢的變化；而目前普丁五十四歲，如日中天，但因權力獨攬，將來難免走下坡，屆時情勢就會往有利於卡斯帕洛夫的方向轉移。他被提名參選總統，就像他當年進棋藝學校深造一樣，只不過是漫長努力的開始而已。他說，「人生即是準備」，現在是他的另一個準備。

卡斯帕洛夫是中亞亞塞拜然首都巴庫人，他的母親是亞美利亞人的後裔，父親是猶太人，這兩個族裔原來就是世界西洋棋的主力。他因爲自幼即顯露下棋的才華，而被送進老一輩棋王博特溫尼克（Mikhail Botvinnik）所辦的棋藝學校深造，而後一路上衝。一九八四年爭奪世界冠軍，與前棋王卡波夫（Anatoly Karpov）對局，爲時五個月，下了四十八盤仍未分勝負，之後被裁定翌年再戰。一九八五年他二十二歲終於成爲棋王。二〇〇五年退休。他蟬連棋王十五年，退休時仍是全球積分最高的棋手。而他會退休，當然是要轉換跑道，由棋壇轉政壇，由棋中天下，到眞正的人間天下。

這部《走對下一步》乃是卡斯帕洛夫自述生平經驗與感悟之作。其中有對自己棋壇戰績的評價與自省，有自己對前輩人物的品評，也有許多段落說到自己的出身和對國家民族大事的想法，以及自己爲何要改換跑道的原因。任何人閱讀這本著作，都會對這位前棋王知識的淵博與會通感到驚訝。他對棋場固然博知今古，而對歷代戰場、商場，也同樣極爲熟悉。許多人根據刻板印象，認爲棋士都是那種聰明才智單向發展，除了下棋，別的什麼都不會的怪人，甚至還是精神上有毛病的人。這當然是種偏見。歷代有許多棋王與高等棋手很怪，但不怪的更多。卡斯帕洛夫這本淵博深思的著作就是否證偏見的最雄辯說明。他並非出身中亞邊緣小國只會下棋的棋手，而是見多識廣，有世界視野，有國際關懷的非凡人物。

這部著作表面上是下棋的策略之書，而深入看則其實是正視生命、珍惜生命的人生策略之書。卡斯帕洛夫說棋，早已超越了技術性的戰術層次，而將它拉高到了戰略層次。這時候，棋場即戰場、即商場、即職場，即人生這個更大的競爭場。我在讀過此書後，特別有所感的，乃是他那種失敗固然要反省、勝利也要反省的自省精神，以及他那種不自我滿足也不自我懈怠，視人生爲準備的嚴肅態度。他會在棋壇達到頂峰後，進而關心俄羅斯的國家與人民，這種過了一山又一山，眼界永遠看著更高山的生命態度，或許才是眞正的啓發吧！

最近半年多來，卡斯帕洛夫的政治活動日增，他曾多次率眾在莫斯科進行政治示威遊行，反對普丁的權力壟斷。主張恢復自由民主。而今他又被推爲反對陣營的候選人，將參加二〇〇八年三月的大選。估計二〇〇八大選，俄國各方人馬角逐總統職位者將達五到六人之多。卡斯帕洛夫想要出線，在這次絕不可能，可是時代會變，俄國人心會變，今年才四十三歲的他，現在才剛入門政治，誰又知道再過四年、八年，人們不會稱「棋王卡斯帕洛夫」爲「總統卡斯帕洛夫」呢？

推薦文二

給不愛「輸」的人看的書

台大土木系教授、西洋棋協會秘書長
劉格非

西洋棋的比賽中只有輸與贏，但西洋棋帶給人生的影響，遠比「輸贏」更有深意。如果你只想找一本指導手冊「如何下西洋棋」、「西洋棋下棋準則」？這本書恐怕不適合你，因爲這本書不會教你下一步該如何走，而是教你如何深入思考學習策略的應用，甚至企業的經營管理。因此，如果你想嘗試西洋棋的美妙之處與情趣，或是藉由西洋棋體驗更多生活知識並學習世界頂尖棋手如何思考與研究西洋棋，千萬不要錯過這本好書。沒下過西洋棋的朋友、西洋棋的初學者、專家、大師，都可藉由本書瞭解並體會西洋棋的意境。

卡斯帕洛夫爲世界公認最有才氣的棋王之一，他雖在職業生涯中仍嘗過敗績，但由於他日漸成熟的人生態度，讓他可以馬上又站回高峰，就連世界頂尖高手都只能在與他初次對戰時占到便宜，之後就很難再挑戰成功。這本書就是敘述他的人生與下棋哲學。凡是不愛「輸」的人，看完這本書也許會幫你打通任督二脈。

人生如棋，棋如人生，棋下得好的人，往往能對人生的某部分看得很透徹。難得的是，卡斯帕洛夫沒有一味強調自己的成功，卻是正反兩面平衡呈現，完全沒有偏向他自己喜歡的攻擊性思考，光是這一點，就值得讀者反覆閱讀，看看他如何壓抑自我喜好，做到對自我中立的批評。最重要的一點是卡斯帕洛夫把對手當成借鏡，並由鏡中的反映，清楚看出自己的特色與缺點，進而學習與磨練自己，在人生中，能做到這一點的人究竟有多少？不過這也有負面效果，他曾說「年輕的我，只會攻擊，年長的我，學會下好棋，攻擊是因爲必要，但卻因爲知識的累積，有時造成了累贅。」這些在矛盾中學習的過程，令人敬佩激賞。

特別值得一提的是，書中也帶出了我個人對國內棋手想提醒的注意要點與原則，例如如何評估，如何計算，如何思考。棋王在書中表達的許多中心概念，跟現在台灣推行的「創造力教育」不謀而合，應用在西洋棋上，就如「決策與創新的平衡」、「佈局與直覺的平衡」、「先決定目標再走子」、「防禦要有快速攻擊」等看似矛盾但事實上卻是致勝的微妙關鍵。尤其作者又以子力、交換、開局、中局、殘局、決策和攻擊等順序來說明，事實上是一本極佳的整體戰術觀念教科書。

本書也提到培養棋界霸主的心理教育，應用於商業或教育，就是一個培養靈活有創意的領導者所需的態度。從學習問「好問題」開始，然後思索人世間或棋手間的微妙差異，最後談到如何以宏觀與直覺來應付危機，非常精采。

後記〈生命即是準備〉是棋王經歷千萬個奮鬥的精神宣言。我們大部分的人從來沒有覺得自己有「充足的準備」過，但只要認清失敗不是結束，並朝大目標出發的準備永遠是進行式，就不會因害怕失敗而沮喪，反而會把挫折當作「準備」。這種正向思考正是成功人士的特質。希望你看完本書，即使對西洋棋沒有更深入的了解，也至少會變成更沉著、更會思考的成功者。此外，我發現本書也提供多次閱讀的喜悅。再次閱讀會帶出不同的體驗與解讀。我希望大家跟我一樣，能從中學習到許多我自己都說不清的觀念與態度。

導言
成功的秘訣

我十來歲時便在西洋棋極其風靡的蘇聯嶄露頭角，因此接受訪問、發表公開演說，對我已是家常便飯。早年受訪時，除了偶爾出現關於嗜好或女孩的問題，人們大多把焦點放在我的西洋棋生涯。不過，一九八五年，我在二十二歲時成爲有史以來最年輕的西洋棋世界冠軍，從此以後，採訪的問題有了很大的變化，大家對棋局、賽事興趣缺缺，反而想知道我如何達到這種空前的成就。我爲何這麼努力？我能預先計算幾步棋？比賽時我都在想些什麼？我是否有過目不忘的記憶力？我吃什麼？每晚睡覺前都做些什麼？簡言之，我成功的秘訣究竟爲何？

沒多久，我就發現我的答案頗令對方失望：我很努力，是出於母親的教誨；計算到幾步棋，要視局面而定；比賽時，我在仔細回想事前的準備，並計算各種可能的變著；我的記性不錯，但沒到過目不忘的地步；比賽前我會吃一頓豐盛的午餐，菜色包括燻鮭魚、牛排、通寧水（遺憾的是，我快四十歲的時候，體能教練就禁止我再吃這套大餐）；我每晚睡覺前一定要刷牙。這些答案簡直稀鬆平常，的確並非激勵人心的答案。

人們似乎都在尋求某種明確的方法、某種普世通用的方案，以便依樣畫葫蘆，達到無往不利的境界。人們詢問知名作家使用何種紙筆，彷彿是寫作工具造就了他們的作品。這種問題顯然忽略了一個重點，那就是人人生而獨一無二，每個人都是基因與經驗等無數個元素結合與轉變之下的結果。每個人在作決策時，都有一套獨特的模式，我們的目標是要將這套模式發揮到極致，先愼思明辨，再評估其效用，然後設法加以改善。

本書描述了我如何塑造自己的模式，包括我當時的想法，以及我以事後諸葛的角度所做的檢討回顧，也會提及幾位直接或間接幫助我成長的人，包括我第一個西洋棋偶像阿廖欣（Alexander Alekhine, 1892~1946），他的棋局對我的啓發；以及邱吉爾，至今我仍時時將其名言及著作奉爲圭臬。

這本書如果是在我大幅度轉換職業生涯，從棋壇轉到政壇之前完成，一定相當不同。因爲我需要時間省思西洋棋對我的啓示；再者，轉換跑道的全新經驗，迫使我必須探索「我是誰」、「我的能力何在」等問題。光有鼓吹民主的熱忱還不夠，我必須積極爭取盟友、組織會議，這讓我必須以截然不同的方法，運用我的策略視野與西洋棋技巧。在老本行裡待了二十五年之後，我必須分析自己的能力，才能重建自我、面對這些全新的挑戰。

我希望讀者能藉由這些例子，深入了解自己作決策的過程，激發進一步的成長。想達到這個目標，有賴誠實的自我評估，並徹底檢討自己是否充分發揮潛能，這裡頭絕對沒有捷徑。本書不是要傳授秘訣或竅門，而是關於自覺與挑戰，關於如何挑戰自己、挑戰別人，從而學會作出最佳決策。

當我了解到，與其想些華而不實的答案來搪塞「你在想些什麼？」這種沒完沒了的問題，不如找出眞正的答案，會更有意思。也就是這個想法驅使我寫下這本書。不過，職業棋手忙碌的生活中，要應付滿檔的行程、賽事和準備工作，在實際的內省之餘，實在沒有多少時間再做些哲學的內省。二〇〇五年三月，我自棋壇退休後，終於有時間、也更能從客觀的角度回顧我的經驗，希望透過本書的分享，能對大家有所幫助。

心靈地圖

六歲生日那天，我一睜開眼就看到我所收過最棒的禮物：我床邊擺了一顆好大的地球儀！我大力揉揉眼睛，才敢相信這是眞的。我對地圖和地理一向很感興趣，最喜歡的兒時故事，就是父親講的馬可波羅、哥倫布、麥哲倫等人的冒險奇航。最初是父親唸給我聽褚威格的《麥哲倫航海記》（*Conqueror of the Seas: The Story of Magellan*），從此之後，我們最愛的遊戲就是在地球儀上追溯這些偉大冒險家的旅程。

過沒多久，我就知道世界上所有國家的首都、人口，還有任何我找得到的資料。這些眞實的冒險故事，比任何童話都更能吸引我。雖然父親和我並沒有鑽研那個時代航海的艱辛，但我知道，一定是具備極大勇氣的人，才敢從事這種冒險之旅。這些故事點燃了我的先驅者精神：我想開創新的道路，即便對當時的我來說，只不過是回家時換一條不同的路走。而在職業西洋棋手的生涯裡，我也不斷尋求新的挑戰，追尋前無古人的志業。

偉大冒險家和帝王的時代已然告終，但是仍有珍貴的疆域等待我們去發掘，我們可以探索自己的界限以及人生的界限，也可以幫他人做相同的事，也許是在孩子生日時送他一個地球儀，或是在數位時代中相當於地球儀的科技產品。

擁有一張個人化的心靈地圖十分重要，不過，這本書僅能概略觸及繪製地圖時的觀察與分析，誇張一點說，找出最小公約數是沒用的。對每個人都明顯或一樣的東西，對我們沒什麼用處，也不會讓我們有長進，我們要看得更高、掘得更深，要超越基本而放諸四海皆準的標準。理論上，任何人都能在半小時內學會下西洋棋，無論男女老幼，規則當然都一樣。然而，當你超越了最初僅擔心有無遵循規矩下棋的程度後，就會開始塑造出自己的模式，就是這些模式讓我們有別於其他會下棋的人。

找到了模式與運用的邏輯，再融合我們與生俱來的特質，就把我們塑造成獨一無二的決策者。經驗和知識可以透過天資而聚焦，而個人天資是可以激發、形塑與培養的。這些融合起來便是直覺的來源，也是我們每個人獨一無二的工具。在這裡，我們開始看到每個人在決策中受到心理狀態與情緒的影響，這也就是所謂棋手的風格。西洋棋是檢視這些影響的絕佳工具。因爲在下棋時，爲了求勝，我們不得不分析自己的決策，以及這些決策從何而來。「自我檢驗」——這才是採訪我的人眞正需要的答案，而不是我無關緊要的生活習慣。

我們無法隨意挑選自己偏好的風格，這不像一般電腦程式可以下載與安裝。我們必須先了解什麼方式對自己最管用，並經由挑戰與嘗試發展出自己的方法。我的缺點何在？優點爲何？我經常逃避的挑戰是什麼類型？爲什麼？成功的方法是個秘密，你只能藉由分析自己的決策才能揭開這個秘密。沒人能教你如何作出更好的決策，但是你可以自己教自己。

我所描述的乍看之下可能有些矛盾：我們必須有意識地去察覺自己決策的過程，然後經由練習，改善我們無意識的直覺表現！我們需要這種不自然的行爲，因爲身爲成年人的我們，已經養成一套自己的模式，好的壞的都有，若要除弊揚善，就必須採取主動，變得更有自覺。

我在這本書裡，會試著用實例和分析爲這種自覺開啓一扇門。第一部會探討最基本的要素，包括作決策的基本能力與技巧，也就是策略、計算與準備。我們不僅要了解，也必須具備這些基本功夫；第二部是評估與分析的階段，我們需要改變什麼？原因何在？我們會在這部分討論自我檢驗的方法與好處；第三部是檢視一些融會貫通、改善表現的微妙方法，心理狀態與直覺會影響決策的所有面向與結果，我們必須培養宏觀的能力，以及處理危機、從危機中學習的能力。

每個關鍵時刻都是轉捩點，每一次在岔路口所作的決定，都無法再回頭。我們就是爲了這些時刻而活，而這些時刻也界定了我們的生命。我們因此學會更了解自己、了解自己眞正在乎什麼。因此，「秘密」就是接受而不是逃避這些挑戰，唯有如此才能發掘並善用自己所有的天賦，刻劃出屬於自己的藍圖，以作出更好的決策。我們也要相信自己的直覺，並且了解，無論結果如何，我們都會變得更強，這對我們每一個人來說，就是獨一無二的成功秘訣了。

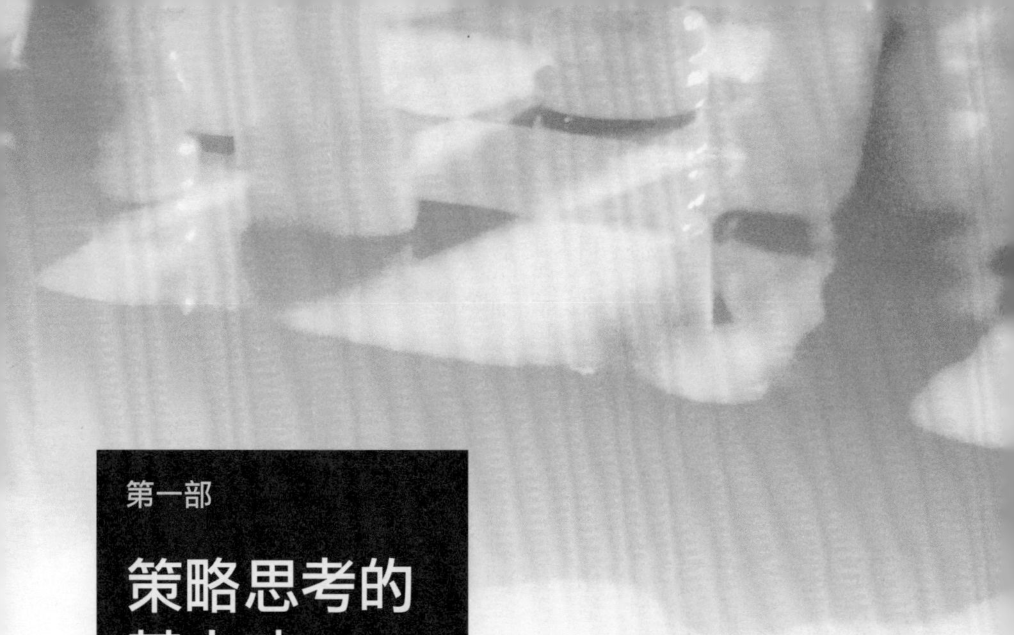

第一部

策略思考的基本功

第一章 背水一戰

「『馬拉松棋賽』讓我看到什麼是成功的關鍵：單憑才華洋溢是不夠的，努力奮發、挑燈夜戰也不夠，你必須徹底了解自己作決策所使用的方法。」

——卡斯帕洛夫

我首次爭奪世界冠軍頭銜是在一九八四年，當時我扮演的角色是個挑戰世界棋王的年輕人，而這位棋王已經蟬連冠軍寶座將近十年。當時二十一歲的我，正以迅雷不及掩耳之速躍升棋壇頂端，從沒想過我竟無法越過這最後的障礙，所以，當我連輸四盤，一盤也沒贏時，自己都感到很震驚，再輸兩盤就要宣告失敗，這是多麼羞辱的慘敗啊。

若問何時該改變策略，此其時也。我沒有陷入絕望之中，反而強迫自己準備面對長期的消耗戰，改打游擊戰略，降低風險，靜待機會。我的對手、同爲蘇聯人的卡波夫（Anatoly Karpov）爲了達到他自己的目的，也很「配合」我的計畫，他打算以完美的六比零好好教訓一下這個快速竄紅的對手，所以他下得非常小心，沒有乘勝追擊一舉將我擊垮。

卡波夫此舉，似可看到前任棋王費雪（Bobby Fischer, 1943~）的影子，在卡波夫一九七二年登上世界冠軍寶座之前，費雪這位美國人在與世界級的挑戰者對奕時，曾拿下兩次完美的六比零，連一盤和棋也沒有。卡波夫與我對奕時改變戰略，有幾分打算模仿費雪傳奇事蹟的意味，不過，面對我這個對手，企圖與費雪看齊的壓力和陰影卻讓他鑄下大錯。

隨後的十七盤都未能分出勝負，但這些和局並非毫無意義，因爲我的新策略似已奏效。比賽拖了好幾個月，刷新所有世界冠軍賽的紀錄。我和伙伴們鑽研卡波夫的棋路，以及他可能使用的策略，我們花在這上頭的時間之多，讓我感覺彷彿自己就快變成卡波夫了。在幾百個小時的對奕和準備過程中，我對自己的棋路和心理也下了一番工夫，在那之前，我的西洋棋生涯可謂順心如意，贏棋是很自然的事。現在，我必須把心力專注於自己作決策的過程，才能修正錯誤。這一招的確管用，可是到了第二十七盤，我又輸了，比數變成零比五，看來我學得還不夠快。萬一再輸一盤，便要再等三年才有機會再度角逐棋王頭銜。

比賽邁入第三個月，我仍舊採取守勢。我的棋風改變，讓卡波夫漸感難以進擊。我覺得我就快要解開謎團，而對手也愈來愈挫折疲憊。最後，水壩終於潰決，撐過第三十一盤之後，乘卡波夫沒能使出關鍵性一擊的機會，我贏了第三十二盤棋，開始轉守爲攻。接下來五個禮拜的奕局又都是和局，不過，我反倒比對手創造出更多贏面。此時，全世界也開始懷疑比賽到底會不會結束，從來沒有世界冠軍棋賽拖過三個月以上，而我們的比賽已經邁入第五個月。卡波夫看來非常疲累，我的攻勢則開始轉強，第四十六盤我差一點就贏了；第四十七盤，我獲得壓倒性的勝利，奇蹟是否就要出現？就在此時，主辦單位突然宣布棋手需要休息，下一盤棋賽延至幾天後舉行。不過，即便主辦單位作出此一史無前例的決定，我還是贏了下一盤，比數變成三比五，我的攻勢銳不可當。

接下來發生意想不到的轉折，一九八五年二月十五日，國際西洋棋總會（FIDE）主席坎波馬斯（Florencio Campomanes, 1927～）屈從於前蘇聯體育當局的壓力，在莫斯科召開記者會，宣布取消這場棋賽。歷時五個月、一共四十八盤棋、幾千個小時的對奕與研究，竟在沒有勝負的狀況下結束！六個月後我們兩人要再對戰一次，這一次限制最多只能比二十四盤。卡波夫的危機暫告解除，可以暫時保有他的世界冠軍頭銜。正式的新聞聲明指出，卡波夫「接受」此一決定，而卡斯帕洛夫則是「遵守」這個決定，很微妙但也很正確的用詞對照。這場不名譽的記者會舉辦地點斯博特飯店後來已遭拆除，不過，此地極權主義的象徵卻永遠留存在我的記憶裡，也一直留存在莫斯科。

這場比賽，除了讓我對蘇聯和西洋棋壇政治黑幕有了深刻的了解，也讓我學到很多。這令我筋疲力竭的五個月裡，世界棋王成了我的私人教練，我不僅學到他的棋路，也深刻了解自己思考的過程，我愈來愈能認清自己的錯誤，也更清楚自己犯錯的原因，學會如何避免犯錯、如何改善決策過程，這是我第一次不純然憑直覺下棋，而是眞實的體驗自我質疑。

第二次比賽在莫斯科展開，這次我不必等待數月之久才拿下第一勝，第一盤我就贏了。比賽過程依然艱苦，幾乎每盤棋賽開始我都處於劣勢，可是這一次我已非昔日吳下阿蒙，我將卡波夫挖掘的漏洞一一塡補。此時二十二歲的我，已是見多識廣的老手，我順利拿下世界冠軍，並蟬連棋王十五年。我在二〇〇五年退休時，仍是全世界積分最高的棋手。不過，對於想一直站在峰頂的棋手，四十一歲實在太老了，當時我很多對手只不過十幾歲。

若非卡波夫給我的訓練，我不可能稱霸棋壇那麼多年，他讓我更了解自己的棋路和弱點。只是讓自己的弱點顯現尚且不足，更重要的是親自發現自己的弱點。當時我並不是很清楚這點，但是那場轟動一時的「馬拉松棋賽」讓我看到什麼是成功的關鍵：單憑才華洋溢是不夠的，努力奮發、挑燈夜戰也不夠，你必須徹底了解自己作決策所使用的方法。

唯有自省、自覺能融合知識、經驗與才華，才能讓你登峰造極。少有人能掌握機會如此分析自我，所有的決定都源自於內在的過程，無論是在棋盤上、在白宮、在董事會會議室，或在廚房的料理檯上，決策的主題容或不同，但過程可能相當類似。

從小西洋棋就是我生活的重心，難怪我總以西洋棋來縱觀世界，我發現一般想從外界窺探這六十四方格世界奧妙所在的人，要不是太尊重、就是不夠尊重。西洋棋不是茶餘飯後的消遣，也非天才和超級電腦的專屬活動。爲了讓讀者更能掌握主題，我會在下一章大致討論一般人對這種所謂「王室遊戲」的了解和誤解。

卡波夫，一九五一年生，蘇俄人

塑造我一生的對手

卡波夫是第十二任西洋棋王（一九七五至一九八五年），生於蘇聯的茲拉托烏斯特。一九七五年，美國籍棋王費雪在與國際西洋棋總會交涉失敗後，頭銜遭到取消，卡波夫隨即成為世界冠軍。正因為是在這種情況下取得王位，他覺得有必要向世人證明自己當之無愧，所以贏了一場又一場的錦標賽，他的錦標賽成績至今仍居世界之冠。

他在一九七八和一九八一年擊敗科奇諾伊（Viktor Korchnoi, 1931~），成功保住冠軍頭銜。我和卡波夫在連續五屆世界冠軍賽中對奕：一九八四年、一九八五年、一九八六年、一九八七年、一九九〇年，總共一百四十四盤棋賽。經過這一輪馬拉松棋賽，我們的得分居然十分平均：我贏二十一盤、卡波夫贏十九盤、平手一〇四盤！世人將這些「雙卡之戰」（K-K Matches）視為有史以來捉對廝殺最激烈的體育賽事。

由於蘇聯政府處心積慮想從美國人費雪手中奪回西洋棋冠軍榮銜，卡波夫背後有強大的政治支持，他和蘇聯政府的關係非常密切，生性好與當權人士交往，我們兩人如火似冰的相反棋風，在棋盤外也反映出我們「一個合作、一個叛逆」的名聲。

他精於周密操盤的棋風，甚至在西洋棋術語中都有「卡波夫式」的形容詞，意思是如蟒蛇蜷曲窒息獵物般，以有條不紊、靜默的手法擊敗對手。

棋手品評

塔爾（Mikhail Tal, 1936~1992）：「對手只有在局勢無法挽回時，才會發現卡波夫的企圖。」

本人自述

卡波夫：「如果說一盤棋有兩種繼續下棋的方法，一種是優美的戰術奇襲，但變數可能增多，無法精準估算；另一種是以明確的局面施加壓力，且結果仍有一絲勝算，那麼我會毫不遲疑地選擇後者。」

第二章　人生如棋

「當然，與限制重重的六十四格棋盤相較，商業和軍事的世界近乎無邊無盡。但是，正因為西洋棋的範圍有限，它才能成為制定決策的通用典範。」

——卡斯帕洛夫

西洋棋和西洋棋士的形象之矛盾，實在找不出其他例子可以比較。舉世公認西洋棋是智慧、複雜、細膩、巧妙的象徵，可是虔心下棋的棋手卻總給人古怪、甚至精神異常的印象。很多西方國家的人對西洋棋手的刻板印象往往不是營養不良、身體孱弱，就是天資聰穎卻憤世嫉俗的書呆子，即便好萊塢電影時常出現西洋棋的正面形象、麥迪遜大道上也有一些西洋棋社，但這些刻板印象始終揮之不去。

大家應該都記得〇〇七電影《第七號情報員續集》（*From Russia With Love*）的開場段，反派角色克勞斯汀在贏了一盤棋賽之後，便直接開始密謀全球大災難。龐德的作者伊恩．佛萊明（Ian Fleming, 1908~1964）和導演在揣摩克勞斯汀和對手麥克亞當斯的棋局時格外仔細，他們以兩位蘇聯西洋棋高手，第十任世界冠軍史帕斯基（Boris Spassky, 1937~）和一度爭奪世界冠軍頭銜未果的挑戰者布隆斯坦（David Bronstein, 1924~2006）的對奕爲根據。電影劇情顯然是拿西洋棋來作暗喻，正如同龐德同事警告他的：「這些俄國人都是西洋棋高手，他們一旦要執行祕密計畫，就會做得天衣無縫。棋賽經過分秒不差的計畫，連開局的棄子也準備好了❶。」

許多其他電影也運用類似手法，用西洋棋來展現主角的聰明和策略思考能力，一九九五年的電影《刺客戰場》（*Assassins*）中，席維斯史特龍和安東尼奧班德拉斯扮演白天互相想殺掉對方、晚上在網路上對奕的職業殺手；庫柏利克（Stanley Kubrick, 1928~1999）一九六八年執導的電影《二〇〇一太空漫遊》裡，一部叫做赫爾九〇〇〇（HAL 9000）的電腦和劇中人物普爾下棋，輕鬆將他擊敗，預示這部電腦終將殺害普爾。

對西洋棋手的刻板印象還包括我們是內向的生物、有近乎偏執甚至自閉的傾向。納博科夫❷熱愛西洋棋，但是他一九三〇年的小說《防衛戰》（*The Defense*，後更名為《盧金防衛戰》〔*The Luzhin Defense*〕）卻未導正這種刻板印象，書中的主角是位笨拙遲緩的西洋棋大師，除了棋藝精湛外幾乎無法適應社會，二〇〇〇年的電影版本將原著改編成浪漫故事，試圖勾勒出較為怡人的圖像。

奧地利作家褚威格（Stefan Zweig, 1881~1942）虛擬的西洋棋世界裡，也住著人格受損、性情古怪的人物，他過世後出版的中篇小說《西洋棋的故事》（*The Royal Game*）是從心理學和政治學的層面評論納粹主義，故事圍繞著兩盤棋賽，對奕的一方是幾乎目不識丁的西洋棋世界冠軍，另一方是在被秘密警察蓋世太保監禁時，自己跟自己下棋乃致發瘋的醫生，褚威格在這部小說裡對西洋棋有以下這段令人驚嘆不已的描述：

若把西洋棋稱作遊戲，豈非太冒犯、太狹隘的解釋？西洋棋難道不是一門科學、一項技能、一種藝術？或轉換於這三者之間，就像穆罕默德的靈柩❸在天地之間擺盪，同時兼具所有矛盾的概念——歷史悠久，卻能永保如新；運移僵化呆板，卻能以想像發揮作用；侷限於幾何空間，組合變化卻永無止境……。

但事實證明，西洋棋的存在比任何書籍、任何成就都更長久；它是唯一雅俗共賞、老少咸宜的遊戲；沒人知道是哪位天神把它帶到世間，供人消愁解悶、鍛鍊心智、振奮精神……。

西洋棋簡單的規則孩童能學，魯鈍之人也屈服於其誘惑，然而，在這永恆不變的狹小方城之間，卻創造出一種具備大師風範、無與倫比的特殊人種——這些人注定是要下棋的，他們是獨一無二的天才，他們的遠見、耐心、技巧是透過高度精準的配置，就像天賦異稟的數學家、詩人、作曲家，只不過是整合的層次不同。

眞實世界裡的西洋棋手

過去的確有一些著名的西洋棋手在職業生涯中或退出棋壇後，出現精神方面的問題。一

❶雙關語，意指整個計畫都經過縝密設計，連要對敵人說的開場白以及要犧牲的部屬都想好了。
❷納博科夫（Vladimir Nabokov, 1899~1977），俄國作家，著作包括《羅麗塔》、《幽冥的火》等。
❸相傳伊斯蘭教先知穆罕默德的棺木懸在半空中。

九二四年，德國的西洋棋大師馮巴德萊本（Curt von Bardeleben, 1861~1924）跳樓自殺，與納博科夫小說裡的盧金如出一轍；第一任世界冠軍史坦尼茨（Wilhelm Steinitz, 1836~1900）晚年的心智狀況時好時壞；二十世紀前葉最成功的西洋棋手之一，猶太裔波蘭棋手魯賓斯坦（Akiba Rubinstein, 1882~1961）漸漸出現病態的膽怯症狀，他每走完一步棋，就會躲到賽場角落等待對手回應。

美國有史以來僅有的二位西洋棋大師都在全盛時期退出棋壇，而且精神狀況都不太穩定。紐奧良的莫爾菲（Paul Morphy, 1837~1884）在一八五七至一八五八年的歐洲巡迴賽中，擊敗全世界的頂尖棋手，僅僅幾年後卻退出棋壇，在法界執業，載浮載沉，從此沒再參加過任何正式棋賽。美國的第一個西洋棋偶像晚年飽受幻覺折磨，部分媒體將此歸咎於他超乎常人的智力。

一九七二年，費雪在冰島雷克雅未克的傳奇棋賽中，從史帕斯基和蘇聯的手中奪走世界冠軍頭銜，接著便退出棋壇長達二十年。一九七五年，他拒絕參加世界冠軍頭銜保衛戰，隨後的十幾年裡，他幾乎完全消聲匿跡；但他在一九九二年被引誘出來，在當時遭受聯合國制裁的南斯拉夫參加一場所謂的「世界冠軍重賽」，對手正是史帕斯基，費雪的棋藝果然不出所料，大不如前，還成了高喊反猶太言論的偏執狂。

但這些眞實的、或是小說中的特例，讓人容易忽略絕大多數的西洋棋手除了很會下棋之外，其實都很平凡。

西洋棋的由來

如果你唯一看過的西洋棋來自於報章上的簡易棋譜，你或許難以相信西洋棋的文獻可追溯至好幾百年前，如果把各種版本的傳說都包括在內，甚至可以追溯至好幾千年前，其中最普遍的傳說為西洋棋源自印度。十五世紀卡克斯頓出版社❹最早印刷的幾本書就包括《西洋棋的介紹與奕法》（*The Game and Playe of the Chesse*）。五百年後，最早期的電子通訊，也就是網際網路的前身，就包含科學家在實驗室裡對奕的棋步。

西洋棋記譜法出現後，以符號記錄棋局的技術使西洋棋有了詳細的歷史，也讓古今中外成千上萬的棋手能欣賞昔日傳奇大師的棋賽，並從中學習。

如果把西洋棋歷史看成一匹布，就能觀察到西洋棋穩定的演變。我指的不是規則，西洋棋的規則基本上在十八世紀末期便已經標準化；雖然規則不變，但西洋棋的風格和主要概念在過去的一百五十年內有了很大的變化，儘管每次的演化幅度都很小。

我在報上撰寫一系列關於昔日世界冠軍的短文之後，就開始執著於深度分析西洋棋近數十年來的改變，以及歷屆最偉大的棋手如何推動西洋棋的發展。我想透過縝密地分析一些最偉大、最具影響力的棋局，來述說西洋棋的歷史。這項大工程占據我過去三年來大部分的時

❹卡克斯頓出版社（Caxton's press），由威廉．卡克斯頓（William Caxton, 1422~1491）創立，是印製英國第一本書籍的出版社。

間，最後我完成了以《偉大的前輩》（*My Great Predecessors*）爲名的系列叢書。

撰寫此書時，我們已經邁入前述系列叢書的第六集；在寫書的過程中，我對過去偉大的棋手有了很深入的瞭解：每一位世界冠軍都有其不同的天賦，也對西洋棋的發展有很深的貢獻。研究在我之前的十二位世界棋王和他們最大的競爭對手，讓我開始思考這十二位大師爲何如此成功？這些棋王所擁有的特質中，究竟哪些是挑戰者所缺乏的特質？

西洋棋手理所當然的認爲，具備西洋棋天分，代表此人天賦異稟，甚至是天生奇才。遺憾的是，沒有充分的證據能支持此一論點；社會大眾認爲頂尖棋手的腦袋就像電腦，以爲他們能記憶百萬位元的數據、能預先盤算幾十步棋，這也沒有什麼事實根據。

事實上，根據我的觀察，幾乎沒有證據能證明西洋棋特級大師除了顯然很會下棋之外，還有什麼別的長才。世世代代的科學家試圖解答爲何某些人很會下棋，其他人卻辦不到。雖然沒有所謂的西洋棋基因，也找不出西洋棋手孩提時期共通的行爲模式，可是，就和音樂與數學一樣，世上的確有西洋棋神童。曾有四歲小孩光是看兄長下棋，幾個月後就能擊敗成人，成爲西洋棋界的明星。

所以我們知道，的確有西洋棋天賦這種東西，但是光有天分幫助不大，即便你有與生俱來的長才，除非融合其他種種因素，這種天賦很可能一輩子被埋沒。所以，把重心放在我們比較能觀察和影響的因素上會更有意義。

體育、藝術，還是科學？是體育、也是藝術與科學

「好棋手擁有什麼特質？」如果拿這問題分別去請教西洋棋大師、藝術家和電腦科學家，你就會明瞭爲什麼西洋棋是決策過程的理想實驗場。職業棋手多半會認同拉斯克（Emanuel Lasker, 1868~1941，德國人，第二任世界冠軍）所言：「西洋棋說穿了就是爭鬥。」根據拉斯克的說法，無論如何定義西洋棋，重點就是要贏。

藝術家杜尚❺是西洋棋高手，他熱愛下棋，甚至一度爲了西洋棋而放棄藝術。他說「較諸藝術之美，西洋棋之美有過之而無不及」，杜尙更進一步指出西洋棋的藝術面，他說：「我得到一個結論：藝術家未必都會下西洋棋，但是，所有西洋棋手都是藝術家。」我們的確無法忽視創意的元素，即使我們必須將創意理性化，以達到「贏棋」這個首要目標。

接下來我們要探討科學的面向，這也是大多數不會下棋的人最容易過度強調的面向。記憶、精確計算和邏輯運用的確很重要，五〇年代奕棋電腦首度問世時，大部分科學家認爲這種鋼鐵怪獸很快就會擊敗人類棋手，然而，五十年過去了，人類和機器尙未分出勝負。

第六任世界冠軍，我偉大的導師博特溫尼克（Mikhail Botvinnik, 1911~1995），將其生命的最後三十年傾注於電腦西洋棋的研究。他想創造的電腦棋手不是只會下棋的電腦，這種

❺杜尚（Marcel Duchamp, 1887~1968），二十世紀現代藝術的先驅。

電腦相對而言很容易做出來，在當時也已經很普遍。他想創造的是能像人類一樣思考每一著棋的程式，一個眞正的人造棋手。

博特溫尼克本身是工程師，他和很多科學家討論過他的想法，包括美國數學大師夏農（Claude Shannon, 1916~2001），夏農自己也利用閒暇繪製奕棋電腦的設計圖。大部分西洋棋的程式主要是在「數豆子」，只不過算得很快。這些程式可以在指定的時間內運用「強力運算法」檢視所有可能的棋著，以分數高低來評估所有著法，然後選擇最高分的一著。博特溫尼克想要超越這個層次，期望設計出可以運用邏輯，而非用強力運算法選擇步法的電腦程式。

簡言之，他的計畫失敗了，他花費多年時間所累積的研究報告和理論模型，設計出來的程式尚不足以超過人類初學者的程度，但相較之下，強力運算法程式在七〇年代已經有不錯的水準。電腦怎能仿效人類的創造力和直覺？三十年後的今天，即便電腦的段數已經達到世界冠軍等級，主要還是依賴強力運算法奕棋。

不過，西洋棋程式設計師在運用強力運算法上已經遇到瓶頸，因此爲了改善他們的創作，他們不得不檢視博特溫尼克的部分理念。他的計畫雖然失敗，可是其中很多想法十分珍貴，在當時也十分先進。我們已經明瞭用「強力運算法」不能算盡這個古老的遊戲，就必須回顧博特溫尼克的遠見——教導電腦程式以更近似於人類的方式思考。

不只是暗喻

我們都知道電腦的運算能力優於人類，在此情況下，人類的成功究竟從何而來？答案就是「統籌能力」，一種能夠融合創造、運算、藝術和科學的能力，此一經過融合的能力，比其各別組成部分的加總更爲強大。西洋棋是以實際經驗爲根基的獨特連結，它藉由人的心智結合藝術與科學，再透過經驗精益求精。我們可以運用這個方法，改善生活中任何需要思考的事（也就是所有的事）。公司執行長必須運用創意思考，融合分析和研究，才能發揮領導公司的效率；軍隊統帥必須運用他對人性的瞭解，才能預測並反制敵軍的戰略。

相同的語彙對我們也有幫助，如果你無意間聽到別人的對話，裡頭包含了「布局階段」、「區域弱點」、「策略規畫」、「戰術執行」，你也許以爲最近可能會有企業併購案。不過，這些人也很可能是在討論週末的某一場西洋棋錦標賽。

當然，與限制重重的六十四格棋盤相較，商業和軍事的世界近乎無邊無盡。但是，正因爲西洋棋的範圍有限，它才能成爲制定決策的通用典範。西洋棋的勝敗標準非常嚴苛，如果你做了錯誤的決定，你的局面就會惡化，逐步邁向失敗；反之，如果是良策，便會使你邁向勝利。每一步棋都反映一個決定，透過充裕的時間，我們可以用科學分析來檢視每一步棋是否爲最佳決策。

這個客觀的現實讓我們能夠洞悉決策過程的品質。股市和戰場沒那麼有條不紊，但是，想在這些場域裡成功，也取決於決策的品質，這些都有賴比較分析法。

成功的經理人、作家、棋手具備哪些特質？當然，每個人的表現都不同，能力也有高下，重要的是找出自己的路，把自己的潛能應用到極致，充分發揮天賦、增長技能、追求挑戰，並且加以征服，我們必須把自己推到最高峰。要做到這些，首先，我們需要計畫。

博特溫尼克，一九一一～一九九五，蘇俄人

毫不妥協的元老

博特溫尼克是第六任世界冠軍（一九四八至一九五七年、一九五八至一九六〇年、一九六一至一九六三年），於蘇聯庫卡拉出生。阿廖欣在一九四六年帶著世界冠軍的頭銜辭世後，國際西洋棋總會便召集當時的頂尖棋手，籌辦一場錦標賽，選出新的世界冠軍。博特溫尼克主宰一九四八年的這場賽事，成為首位蘇聯的世界冠軍，後來又有多位蘇聯人相繼成為棋王。他也是個執業工程師，不過，西洋棋一直是他最優先的志業。

人們除了尊稱博特溫尼克為「蘇聯西洋棋開山始祖」，也稱其為「東山再起之王」，他兩度在世界冠軍賽中衛冕失利，一年後隨即再起，打敗對手。他針對特定對手的特性深入研究與準備的能力，為西洋棋的嚴謹和專業豎立新的標竿。要能捲土重來，贏回這些賽事，需要的不僅是毅力，博特溫尼克能夠客觀分析自己的棋路，修正第一次對弈時被對手發現的弱點。

博特溫尼克終其一生都秉持毫不妥協的天性。一九九四年，我們邀請他參加在莫斯科舉辦的快棋賽，期盼藉此添增棋賽的光彩。當時八十三歲的博特溫尼克卻拒絕了，他說：「快棋不是正經的棋賽。」我們告訴他快棋是新潮流，大家都來參加，連他的老對手史米斯洛夫[6]也會參賽，他回答：「我習慣用自己的腦袋思考，即使一百個人有不同的想法，我也不在乎！」

博特溫尼克自一九七〇年退出職業棋壇後，便把重心放在指導學生及研發電腦西洋棋的領域上。每年有二到三次，博特溫尼克學校會邀請全蘇聯最具天份的頂尖小棋手入學就讀，這所學校已經培育出好幾個世代的世界冠軍：六〇年代的第一個成果，便是年輕的卡波夫；一九七三年，該校學生之一是十歲大的卡斯帕洛夫；一九八七年，年輕的克拉姆尼克（Vladimir Kramnik, 1975~）就讀時，該學校已經更名為博特溫尼克－卡斯帕洛夫聯合學校。冠軍紀錄頗為驚人。

棋手品評

尤偉（Max Euwe, 1901~1981）：「當四面楚歌、稍有不慎便能致命的剎那；當需要鋼鐵般意志、全神貫注的時刻，就是博特溫尼克如魚得水的時候了。」

本人自述

博特溫尼克：「人與動物的區別在於人類有能力分辨輕重緩急！」

❻史米斯洛夫（Vassily Smyslov），蘇俄西洋棋特級大師，一九二一年出生，一九五七至五八年的世界冠軍。

第三章　行動前，要先有策略

「懂得做事方法的人永遠有工作；同時又知道為什麼的人，永遠是他的老闆。」

——愛默生（Ralph Waldo Emerson, 1803~1882）

「每下一著棋、每一次反應、每一個決定，你都必須清楚瞭解它在你的計畫中扮演什麼角色，否則你只是做出最顯而易見的決定，卻無法確定這些決定真能發揮效益。」

——卡斯帕洛夫

足球伴隨著我長大，其次是曲棍球，這兩項運動在蘇聯一向備受歡迎。足球被喻爲「美麗的遊戲」，同時也是規則最簡單的運動，你毋須花太多時間，只要看幾場球賽就能弄懂規則。曾經有幾次，朋友努力向我解釋棒球和美式足球的規則，這讓我不禁猜想，足球的「簡單」或許正是它在美國不受歡迎的原因（不過，根據一般的觀察，比較可能的原因應該是在足球賽中進廣告的機會太少）。

簡單如足球的運動，卻有深奧複雜的策略。足球賽的目標很明顯——得分和阻止對手得分。然而，什麼是達到這個目標的最好方法，卻可以永無止境的爭辯下去。例如，義大利國家代表隊傳統的策略是防禦，如果你的對手永遠無法得分，你就永遠不會輸；其他的國家代表隊像是巴西，則運用相反手法達到同樣的目標，以得到比對手更多的分數來贏得比賽。

想像你依照一本掉了幾頁的西洋棋入門書學下棋，這本書教你如何布局、走棋和吃子，可是沒有告訴你何謂將軍，也沒提到如何結束一盤棋。看這種書學棋的人，可能會長於算步，也精於操盤，卻沒有更高遠的目標。沒有目標，下起棋來便毫無方向。

西洋棋有句俗諺：「爛計畫總比沒計畫好。」這句話雖有其道理，但並非全然眞確，每下一著棋、每一次反應、每一個決定，你都必須清楚瞭解它在你的計畫中扮演什麼角色，否則你只是做出最顯而易見的決定，卻無法確定這些決定眞能發揮效益。這一點在今天步調快速的世界裡，尤其重要。

在我職業棋手三十年的生涯中，我們從過去得花好幾天時間，在發霉的書和期刊裡挖掘對手的資料，到後來可以在幾秒內從電腦裡找出對手職業生涯的每一場棋賽；從前棋賽要好幾個月後才會在專門的雜誌上發表，現在任何人都可以透過網路即時觀賞賽事。

資訊革命的意義不僅止於其便利性，隨著能在更短時間內取得更多資訊，處理這些資訊的能力也必須加快，在莫斯科舉辦的任何棋賽，可以立即攤在全世界的眼前，供人分析；花好幾個禮拜構思出來的想法，隔天就有人模仿，因此，每個人也應該立即意識到這一點，並且加以因應。

速度的加快對西洋棋賽本身也產生影響，一九八七年，我在倫敦競技場參加一場總共六局的快棋賽，對手是六年後向我挑戰世界冠軍頭銜的英國棋手蕭特[1]，那是有史以來第一場正式的快棋賽，下棋速度加快很多。在快棋賽中，每方要在二十五分鐘內走完所有棋步，和傳統也許長達七小時的棋賽差別甚大。

我配合這種新的時間限制，進行非常密集的訓練。我發現在這種情況下，雖然不可能每一步棋都深思熟慮，還是可以下得很有深度；無法深入研究陣勢，就必須更依賴直覺。很多人可能認爲，下快棋時，審慎計畫與策略目標是次要的，甚至可以忽略，最好是靠快速計算和直覺，其實很多棋手也抱持同樣的想法。如果在長達七小時的比賽中就不喜歡計畫的棋手，很可能在快棋賽裡完全把計畫拋諸腦後。但是，最成功的棋手，無論以任何速度下棋，都會以策略計畫作爲計算的基礎，最卓越的分析和最迅速的分析並非互不相容，在有策略引導的情況下，便能同時兼顧。

如果下棋時沒有長遠目標，你的決策將只是純粹的反應，任由對手主導棋局。你不斷轉移注意力，就會偏離軌道，你的心力被眼前的事物占據，無法專注於必須達成的目標。

以一九九二年美國總統大選爲例，也就是柯林頓入主白宮的那場選舉，民主黨黨內初選期間，彷彿每一天都有足以毀掉柯林頓參選資格的醜聞出現，然而，他的競選團隊迅速回應每一次新危機，而且，他們做的不只是反應，他們每一次的新聞稿一定會再次強化主張。

最後面對老布希總統時，他們也遵循同樣的原則，柯林頓團隊每一次針對對手攻擊所做的辯護，都會重新聚焦至自己所要傳遞的訊息，也就是現在很有名的「笨蛋，問題出在經濟！」這句話，不斷強化他們的策略。一九八八年的情況卻剛好相反，民主黨總統候選人杜凱吉斯（Michael Dukakis）完全被對手激進的戰略弄得方寸大亂，大家只聽到他在替自己辯護，卻聽不到他自己的想法。一九九二年的柯林頓競選團隊知道關鍵不單在於反應有多快，更在於他們的反應能不能有效融入整體策略。不過，在遵循策略之前，你必須先擬妥策略。

當前決策的未來

策略家制定決策時，會先思考未來長遠的目標，再回頭考量當下情勢。西洋棋特級大師能走出絕妙好棋，是因爲他們是以未來十著、二十著棋之後棋盤上的局面爲本，他不需要計算二十回合內數不盡的所有變數，他只要評估情勢有利之處、樹立階段性的目標，然後再一步一步達成這些目標。

這些中程的階段性目標十分重要，若要創造有利於策略的必要條件，它們是必備的原料，沒有它們，就如同蓋房子從屋頂開始蓋起。我們往往設立了一個最終目標，就一股腦的朝著目標前進，沒有思考達成目標的所有必要步驟。我們的策略在什麼必要條件下才會成功？需要做什麼犧牲？必須做什麼改變？我們又能做什麼去激發、實現這些改變？

我的直覺或分析告訴我，在特定局面下，我可以攻擊對手的王棋，接下來要做的，反倒不是全力攻擊對方的王棋，而是尋找爲了成功走到這一步所必須達成的階段性目標，例如犧

❶蕭特（Nigel Short），一九六五年出生，被喻為二十世紀最強的英國棋手。

牲一顆主要的防禦棋子，以削弱對手在王棋四周部署的保護。我必須先瞭解哪些策略性目標有助我實現最終目標，也就是攻擊對方的王棋；接下來才能開始計畫如何達成目標，尋找有助於成功執行計畫的特定棋著，假使沒能做到這點，就會導致計畫過於簡單、過度單純，成功機率渺茫。

二〇〇一年在荷蘭舉辦的克魯斯錦標賽，我在第二輪比賽中遇到白俄羅斯的費達洛夫（Alexei Fedorov, 1972~），當時他在錦標賽中暫居劣勢。那是他有史以來打進的最強的錦標賽，也是我們首次對奕。我很快便發現他並不打算尊重這個莊嚴神聖的場合，也不打算尊重他的對手。費達洛夫馬上就揚棄標準的開局法。如果他的下法有個名字，那一定叫做「洗碗槽攻勢」，他不顧棋盤其他區域，一出手就把所有能用的兵和棋子朝著我的王發動攻擊，我知道，如此瘋狂、毫無準備的攻法，只有在我犯大錯的情況下才會奏效，我一邊留意我的王，一邊從另一側和中心還擊，也就是他完全忽略布局的關鍵區域，很快地，他的攻勢就顯得非常膚淺，只走了二十五回合他便認輸。

我承認我沒花什麼功夫就輕鬆獲勝，我的對手下起棋來沒有紮實的策略，終致陷入僵局。費達洛夫沒有先自問：必須達成哪些必要條件，他的攻擊才會成功。他決定要過河，就直接走進水裡，沒有先去找橋；另外還有一點也值得注意，指望靠競爭對手犯錯來取勝，絕非可行的策略。

貫徹始終和能屈能伸並不矛盾

設立最終目標和階段性目標是第一步，接下來就是要堅持目標、不能偏離軌道。很多軍事指揮官太專注於戰場上的行動，而忘了戰略，這種例子在軍事史上比比皆是。根據史書的紀載以及莎士比亞的描述，一四一五年法國軍隊在亞金科特被英軍擊潰，就是因為英軍所射的遠距離箭雨矢林，導致法國騎兵隊全然亂了陣腳。如果對手把事情複雜化，你會迫切希望找到克敵之策、披掛上陣、迎向挑戰，而這當然就是他的目的，也正是你必須抗拒這種干擾的原因。如果你已經決定了一個好策略，何必為了配合對手而放棄？這需要很強的自律，因為促使你想改變策略的壓力，可能同時形諸於內，又攻自於外，你的自尊心亟欲證明你可以殺入敵陣將其敗之，同時也想藉此掃除實際或潛在的批評。

一九九三年的世界冠軍賽，在我與英國棋手蕭特對奕之前，我和團隊成員已經決定要採用穩健局面戰來對付這位急躁的英國人。蕭特是凌厲的攻擊型棋手，擅長很多犀利的棋步，雖然這也是我的長處，不過我們認為在步調放緩的棋局裡，我占有很大的優勢。根據我們的分析發現，蕭特在步調平淡的棋局中顯得非常不自在。

西洋棋是白方先行，白方較占優勢，就像網球有發球局一樣，先出手的一方比較能控制棋局的步調和走向。我們計畫執白子開局時避開他擅長的「雙面刃變化法」，我選擇了布局緩慢、歷史悠久的「魯伊洛佩茲開局法」，這種開局法是以步步為營的操盤手法出名，其名稱來自於十六世紀一位愛下棋的西班牙牧師，這種磨人的開局法又名「西班牙酷刑」。

整場比賽預計對奕二十四盤，前四盤我拿下三勝，掌握領先優勢。其中兩盤我都執白子，以這種緩慢操盤的開局法獲得勝利，很多人都猜想我會不會突然變換策略，改用激進的攻勢殺得瀕臨失敗的對手措手不及。他們的理論是，既然蕭特節節敗退，也許是出其不備改變招數的好時機。

我的確做了改變，不過，不是改變策略。我運用領先優勢趁機刺探他的防禦策略、找出他的弱點，同時堅守原本的策略，執白子平穩的開局，我很快又贏了兩盤。

當你贏棋時，堅持原有計畫是很容易的，但那也很容易變得太過自信，結果反而被追上。但如果你讓臨場反應凌駕了原有計畫，也不可能達到長期的勝利。

經營自己的棋局

除了有單一強制贏棋手段的局面外，兩個好棋手在同樣的局面裡可能採用截然不同的策略，而且同樣有效。每個棋手都有他自己的風格，也有他解決問題以及作決策的方法。制定成功策略的關鍵在於瞭解自己的優、缺點，知道自己擅長什麼。

西洋棋界有兩大宗師，分屬兩個相反的學派，兩人都成了世界冠軍。博特溫尼克相信高度自律、努力不懈與縝密嚴謹的態度；他的對手塔爾擁有天馬行空的創造力和想像力，身體健康或規律的準備工夫都非他關切所在。愛迪生的名言是：「成功是百分之一的天才，加上百分之九十九的努力。」這個方程式對於愛迪生和博特溫尼克絕對適用；但對塔爾，或是對俄國現代文學之父普希金（Alexander Pushkin, 1799~1837）卻絕對沒用，普希金熱愛步調快速的生活、賭博與戀愛，這些都是他之所以能創造出俄國文學裡最傑出的作品的原因。

另一位前任棋王彼得羅辛（Tigran Petrosian, 1929~1984）精通我們所稱西洋棋的「防禦」招術，也就是防患於未然的藝術，透過強化陣勢，在威脅根本尚未成形前便將之殲滅。彼得羅辛構築防禦工事之堅實，使對手的攻擊在還沒展開前、也許甚至在對手連想都沒想到之前就結束了。彼得羅辛不主動攻擊，他築起完美的防禦，讓對手深感挫折，而容易犯錯，他非常注重每一個微小的機會，並且毫不留情地精準運用對手犯下的錯誤。

我喜歡稱他是西洋棋眞正的「無爲英雄」，他發展出一套「時時警戒的無爲策略」，展現如何不以直接攻勢贏棋的方法。整體而言，彼得羅辛的策略是先找出對手的機會，並將這些機會消除；只有在他自己的局勢無懈可擊時，他才開始尋找自己的機會。不動如山對他的確很管用，可是鮮少棋手能倣效他這種耐心防守的風格。

一九八一年我在荷蘭和彼得羅辛對奕，當年我十八歲，彼得羅辛五十二歲。同年年初，我曾在莫斯科和他對奕，敗在他的手下，所以我急於雪恥。莫斯科那次棋賽中，我設計了一套精彩的攻擊陣勢，卻當場在我面前潰散，當時我以爲是意外，但是同樣的情形再度發生，每次我的攻勢似乎長驅直入時，他便冷靜的稍做調整；我所有的子力都包圍著他的王，我相信自己一定能痛下殺手鐧，只是早晚的問題，但這殺手鐧究竟何在？我開始覺得自己像在鬥牛場滿場追逐鬥牛士的公牛，疲憊挫折之餘，我犯了一個錯，然後又一個，最後便輸掉這場棋賽。隔年在西班牙舉行的世界杯足球賽出現類似的情況，義大利的「鏈式防守」擊潰巴西隊的「優美攻勢」。有時，最好的防禦就是最好的攻勢。

接下來的兩年內我以平心靜氣、步步為營的手法——幾乎就是彼得羅辛自己的風格——兩度擊敗彼得羅辛，拉平我們的勝差。我的策略改變能夠奏效，必須歸功於一九六九年從彼得羅辛手中奪走世界冠軍頭銜的史帕斯基。我和彼得羅辛再度交手前，也就是上述遭遇挫敗的棋賽不到一年後，我向史帕斯基請益，當時他和我同時在南斯拉夫參加一場錦標賽，他建議我，關鍵在於施加壓力，但一次只要一點點，而且要持續穩定的施壓。他告訴我：「捏住他的睪丸，但一次只能捏一個，不能捏兩個！」這句話令我畢生難忘。

史帕斯基本身和彼得羅辛交手的經驗和我很類似，他第一次和彼得羅辛對奕，是在一九六六年爭奪世界冠軍頭銜，結果以些微差距鎩羽而歸。他在比賽前誤以為彼得羅辛不採取犀利激進的攻勢是因為他辦不到，史帕斯基不惜任何代價把局勢弄得詭譎複雜，卻發現他的攻勢全被老謀深算的世界冠軍一一化解。

三年後，史帕斯基的表現證明他確實學到了教訓，他更加尊敬彼得羅辛的棋藝。在他們一九六九年的對戰中，他採用比較平衡的策略，進而獲勝。我的兩度敗北讓我打從心底佩服彼得羅辛的能力，也更佩服西洋棋防禦的藝術，但我也明瞭這種風格不適合我，我一向希望自己是發動攻擊的一方，我的策略也反映了這個特質，你一定要明白自己的侷限和自己的最佳特質為何。

我的棋風激進、有衝勁，正符合我的長處和個性，即使我被迫必須採取守勢，我也會不停尋找機會扭轉局面、加以反擊。當我發動攻擊時，我不會滿足於小小的進展，我喜歡激烈又有活力的棋賽，棋子在棋盤上衝鋒陷陣，第一個犯錯的人就是輸家。其他棋手——包括被我奪走世界冠軍頭銜的卡波夫——非常擅長累積小規模的優勢，他們很少冒險，滿足於慢慢強化他們的局勢，直到對手崩潰。但是，所有的策略，無論是冷靜防禦、活力進取、步步為營，只要是運用的人對它們瞭若指掌，都能夠高度發揮功效。

世上也沒有所謂某種最好的商業策略，《財星》五百大企業裡，同時存在著生性冒險和保守的經理人。或許，只要是有能力的經理人，會有百分之五十的決策風格很相似，就像下棋時有很多明顯的棋步，任何頂尖的棋手無論風格如何都會採用；而剩下的百分之五十，甚至或許是最複雜的百分之十，便是差別所在。最好的領導人能充分體會每一種情況下特定的失衡之處和關鍵因素，並且能夠基於這種理解，設計出一套策略。

諾基亞執行長歐里拉（Jorma Ollila）以一種非正統的，甚至雜亂無章的風格，將這家芬蘭公司打造為行動電話的領導品牌，他無時無刻不扭轉傳統觀念，要求高階經理人交換職務，還要求研發人員直接和顧客面對面。該公司的首席手機設計師曾把該公司的管理風格比喻為爵士樂團的即興演奏。

這種無拘無束、活力充沛的管理風格，在另一個行業、另一個國家或另一個執行長身上，也許就不會這麼成功。IBM數十年來的經營，一向植基於保守、甚至魯鈍的名聲上，不過，這在辦公機具的世界裡，代表值得信賴，對IBM的客戶來說，值得信賴比時尚更加重要。行動電話每個月推陳出新，而IBM所販售和提供服務的機器可以維持五年、甚至十年以上，在他們的顧客眼中，這種極度保守的作風便是美德。

戰場不會總是由你決定

如果不能在必要時採用不同的棋風，就不可能成爲世界冠軍。有時你被迫得在不熟悉的情勢上作戰，你不能因爲情況非你所喜好，便急欲逃跑，適應力也是成功的要素。有時你甚至可以刻意改變作風，讓對手措手不及，即便這麼做總有自墜陷阱的風險。一九九五年世界冠軍賽，我和印度的西洋棋明星阿南德（Viswanathan Anand, 1969~）在紐約對奕時，就以這個方法得勝。當時賽事進行到一半，我們一人贏了一盤，此時我決定放棄我最喜愛的開局法，改用名稱駭人的「西西里龍式」防禦法，我以前在正式比賽中從沒用過這個方法。

我不是只爲了改變而改變，還有其他因素促使我選擇龍式，這種開局法會引導出無法妥協的局面，白方非得選擇最激進的下法，才有機會取得優勢。阿南德看到我採用此法十分吃驚，認爲我一定有周全的準備；此外，我們的研究發現，阿南德對龍式解盤的經驗很少，相較於其他激烈的開局法，龍式是他比較不擅長的一種；他以爲假使他冒險採用主要的變化法，我一定有險招在等著他，在無法調適之下，他下得很保守，結果連輸兩場。

在拿破崙大半的傳奇生涯裡，在必要情況下變通的能力對他相當管用，他爲人稱道之處，是在戰場上令敵方出其不意，尤其是堅持不放棄看似明顯進退不得的攻擊，不過，拿破崙並不吝於運用他的名聲來引敵入甕。

一八〇五年的奧斯特里次戰役，拿破崙從位置優越的前哨陣地撤軍，故意讓俄皇的部隊進駐，同時讓俄軍目睹兵力薄弱的法軍正在撤退。年輕的沙皇亞歷山大認爲這是他留名青史的大好機會，決定全力進攻，這正中拿破崙下懷。他悄悄把援軍帶到俄軍誤判兵力薄弱的區域，俄軍在一天之內就被擊潰。

這不只是一個聰明伎倆圓滿成功的例子。首先，拿破崙明白他的兵力不如人，正面交鋒無法取勝；但他知道對手年輕衝動，急欲成就功名；他也明白沒有人會相信偉大的拿破崙會自願從掌控優勢的陣地撤軍。拿破崙的策略融合上述所有因素，取得光輝的勝利。俄國的獨眼將軍庫圖佐夫（Mikhail Kutuzov, 1745~1813）是唯一提醒沙皇謹慎三思的人，但是他的諫言沒有受到重視。不過，即便是沙皇也懂得從錯誤中學習，七年後，在俄國人所謂的「一八一二年愛國戰役」中，拿破崙的「大軍隊」攻入莫斯科，這一次亞歷山大聽從庫圖佐夫的話，採用持續擾亂法軍以及守株待兔的戰略。莫斯科城雖被夷爲平地，但拿破崙最終仍然遭到慘敗，被迫撤軍。

一九八三年，我在爭取世界冠軍頭銜晉級的途中，也曾被迫做出改變。當時我是年方二十的棋壇新秀，面對五十二歲、曾二度進入世界冠軍決賽的優秀棋手科奇諾伊。現年七十五歲的他仍活躍於棋壇。果然不出所料，在總共十二盤的資格賽中，這位老將一開使便掌控棋局的節奏。他贏了第一盤，而且一直阻撓我使用我偏愛的開放型攻擊局面。

我沒有繼續作無謂的努力，試圖改變棋局的特性，我決定最好是順勢而行，並沒有採用比較符合我作風的犀利棋步，而是選擇最穩當的棋著，即便這麼一來會導致平穩的局面。這讓我不再因爲想要在每場棋局中扭轉逆勢而受干擾，我反而可以專心下棋。科奇諾伊強迫我在他的地盤裡作戰，不過，一旦我察覺到這點，我就能自我調適，加以反擊，贏得勝利。

我贏了第六盤和第七盤，進而處於領先地位。此時科奇諾伊決定要反轉劣勢，他在第九盤改採奇襲戰術，想以激進的走法讓我措手不及，但是他已經在自己的地盤吃了敗仗，更無法成功轉換到我的地盤，最後他以慘敗收場。這次在戰火下調適的經驗，非常有助於我一年後在世界冠軍賽中與卡波夫對奕，在那場賽事中，我甚至必須在更不利的狀況下自我調整。

任何讀過達爾文大作的人都知道，如果無法適應，幾乎都會落得悲慘的下場。美國歷史上有一個經典例子。一七五五年，英軍對抗法國及印第安人的軍隊時，自願從軍的喬治・華盛頓在部隊裡擔任副官，英軍幾乎完全沒有嘗試去適應敵軍採用的邊防戰，他們的指揮官布雷多克將軍是典型的悲劇人物，他指揮士兵一排排站在曠野中，整齊劃一的朝樹林裡發射槍彈，法國和印第安人的狙擊手則從掩體背後瞄準並射殺英軍，直到布雷多克自己終於死於一場慘烈的戰役中，殘餘的少許英軍才得以撤退，此時領軍的正是華盛頓。

比較沒那麼慘烈的例子是《大英百科全書》。《大英百科全書》也許是最知名的百科全書，但是，面對電腦時代來臨，它犯的第一個大錯便是太晚才推出光碟產品。畢竟，誰會想用電腦版本取代這些華麗的書籍呢？我們現在知道了——每個人都想！這使得微軟的百科全書「英可達」（Encarta）和其他產品得以搶占大部分的市場，在此同時，紙本百科全書的銷售量則大幅衰退。

接下來是網路時代來臨，用戶來自全球各地、幾乎無限多。在其他產品免費提供資料之際，《大英百科全書》卻收取費用，可想而知生意自然很差。幾年後網路熱潮消退（這點我曾經從我自己的西洋棋入口網站得到第一手經驗，記憶深刻），網路廣告市場全面崩解，此時大英百科卻終於決定免費提供資料。無論他們做什麼改變，他們總是站在錯的一邊。《大英百科全書》接二連三的災難錯在何處？從紙本書發展到數位媒體的過程中，他們明顯跟不上潮流；他們在網路策略上的失敗較爲複雜，過度超前環境可能和落後競爭對手一樣糟，他們沒能利用他們知名品牌的巨大優勢，反而企圖在思維上領先詭譎難測的新市場，結果是每戰必敗。

不斷改變策略等於沒有策略

改變固然重要，但先決條件是要經過審慎評估，而且必須有正當的理由。處於落後局面可能導致你改變不需要改變的東西；領先，也許會讓已經瀕臨災禍邊緣的你仍然相信一切順利。如果你老是把失敗歸咎於策略有缺失，不停變換策略，那根本就等於沒有策略。只有在環境發生激變時，你才能考慮從根本改變。

彈性與執著之間的拿捏必須很小心，戰略家要對自己的戰略有信心，要有勇氣貫徹到底，但同時心胸也要夠開闊，明瞭什麼時候必須改變。改變必須經過愼思，一旦決定要改變就必須果斷。人在成功時所做的分析，往往不如失敗時所做的分析來得細心，我們很容易把勝利歸功於自己的卓越，而非際遇。但是事情順利時，我們更需要自我質疑，過度自信、覺得一切都已經夠好，往往會導致犯錯。

我這輩子最驚險的棋賽之一，就親眼目睹對手不信任自己的計畫，那是在一九八五年，我再度和宿敵卡波夫對戰，那是我們第二場世界冠軍賽的最後一局，當時我領先一分，而他握有執白棋的優勢，如果他贏了，我們就平手，他的冠軍頭銜就能再保有三年。

他一出手便攻勢猛烈，針對我的王部署凌厲的攻擊陣勢，隨後便是關鍵的決定，他可以延續先前的攻勢，在王翼❷挺兵進攻王，或是繼續謹慎布局。我想我們都知道此時是這局最關鍵的時刻。

卡波夫決定不繼續挺進，機會就這樣溜走了。他用了前二十步棋準備發動直接攻擊，此時突然退縮，進而錯失良機。我反而如魚得水，開始轉守爲攻，棋局自此由我主導，而非對方，最後我贏了這場棋賽，成爲世界冠軍。

到了發動攻擊的緊要關頭，卡波夫的棋步符合他一貫審愼的風格，卻不適用於當時那種「不計一切代價求勝」的狀況，他的個人風格和策略相互衝突，致使他偏離原來的方向。

値得一提的是，在這場讓他痛失世界冠軍寶座的關鍵棋局後，卡波夫幾乎再也不用王前兵來開局，他瞭解在關鍵時刻，他的棋風不符合這種開局法創造出的犀利陣勢，他得到教訓，做了改變，爾後很多、很多年，他都能保持在接近峰頂的地位，因爲他能很快意識到自己需要改變。

我們必須知道要問什麼問題，也要經常提出這些問題：情況是否改變，迫使策略需要隨之改變，還是稍作調整即可？基本目標是否因爲某些原因而改變？我們要避免爲了改變而改變。我們也務必要避免因爲對手干擾而背離原本的策略途徑，無論是在棋盤上爭取空間，或是搶奪全球商業市場占有率，如果你有強而有力的策略，對手會試圖讓你放棄原來的策略；如果你的計畫很周全、戰術意識很強，對手只有在你犯錯時才可能成功。

聲東擊西的戰術和堅實的策略恰巧相反，不是不足就是有缺陷。如果這些戰術有所不足，你可以、也應該忽視它們，繼續遵循原有的策略；如果這些戰術激烈到迫使你背離原本的途徑，除非你已犯了大錯，否則它們很可能在某方面有缺陷。通常對手急於促使你改變策略，反而因此犯下致命的錯誤，進而削弱自己的局勢。

我多年來的成功帶來一個有趣的副作用，有些對手會採用一些非正統的變例，把棋局帶入具有原創性的路徑上。他們覺得這樣一來，我長年的經驗便派不上用場，而他們自己對於這些不尋常陣勢的準備較為充分。問題在於，這些棋手當中很多也發現了，這些非正統的概念很罕見不是沒有原因的，因爲「創新」的好處往往不足以彌補「不合宜」的瑕疵。

勿過度注意對手表現，自己反而不專心

即使沒有對手的直接干擾，我們還是可能偏離應走的道路。在一對一的奕局中，比方說世界冠軍賽，我只要注意一個人，他就坐在棋盤對面，那是零和狀況：不是我贏他輸，就是他贏我輸。但是在參賽者眾多的棋賽中，其他人的賽事也會影響我的成績，一如其他有眾多合作夥伴和競爭對手的行業；聯合航空和美國航空如果開始洽談，大陸航空就得當心了。

二〇〇〇年我參加一場在賽拉耶佛舉辦的棋賽，那場比賽競爭十分激烈，我以僅僅半分

❷王翼（kingside）：棋盤右半面稱為王翼，左半邊為后翼（queenside）。

的些微領先進入決賽（西洋棋比賽中，贏一盤得一分，和局得半分，輸棋是零分），兩位世界級頂尖選手席洛夫（Alexei Shirov, 1972~）和亞當斯（Michael Adams, 1971~）緊追在後，如果在決賽中傾全力對上他們其中之一倒也不錯，可是我們的對手各自不同。如果我戰成和局、亞當斯或席洛夫贏棋，他們就與我並列第一，如果我輸棋，最糟可能會掉到第三名。

所以，比賽前我得決定是要採取謹慎的下法，還是不顧一切只求贏棋。如果我們每場比賽都在嘴邊掛著「城在人在，城亡人亡」的豪語，當然很有氣魄，但在西洋棋賽裡，或在生活當中，很少有像阿拉莫戰役❸如此險峻的情況。

首先，我執黑棋，沒有先行之利；其次，我的對手是這場菁英賽的局外人——代表捷克共和國出賽的莫瑟憲（Sergei Movsesian, 1978~），這場錦標賽中他的成績並不算好，卻在前兩輪比賽中擊敗兩名績分最高的參賽者。應該一提的是，我們的比賽還摻雜一些私人因素，一九九九年，我曾經批評莫瑟憲和其他幾名棋手是「觀光客」，他向媒體公開表示對於我給的封號極度不滿。現在這名觀光客絕對想要剝下我的頭皮當作紀念品。

此外，我還得把其他參賽者都列入考量，席洛夫的對手是法國人巴克洛（Etienne Bacrot, 1983），他已經輸了五盤，排名殿後，我不能指望他在對手占有絕對優勢下拿下和局。

把以上資訊都納入比賽策略後，我一開始就對莫瑟憲採取攻勢。我趁著情勢對我有利，起身察看那些緊追在後的棋手戰況，我知道，如果我贏了，他們的表現自當與我無關，但要我不去察看實在很難，如果他們都戰成和局或是輸棋，那我冒不必要的險就著實不明智了。因爲在這種情形下，我即使平手也可以拿到冠軍。我不能否認這種想法讓我很難專注於自己的棋局。想要瞭解競爭對手的表現，導致你無法專注於能夠直接掌控的因素，這兩者之間存在著一種不穩定的平衡。

所以，當我看到席洛夫和亞當斯雙雙邁向勝利之路，我幾乎鬆了一口氣，我瞭解我必須先忘掉他們，把注意力放在自己的棋局上，現在的情勢是要不惜一切代價求勝。我坐回棋桌，把所有謹慎的策略拋諸腦後。最後我們三人全都獲勝，我以些微的差距贏得冠軍。我們不能花太多時間擔心別人的表現，以致於忽略自己的目標和表現。

「爲什麼？」——使戰術家變成戰略家

大前研一在其討論日本企業的著作中，歸納出決策者所扮演的角色：「戰略家的方法，是用『爲什麼？』這個單一問題，來挑戰一般流行的假設。」

「爲什麼？」這個問題，能區分出一般的專家和具有遠見之人，也能區別純粹的戰術家和偉大的戰略家。若想瞭解、研擬，並且遵循策略，你必須不斷提出這個問題。我在觀察初學的學生下棋時，他如果走了一步劣著，我會問他爲什麼要走這步棋，他往往說不出答案，顯然他腦袋裡的某個想法促使他下這步棋、告訴他這是最佳棋著，但是想當然並非來自於有

❸阿拉莫（Alamo）位於墨西哥通往德州交界處，一八三六年，德州欲脫離墨西哥獨立，墨西哥總統桑塔．安那（Santa Anna）率領五千名墨軍北上，一百八十九名德州人死守阿拉莫，誓言「城在人在，城亡人亡」；十三天後墨軍攻破阿拉莫，一百八十九名德州人全部戰死。

策略目標的深度計畫。如果每個人在下每一著棋、作每一個決定之前，都先停下來思考：「爲什麼要走這一步？我想要達成什麼目標？這一步又如何能助我達成目標？」必定會有很大的幫助。

西洋棋以毫不含糊的方式向我們展現「爲什麼」的力量。你所走的每一著棋，都會產生後果，要不是符合你的策略，就是格格不入，如果你沒有不斷質疑你自己走的棋步，就會輸給條理一貫、按部就班下棋的對手。

想像一下，把這種自我質疑的方法時常運用在工作、甚至是私人活動上。每個人都有千百種個人的和工作上的目標，但通常都是模糊不清的願望，而非能夠塑造策略基礎的目標。好比「我想賺更多錢」、「我要找到眞愛」、「我要贏這局棋」一樣。願望並非目標。

舉一個實際的例子：幾乎每個人都想過要換更好的工作，可是，只有在透徹瞭解自己想換工作的原因之後，你才能展開行動。也許你不只需要換工作，而是連整個職涯都該轉換；或者你也可以針對目前的工作做些改變。要先明瞭什麼樣的條件能讓你感到滿足，你才會知道要找什麼樣的工作。

開始找工作的時候，你要以一張列有階段性目標的清單做爲指南，也就是這些階段性目標可以助你逐步達成擁有「更好工作」的目標。舉例來說，如果薪水不是你目前工作上最大的問題，假使有一個工作可以付你更多薪水，卻不能改變目前眞正讓你無法忍受的事，你就不應該受到這個工作的誘惑。

有了策略，就看執行力

現在我們終於要討論研擬與實行策略思維中最困難的部分：執行策略的信心，和持之以恆的能力。你一旦訂立了策略，眞正的工作才開始，你要怎麼做才不會偏離軌道？要如何知道自己已經脫離策略思考模式？

我們必須相信自己的分析，要有勇氣堅定自己的信念。我們必須不斷檢視可能導致策略成功或失敗的情況，嚴格的質疑成果，無論此一成果是好是壞；同時也要質疑我們在中途所作的決策，這樣才不會走偏。我在對奕時質疑自己的棋步，比賽結束後則檢視自己在戰況激烈時所作的評估是否精確？我的決定是好是壞？我的策略是否穩健？如果我贏棋，是全憑運氣還是技高一籌？如果沒有徹底執行這套系統，或是執行得不夠快，災難就會降臨。

二〇〇〇年的世界冠軍賽中，我碰上昔日的學生克拉姆尼克。那場賽事一共有十六局，是我第六次的頭銜保衛戰。我自從一九八五年贏得世界冠軍頭銜以來，此時表現正値巓峰，換句話說，我遭遇失敗的時機已然成熟。

長年的成功讓我難以想像我可能會輸。在那場比賽之前，我已連贏七場大滿貫錦標賽，我全然不知自己的弱點何在，我覺得我狀況極佳、穩操勝券。畢竟，其他人不是全敗在我手下嗎？隨著每一次成功，我自我改變的能力便減低了一些。我長年的好友兼教練、西洋棋特級大師達克海因（Yuri Dokhoian, 1964~）形容得很貼切，他把這種情形比擬為鍍銅，每一次勝利，就多鍍了一層，也就更難察覺自己的弱點。

在這場棋賽中，克拉姆尼克執黑棋，他十分精明，採取「西班牙開局柏林變例」的防禦態勢，在這種開局法中，威力最強大的后會很快被吃掉，棋局變成漫長的子力調動，而非變化快速的肉搏戰。克拉姆尼克分析過我的棋風，他看準了我會覺得這種平淡的下法很無聊，因而會在不知不覺中放下戒心。我在賽前有充分的準備，也準備迎戰大約百分之九十的西洋棋戰場，但他迫使我面對的戰場，卻是在他擅長、也是他知道我最不喜歡的百分之十，這個策略很棒，幾近完美。

我沒有試圖把棋局扭轉爲我比較擅長的局勢，反而接受他的挑戰，打算在他的地盤裡擊敗他，這正中克拉姆尼克下懷。我沒能適時改變，沒有在短時間內做必要的策略修正。我輸掉比賽，也輸掉世界冠軍頭銜。有時，爲師者也必須向學生學習。

從長遠觀點來看，我學到對於自己偏好的棋風必須更有彈性。但是，這次慘痛的教訓原本可以避免，只要我多保持戒心、更努力尋找自己的弱點，加以修補，而不是讓克拉姆尼克先找到並且利用它們。

每一家成功的公司或是個人，都是因爲比別人更努力，比別人更專注，才能站到頂端。登峰之人相信自己、相信自己的計畫，他們不斷努力，確保這些計畫值得他們信任，這成了良性循環——努力強化了慾望，慾望則激勵了努力。質疑自己必須成爲一種習慣，才足以克服過度自信和沮喪的阻礙，只有靠不斷的練習，才能鍛鍊出這種力量。

商場上有句格言：「有計畫而不行動是白搭，有行動而不計畫會致命。」這正呼應了好幾世紀以前孫子所寫的：「有略無術，勝途難期。有術無略，敗算可聞矣。」

我的作戰計畫——一九八五年世界冠軍賽，蘇俄，莫斯科

第一次和卡波夫在世界冠軍賽交鋒，我遭遇的困難不只是在棋盤上。當時，我缺乏賽前準備、全盤規劃的經驗，我以為周密的開局演練和充沛的體力便已足夠，我們的計畫就是每一盤棋都不缺席、全力以赴，事實很快證明，這樣的計畫是不夠的；到了我與卡波夫的第二場冠軍賽，我的準備較為充分，結果即便我在前半場比賽居於劣勢，我還是能下得更自在。以下是我的團隊為第二場比賽訂立的作戰計畫。

最終目標：

要贏得這場比賽，我必須在二十四盤棋中獲得十二點五分。務必記得，我不需徹頭徹尾擊垮卡波夫（即便我很想這麼做），而是只要在二十四盤棋裡多贏他一盤即可（如果平手，他就能保有冠軍頭銜）；我毋須盤盤皆贏，也不必戰果輝煌，所以我在第五盤結束、落後卡波夫時並沒有驚慌，我仍然依據作戰計畫繼續棋賽，視情勢稍做調整，這讓我能掌握主動權，把卡波夫逼到窮途末路。

優勢和弱勢：

在動態失衡較不重要的技術性局勢上，卡波夫的棋風和經驗較占優勢，所以，我的階段性目標之一就是找出繁複的局勢，以發揮我精確計算和評估主動權的優勢；此外，我們認為，我年紀較輕、精力充沛，可以在這種犀利又複雜的棋局中占上風，因為這種棋

局必須長時間全神貫注。如果局勢很簡單，卡波夫的冷酷技法會把我折磨至死。

特定的準備工作：

第一場比賽與卡波夫對奕那麼多局棋之後，我們已經很瞭解他不喜歡什麼樣的局勢，我們便針對能導入這些局勢的開局法來設計，而非僅考量其客觀的價值。舉例來說，如果在客觀上具有同等價值，但卻是很符合卡波夫棋風的局勢，我仍可能放棄。

執黑子時，我們設計一套風險不小的棄兵變例，我們知道平心而論這種變例不是很穩當，但這正是我喜愛而卡波夫厭惡的動態局勢。第十二盤棋，我首次採用這種開局法，卡波夫很快就同意和棋，主要是因為這個新概念帶來的衝擊。接下來，所有人都以為我不會再次冒險採用這種棄兵變例，因為卡波夫的團隊必然有所準備，但在第十六盤棋我又用了一次，結果獲得我有史以來最大的勝利（後來卡波夫在與另一名棋手對奕時發現對付這種棄兵變例的反制方法）。

成果：

我以十三比十一獲勝。卡波夫幾乎無法下到他偏好的局面，第十一盤時，他犯下他職業生涯中最嚴重的錯誤；值得讚揚的是，卡波夫記取我們利用其優點和弱點的教訓。這場比賽後，他完全改變執白子的開局計畫，使其更符合自己的棋風。

第四章　戰略與戰術

「戰術是有所為時知其所為，戰略是無所為時知其所為。」

——塔塔科維（Savielly Grigoryevich Tartakower, 1887~1956）

「壞策略因為好戰術或好運氣而成功甚至更危險，這種情形也許第一次有用，但鮮少出現第二次，這正是為何成功時也要像失敗時一樣自我質疑。」

——卡斯帕洛夫

若要走出正確的棋著，我們必須瞭解自己究竟想追尋什麼、目標爲何。對於這個問題，作再多的分析也沒辦法給我們答案。如同我們所作的觀察，西洋棋的目標相較之下很單純——就是贏棋。爲了贏棋，我們擬訂戰略，決定達成戰略的行動方針。「戰略」與「戰術」這兩個名詞常被人拿來交替使用，著實浪費兩者之間珍貴的差異。

戰略很抽象，而且是以長遠的目標爲本；戰術則很具體，是以找出眼前的最佳棋著爲根據。戰術是有條件、投機的，全然與威脅、與防衛有關，如果你沒有即時掌握並運用某個戰術機會，整個棋局必然轉而對你不利。在西洋棋裡，有所謂「唯一著法」的概念，意味如果走其他棋著，就必輸無疑。西洋棋文獻裡甚至有特別的符號來代表必要的棋著，既非妙招也不是劣著，沒有難易之分，就是避免輸棋的必要棋步。

如果你的對手犯錯，致勝的戰術可能突然出現，就可以同時作爲手段與目的。想像一場足球賽，教練已經用了好幾個月的時間以複雜的戰略和模擬賽局來訓練球員，但是如果對方的守門員突然滑了一跤，你就要立即把戰略拋在腦後，毫不猶豫的射門，這純粹是戰術上的反應。

戰術家在戰場上面對威脅、把握良機皆能從容不迫，他的問題在於：在沒有動靜時，仍能有所進展，因爲在這種情況下，他需要的是行動，而非反應。偉大的西洋棋大師，同時也是智者的波蘭人塔塔科維曾半開玩笑的形容這是棋賽中「無事可做」的階段，在現實生活裡，這種情況適足以區分出眞功夫和假工夫。

下棋時，棋手有走棋的義務，即使找不到棋步可走，輪到你時也不能選擇不走棋。這個義務對於沒有戰略視野的棋手，也許是個負擔，在當下沒有立即危機，因而無法構思計畫的情況下，他很可能試圖自行製造出一個危機，這往往只會破壞自己的布局。我們從彼得羅辛身上學到，在西洋棋中，時時警覺的不作爲是可行的策略，但是，運用等待的藝術需要極高的造詣，無事可做時你究竟要做什麼？

我們稱這種階段爲「審局」，因爲最終的目標是要改善我們的局勢。我們必須避免製造弱點，尋找微妙的方法改善子力，不用考慮太多，但不能停止思考。遇到平淡的局勢，容易變得懶散，這正是爲什麼擅長審局的大師，像是卡波夫和彼得羅辛如此可怕。他們永遠保持警戒，樂於在看來沒有實質行動的棋盤上慢慢鋪陳，這意味他們可以用獲得細微優勢的方式，一步一步累積，到了最後，他們的對手會發現自己彷彿站在流沙裡，進退不得。

在生活中，我們沒有義務非採取行動不可。如果找不到有意義的計畫，可以看看電視、繼續維持老樣子，相信沒消息就是好消息。人類在尋找利用沒建設性的方法殺時間這件事上，著實創意無窮。眞正的戰略家就是在這種時候大放異彩，他們會找方法求進步，強化自己的局勢，爲不可避免的衝突預作準備，而且，我們絕不能忘記，衝突「必然」不可避免。

歐洲進入二十世紀之後，多半處於和平狀態，反戰運動在歐洲各國的議會政治中蔚爲風潮，然而德國卻準備開戰，其海軍之發展，僅有英國可與之抗衡。在某些情況下，英國海軍甚至可對德國構成威脅。這都要歸功於英國海軍上將費雪（John Fisher）。

英國稱霸海上足足超過一個世紀，到了一九〇〇年，英國政治人物和軍事領袖完全把這種海上優勢視爲理所當然，但是費雪將軍堅持推動英國皇家海軍現代化，打造第一批巨型「無畏戰艦」。當時其他海軍將領視潛艦爲「偷偷摸摸」、甚至「很不符合英國風格」的武器，費雪卻鼓勵發展潛艦。

費雪好戰的個性在當時的形勢下很不吃香，他得不屈不撓的推動，才能達成他在和平時期推動海軍現代化的目標。他在一九一〇年退休時，已然筋疲力竭，但不是爲了海上戰爭，而是因爲政治角力；一九一四年第一次世界大戰爆發，邱吉爾再度徵召費雪。雖然他們在達達尼爾戰役上的歧見，迫使費雪不到一年後就遞了辭呈，但他花費多年改革英國皇家海軍的努力，隨即證明是值得的。

現在歷史學家將費雪喻爲英國最偉大的海軍上將，他一彈未發，卻達成許多重要貢獻。

他是戰略家，他明白，沒事做並不代表不做事。

戰術必須以戰略爲本

我們每下一著棋，都必須考慮對手的反應，以及我們針對其反應所提出的解答。一個戰術會點燃爆炸性的連鎖反應，帶來一系列強迫性的棋步，引領棋手進入驚異奇航。你必須盡可能深入分析局勢，估算十幾種變化、數百種局勢，一個疏失，你就毀了。

我們可以將之比擬爲一天內必須決定「買進或賣出？」十數次的當日沖銷交易員，他查看數字，盡可能分析，在有限的時間裡作出最佳決策，他花愈多時間，決策品質就愈好，但在他考慮的當下，作決策的時機也隨之溜走。

戰術包含計算，這對人類的腦袋是非常困難的，但如果歸根究底，它們卻是西洋棋裡最簡單的部分，相較於戰略幾乎是微不足道，它們是強制性的、有計畫的回應，基本上是一系列「如果……然後」的程式語句，會讓程式設計師深感得心應手，「如果他吃掉我的兵，我就把馬跳到e5，然後他如果攻擊我的馬，我就犧牲我的相，接下來如果……。」當然，等你算到第五或第六個「如果」的時候，計算已經變得極爲複雜，因爲可能的棋步已經多得不可勝數。你看得愈遠，犯錯的機率也愈大。

我們都會根據分析和經驗來作決定，我們的目標是要去瞭解決策的程序，並且加以改進。要做到這點，我們必須有廣闊的視野，才能更深入評估戰術決策的後果。換句話說，我們必須要有戰略，才不會讓戰術偏離軌道。

不斷擴展的例子

二○○四年三月，北卡羅萊納州小鷹鎭剛剛舉辦著名的萊特兄弟首航一百週年紀念活動後不久，我在瑞士的渡假勝地茵特拉肯山區，向一群企業主管發表演說，講題是「發揮你的潛能」。爲了解釋欠缺策略視野的危險，我選擇萊特兄弟和他們著名的發明來加以說明。數百名工程師在研發飛行器的過程中喪命，但是，萊特兄弟卻成功了，因而寫下（或說是飛上）歷史新頁。

但是他們從不認爲飛機能超越新奇發明和休閒運動的層次，美國科學界也這麼認爲，這種心態很快便使美國在航空業遠遠落後。萊特兄弟無法想像他們創造的東西有如此大的潛力，只好拱手讓別人去探究飛機在商業和軍事用途上的力量。我還替這個警世故事加了一句妙語，指出我們今日並非搭乘萊特兄弟發明的飛機。美國需要一位可以融合企業家遠見和卓越工程能力的人，那個人就是威廉・波音（William Boeing, 1881~1956）。大家一聽到這個耳熟能詳的名字，便發出贊同的笑聲，後來我發現這個例子比我原先設想的還要有啓發效果。波音不僅是戰略家，還是有創意的戰術家。

一九一○年，《科學人》（*Scientific American*）雜誌提到，認爲飛機可以爲世界帶來革命性改變的主張，「是犯了誇張到極點的罪行」。在當時，波音根本連如何駕駛飛機都不知道，而且他住在華盛頓州的西雅圖，距離航空研究重鎭的東岸非常遙遠。波音自耶魯大學工程學系輟學，他沒有萊特兄弟在技術方面的知識，但是，他有的是對於飛機潛力的遠見，以及構思策略、達成目標的能力。

波音比市場早看到了飛機的潛力。他也明瞭在這種新領域的公司，必須要以卓越的技術做爲根基。爲了達到成功創建商務航空公司的目標，他必須先克服幾個技術上的障礙，波音投注了畢生積蓄，相信技術會在他破產之前趕上他的遠見。他不光只是等待，他有策略：更卓越的技術；也有戰術：在當地大學蓋一座風洞，用來培養他所需要的工程師。

一九一七年，美軍準備加入第一次世界大戰，他們需要飛機，波音正好擁有他認爲可以派上用場的設計。問題是，海軍在三千英里外的佛羅里達州測試新飛機，小飛機無法飛那麼遠。波音知道這是關鍵的機會，於是他把飛機拆解開來，像裝披薩般以紙箱包裝起來，運到東岸，這正是絕妙的戰術操作。

小規模的成功讓波音得以維持營運，可以多撐個幾年。當時他慘澹經營的飛機工廠也生產船隻，甚至還生產傢俱。他持續雇用最有才華的工程師，把錢投注在研究上。等到後來航空郵遞和客運的市場漸漸成熟，加上林白❶轟動一時的紐約飛往巴黎的壯舉，爲航空業開創了眞正的商機。波音和他優越的技術此時已然準備妥當，等待主宰航空業。

我在瑞士發表演說後，未久又在巴西的兩場商業博覽會中發表演說，還替這個故事加了新的篇章。巴西有自己的「航空之父」——發明家桑托斯杜蒙❷，他早在萊特兄弟之前便在公開場合駕駛所謂「比空氣重的航空器」，他英勇的行徑和愛現的個性，讓他被稱爲一九〇〇年地球上最知名的人物，今日雖然他幾乎已被世人遺忘，但是對巴西聽眾來說，他們的英雄桑托斯杜蒙褪色的光環，和聲譽卓著的波音，正是最鮮明的對比。桑托斯杜蒙對全球旅行的想法，是一種烏托邦式的世界大同理想，他對於自己的發明所具有的涵義卻沒什麼興趣。飛機被用於戰爭，令他感到十分震驚，一般認爲這是造成他一九三二年自殺的導因。

如果策略代表結果，那麼戰術就是手段。波音爲了達成長遠的計畫，採用無數巧妙的戰術和部署，一旦我們訂立明確的最終目標和階段性目標，就能根據這些目標，預測可能的戰術和戰術組合。這是熟能生巧的過程，將策略目標和戰術思維相結合，我們的反應會變快，同時也更精確，速度永遠是最重要的一環。

時間問題的惡性循環

策略家最大的敵人便是時間，在西洋棋裡我們稱之爲「時間問題」，會讓我們淪落到只能純粹以本能去反應，走戰術性的棋著。如果沒有時間仔細估算局勢，情緒和本能會遮蔽我們的策略視野。事實上，即使有最敏銳的直覺，也不能完全揚棄精確的估算，否則，棋局就會驟然成了賭局。

二〇〇四年三月四日，在西班牙舉辦的利納雷斯錦標賽的一盤關鍵棋局中，我計時器上

❶林白（Charles Lindbergh, 1902~1974），美國飛行員，航空史上最著名的人物之一，因單獨完成橫越大西洋的不著陸飛行而聞名世界。
❷桑托斯杜蒙（Alberto Santos-Dumont, 1873~1932），出生於巴西的法國飛行家，他製造的單翼機為現代輕型飛機的先驅。

的時間一分一秒地過去。那是當年最重要的一場錦標賽，當時比賽已接近尾聲，我位居第二，如果我贏了這局棋，就能並列第一。我的計時器上只剩十分鐘，棋盤上正在蘊釀一場風暴，我的對手是當時西洋棋總會認可的世界冠軍——保加利亞的托帕洛夫（Veselin Topalov）。當時我所處的情勢是兩面刃，我集結了大批棋子，準備攻擊他的王，並對自己在那半邊棋盤擁有的優勢充滿信心。

我看到一步很有希望的棋著，但在估算後卻找不出具體結論，雙方都有太多的可能性。八分鐘。我的直覺告訴我，那著棋必定是好棋，我下了，現在輪到托帕洛夫絞盡腦汁，不過事實證明他因應得宜，防守得很好，給我製造出新的問題。我必須在很有限的時間內將問題解決，我們都下得飛快，憑直覺下棋，手腦並用。四分鐘。

等一下，他上一著棋是不是下錯了？托帕洛夫本著好戰的天性，發動攻擊，而非防禦。爲了持續我的攻勢，我犧牲了一顆棋子，使我的子力處於嚴重劣勢，如果我攻擊失敗，就會輸了這盤棋，此時已然無法回頭。我的心跳加速，腎上腺素急劇分泌，我有預感關鍵的一擊就要出現，我如果將馬跳開，就可以用車攻擊他的王，看來很有毀滅性，馬要跳到哪兒？e4還是e6？往前還是往後？二分鐘。

我以最快的速度思索替代方案，試著從無數的變化中替雙方找到最佳棋著，我想像自己要如何反擊他可能採取的防衛，如果走這裡，然後那裡；如果這樣，然後那樣；四著棋後、五著棋後、六著棋後……，我沒有時間做足夠的深度分析一一確認。一分鐘。

等等，往後跳好像會輸棋！我在猶豫之間把馬往前移，感覺到機會已經溜走，托帕洛夫迅速反應，立刻爲他的王尋找掩護。時間只剩幾秒鐘，我只能逼使他的王前後移動，不可能發動致命的一擊了。比賽因重複局面判和，不分輸贏，我洩氣的躺在椅子裡，我是不是錯失致勝的良機？經過這麼驚心動魄的追逐，獵物卻從我的手中逃開。這場錦標賽我只拿到第二名，我的直覺竟在關鍵時刻背叛了我，這令我十分擔心。

結果是，我的馬走錯了方向，賽後的分析發現，如果把馬往「錯誤的」方向跳，移到e4，遠離對手的王，我就能施展致勝的攻擊，我在計算時確實有察覺這一著，但當時我認爲他的后會回頭來將我的王。棋賽結束後，托帕洛夫建議我應該把馬跳到e4，就能掌握贏棋的優勢，我回答道：「是啊，可是難道你的后不會走到c1將我的王？」他一臉困惑的模樣，從他的表情中我恍然大悟，這一著棋根本是違規的，他的后根本不能走到c1，這完全是我自己的幻覺。很諷刺、也很殘酷，致勝棋著應該是移走一顆主力防衛的棋子，如果我有足夠的時間以計算來確認，就會發現這是我理所當然會追尋的策略目標。

這次的疏失有一事最令我無法釋懷，我在下棋時最具優勢的強項一向是快速且深入的算棋功力，也就是戰術，我向來自信我分析難題的能力優於對手，在我發動致命一擊時，對手鮮少能躲掉。

我離開利納雷斯，自信心嚴重動搖，當然沒有人每次考試都考一百分，但我還是覺得很煩惱。四十歲的我比大部分對手年紀都大得多，他們通常二十來歲、有些甚至是十幾歲的棋手。如果歲月逼人，我的戰術愈來愈靠不住，我還能稱霸多久？在我重回賽場之前，得仔細分析自己的棋局了，尤其是我的戰術能力。

以事後諸葛的觀點來說，眞正的問題不在於我處於時間壓力下所犯的錯誤，後來的比賽結果證明，我的技巧仍然一如往昔，錯是錯在讓自己陷入時間壓力的情勢，當時我較少下棋，疏於練習導致我不夠果斷，對自己計算的棋著缺乏信心，我浪費寶貴的時間再三確認應該迅速決定的事情。所以，如果缺乏信心，最佳的計畫和最迂迴的戰術仍然可能失敗。

壞戰術可能破壞好戰略

邱吉爾的著作向來是在我的最愛之列，他的堅持（有人說是頑固）遍及他性格裡的每一個面向。他在第一次世界大戰期間提出的達達尼爾軍事計畫（也就是導致海軍上將費雪請辭的那次戰役），成爲英國史上最慘烈的軍事災難。但是二十五年後，他竟有如此眞知灼見，明瞭他的中心想法是正確的，還有勇氣再度執行計畫。

一九一五年，當時擔任海軍大臣的邱吉爾說服內閣和盟軍攻擊位於鄂圖曼帝國中心的加利波利，以打通一條延伸至俄國的補給線，從而迫使德國開闢新戰線。艦隊受命離開地中海（就是這件事令費雪震怒），開往達達尼爾海峽，也就是分割土耳其歐洲與亞洲部分的戰略樞紐。最初，英國海軍的攻擊頗有戰果，不過英軍的好消息僅僅到此爲止。地面部隊進駐時，是由漢彌爾頓（Ian Hamilton, 1851~1947）將軍指揮，此君對地面情勢不甚瞭解，另外兩名指揮官和他一起合作，沒有一人全權負責整個軍事任務，戰術的錯誤接連發生，在土耳其軍隊甚具創意的防守之下，英軍傷亡慘重，土耳其最終的勝利也導致凱末爾將軍（Mustafa Kemal, 1881~1938）的崛起，他在戰爭結束後創建了土耳其共和國。

英軍在損失二十萬部隊和三艘戰艦後，終於決定撤軍，這次慘敗不但令邱吉爾蒙羞，也讓他丟掉海軍大臣的職位。不過，第二次世界大戰爆發，他立刻重獲徵召，一九四一年納粹德國對蘇聯發動攻擊，邱吉爾充分瞭解，此時同盟國面臨的問題和一九一五年至爲相似。蘇聯的軍需品不足，近似於俄國在第一次世界大戰初期的狀況，一九四一年七月，英俄聯手的第一項軍事行動就是占領伊朗，確保通往蘇聯的陸路供給線和交通皆無障礙（北海的供給線在長期抗戰時既不安全，也不足夠）。

十月，正如同邱吉爾在一九一五時設想的，同盟國開始供給蘇聯軍需品，到了一九四三年，事實證明這正是蘇聯發揮作戰力量的關鍵，每個月補給超過三十萬噸的糧食、彈藥和其他必需品。邱吉爾明瞭，加利波利戰役的失敗，並不代表其背後的道理有缺陷，無論結果多好或多壞，在分析事情的導因時，一定要非常確實。

下西洋棋時，我們常看到好策略因爲壞戰術而失敗的例子，反之亦然。只要一個疏失，就可能破壞最好的想法。就長遠來看，壞策略因爲好戰術或好運氣而成功甚至更危險，這種情形也許第一次有用，但鮮少出現第二次，這正是爲何成功時也要像失敗時一樣自我質疑。

畢卡索以其一貫模擬兩可、但一針見血的方式說道：「電腦一無是處，它只會給你答案。」問題才是重點，問題，以及挖掘出對的問題，才是能使我們不偏離目標的關鍵。我們的戰術、平日所作的決策，是否以長遠的目標爲本？如浪潮般湧現的資訊很可能混淆我們的策略，使策略淹沒於細節和數字、計算和分析、反應和戰術。想要有強而有力的戰術，我們必須一方面要有強而有力的策略，另一方面則需要精確的估算，兩者都需要有前瞻的視野。

莫爾菲，一八三七～一八八四，美國人
史坦尼茨，一八三六～一九〇〇，奧匈帝國人

現代西洋棋的兩大支柱

西洋棋現代化的殿堂有兩根支柱：莫爾菲和史坦尼茨。前者以前所未見的卓越下法開拓了一條道路，後者則將之記錄下來，整理成系統，以供他人師法學習。莫爾菲的下法、史坦尼茨的棋局和著作，讓西洋棋從混亂不羈的浪漫時期，跨入以邏輯為本的現代時期。

若謂單單一位棋手，在短短一年的時間內對歷史悠久的西洋棋有如此重大的影響，似乎很不合理。但在一八五七年到一八五八年間，美國人莫爾菲所開創的偉業，永遠改變了西洋棋的風貌。這位來自紐奧良的富家子之所以進入棋壇，只因他完成學位時還太年輕，無法擔任執業律師；他很快就證明他的層次已經超越美國所有最優秀的棋手，不過，他真正的挑戰來自於大西洋彼岸。

莫爾菲的歐洲之旅可以和最偉大的征戰史相提並論，二十一歲的莫爾菲逆轉西班牙征服者的路線，接連擊敗當時最頂尖的棋手，即使著名的德國西洋棋大師安德森（Adolf Anderssen, 1818~1879）也成為他的手下敗將。安德森的攻擊能力甚是精湛，甚至他所下過最偉大的兩場棋局還有自己的名字。今天的棋手首次見識到「不朽之役」和「常青之役」時，仍會為其美麗所震撼。不過，就連他也招架不住莫爾菲精湛的棋藝。當

時，年邁的英國西洋棋大師史唐頓（Howard Staunton, 1810~1874）老謀深算，迴避和莫爾菲在棋盤上碰頭。

莫爾菲凱旋歸國，被視為英雄，這一點也不奇怪，因為他是第一個獲得如此全球性殊榮的美國人。雖然直到三十年後，世界上才出現正式的西洋棋世界冠軍頭銜，但毫無疑問，莫爾菲就是西洋棋之王。

很不幸，他稱霸棋壇的時間非常短暫，莫爾菲從不認為西洋棋對南方士紳是合乎體統的職業，他從歐洲返國後就不再參加正式比賽。西洋棋讓他分神，他卻又無心於法律，兩種職業都未曾認真追求。這些焦慮的情緒，又因他在南北戰爭時期內心的衝突而加劇，莫爾菲晚年的精神狀況愈來愈差，偉大的莫爾菲被稱作「西洋棋界的光榮和悲哀」，不是沒有原因的。

他怎麼做到的？這樣一個年輕人，在自己的國家裡找不到旗鼓相當的對手，怎能輕輕鬆鬆就讓世界最頂尖的棋手蒙羞？莫爾菲很可能自己都不知道，他的秘訣在於他能夠洞悉步步為營的布局法，他沒有採用當時普遍奉行的棋法——一上場就直接展開攻擊，莫爾菲會先確定一切皆已佈置穩當。他瞭解，只有在穩固的局面下發動攻擊，才能致勝，沒有弱點的局面就不會被擊潰。

很不幸的，他沒有留下任何棋譜，少有文獻能解釋他的棋步。莫爾菲遠遠超前於他所處的時代，在他退出棋壇後，浪漫主義又再度興起，彷彿這些棋手什麼也沒學會似的。直到四分之一個世紀後，這些布局和攻擊的基本原則才重新被人發現、整理。

棋手品評

博特溫尼克：「至今莫爾菲仍是無法超越的開局大師，繼莫爾菲之後，這方面再也沒有任何實質的新發展，此一事實足以證明莫爾菲的偉大。每一位棋手，從初學者到大師，在練習時都應該反覆鑽研這位美國天才的對局。」

本人自述

莫爾菲：「西洋棋不同於一般金錢既是結果也是目的的遊戲，西洋棋為智者所喜，因為它的模擬戰役並非為獎勵而戰，而是為了榮譽，這明明白白絕對是哲學家的遊戲。讓棋盤取代牌桌，整個社會的道德會有明顯的提昇。」

世人能明白莫爾菲的精湛棋法都要歸功於史坦尼茨，他在當時奧匈帝國轄下的布拉格出生。史坦尼茨早年在棋壇的成就是在穩定中上升，他的棋風和當時的棋手很相似，也就是經常冒險棄子，較少顧慮防禦或穩健布局。他以大膽的攻勢，在棋壇嶄露頭角，人稱「奧地利的莫爾菲」。

史坦尼茨是在搬到新英格蘭（他在那裡住了二十年，後來才歸化為美國公民）之後，才逐漸改變他的想法和棋風。每場棋賽之間長時間的休息，讓他能仔細思考和研究，同時撰寫頗受歡迎的西洋棋專欄，並參加表演賽。到了一八七〇年，史坦尼茨已經研究出防禦、弱點和戰略奕棋法的理論，這也造就了西洋棋歷史上「前史坦尼茨時期」和「後史坦尼茨時期」的分水嶺。

雖然史坦尼茨在理論上的貢獻已足以讓他名垂青史，但是他也將理論成功實踐在棋盤上。一八八六年，他和浪漫時期的老派攻擊型棋手楚克托（Johann Zukertort, 1842~1888）對戰，這也是歷史上第一次正式的世界冠軍賽，雖然史坦尼茨在前五局中輸了四局，但是他和他的理論仍然獲得最終的勝利。他評估對手，加以調整，後來只再輸了一局，贏了九局，楚克托無法理解史坦尼茨如何能在沒有強力的攻勢下得勝，畢竟西洋棋不就是該這樣下才能贏嗎？

到了一八九四年，史坦尼茨把冠軍榮銜交給拉斯克時，新一代的棋手已經徹底吸收史坦尼茨的教誨，所有世界冠軍都承認，史坦尼茨的理論和原理使他們受益良多。西洋棋仍然持續在演變，但是，受到莫爾菲啓發的史坦尼茨，才是把西洋棋從渾沌大洋裡帶到陸地上的第一人。

棋手品評

彼得羅辛：「史坦尼茨的教誨之所以重要，在於他展現出西洋棋原則上具有定義嚴格、邏輯分明的本性。」

本人自述

史坦尼茨：「西洋棋很困難，需要努力以赴、認真的反思和熱忱的研究，唯有誠實、公正的批評才能達到目標。」

第五章　計算棋步的方法

「我只看到下一步棋，不過，這一步棋永遠是對的。」

——第三任世界冠軍卡帕布蘭卡（José Raul Capablanca）

這麼多年來，我最常被問到的問題也許是：「你能估算到幾著棋？」這個問題既有深度卻又無知，一語中的卻無法回答，正如同問畫家他畫一幅畫要畫幾筆，彷彿畫幾筆與畫作的品質有關似的。

一如回答大部分這類的問題，誠實的答案是：「視情況而定。」不過人們依然繼續發問，一代接著一代的西洋棋手也努力編造答案，其中之一是：「看我需要多少就算多少。」要不然就是：「比對手多算一步。」事實上這沒有具體的數字，也沒有最多或最少，西洋棋中的計算並非一加一，倒比較像在一張不停在你眼前變換的地圖上，設法找到一條路。

西洋棋不可能被簡化為算術的第一個原因是其中所牽涉的數字太大，每一步棋都可能有四或五種應著，這四或五種應著又有四種可能的應著，以此類推，在如同樹狀的「決策樹譜中，其分枝是以幾何倍數成長，從最初局面的五種可能開始，到最後會有百萬種可能的局面，一局棋裡可能出現的局面，加總起來比宇宙間原子的數量還多。的確，大部分的局面在實際的棋局裡不太可能發生，但是西洋棋的範圍之大，應該可以讓人類再多鑽研個幾百年。

正如同氣象預報預測得愈遠，就愈不準。當可能性多到無法追蹤，不確定感和隨機變數便會形成干擾；當你耗費更多力氣和時間，結果卻愈來愈不明確時，報酬遞減法則便開始發揮作用。

一般人常將錯誤都說成「誤算」，如果把「誤算」想成是一種特定的錯誤較有幫助，也就是雖然知道所有因素，但得到的結論卻是錯的。奕棋時，雙方都知道所有因素，這在政治上當然不可能發生。不過，「理所當然」的假設所造成的政治錯誤，仍然多得驚人。

俾斯麥（Otto von Bismarck, 1815~1898）在十九世紀末透過戰爭與外交手段，創建了德意志帝國。德國統一後，他設法孤立法國、與俄國斷交，同時和奧地利、義大利結盟，他堅信法國和俄國永遠不可能合作，因爲像沙皇這種專制君王絕對不可能「脫下帽子，聽馬賽曲」這首伴隨無數貴族站上斷頭台的法國國歌。可是後來，法國與俄國締結了軍事同盟。而當法國艦隊造訪俄國時，沙皇不僅聽了馬賽曲，還眞的脫了帽子。俾斯麥掌握了所有必要的資訊，卻得到錯誤的結論，他低估了俄國經濟愈來愈需要法國金援的事實，甚至堅信貴族的驕傲重於對財政上的迫切需求，他錯估情勢所造成的負面影響，一直持續到第一次世界大戰。俾斯麥是偉大的戰術家和戰略家，但在這個例子裡，他不相信對手也具備同樣的能力，他錯在指望對手犯下不可能犯的錯。

算棋時必須專心、守紀律

你也許認爲，以電腦的運算能力，在一個六十四格棋盤內的遊戲中，必定能輕易取得主導地位。對於此一假設的反證，正是作出正確決策的第二個關鍵：同時評估靜態（不變的）和動態因素的能力。深入的計算並非造就冠軍的要件，荷蘭心理學家德格魯特❶的研究發現（我們稍後會再提及此人其他的研究），針對棋盤上的問題尋求解決方法時，頂尖棋手估算的棋步事實上不會比拙劣的棋手多很多；他們有時可以辦到，但不論是此種能力，或是此一行爲，都不是造就他們棋藝高超的原因。即便是能在一秒鐘之內檢查幾百萬步棋的電腦，也一定有辦法評估棋著的優劣。這種評估能力才是人類擅長、電腦不及之處。如果你根本不瞭解自己所追尋的目標爲何，能算多少步棋根本無關緊要。

我在思考棋步時，不會一開始就急於勾勒出「決策樹譜」，我一定會先考量局面中的所有因素，才能建構出一個策略，並且訂定階段性目標。我必須隨時注意這些因素，在開始計算變著時，才能知道什麼結果對我比較有利。經驗和直覺固然可以引導這個程序，但是仍然必須本於嚴謹的計算。

無論你練習有多充分，有多相信自己的直覺，分析的工作仍然不可或缺。前美國總統雷根曾在不同的情境下說道：「信任，但是要求證。」規則永遠有例外，任何原理都會出現違反直覺的情況，即使相對簡單的數學都可能讓人吃驚。我最近參加一場宴會，大約有二十五名賓客，談話中，我們發現有兩對賓客的生日是同一天，這幾位賓客對這種不尋常的巧合深感欣喜，但是，發生這種事的機率到底有多大？有一位客人說，很多人都知道，在爲數二十三個人的群體之中，其中兩個人生日在同一天的機率是百分之五十，我們這一群人裡，有兩對人生日在同一天的機率大約是四分之一。他又說，只要一個群體的人數到達五十五人，其中有兩個人生日在同一天的機率就會躍升至百分之九十九。這其中的數學原理非如想像中複雜，但其結果絕對是違反直覺的。無論你多麼有信心，都要用分析來支持你的結論。

這種分析的過程必須井然有序，才會發揮效能。任何寫過待辦事項清單的人都瞭解，按照重要性依序排好、按優先次序來執行，會更有效率的完成任務。我根據經驗，選出二到三個可能的棋著，將注意力集中在這些棋著上，通常很快便能辨別出其中一個較爲拙劣而予放棄，此時另一棋著會取而代之，然後我開始一次一步的擴展「決策樹譜」，研究對方可能的應著以及我的應著。

在複雜的棋局裡，這「決策樹譜」裡所作的分析，通常維持在四到五回合的深度，我是指對弈的雙方各走四到五步，所以總共是八到十著棋（我們稱之爲「半著」（half move），或西洋棋程式設計師所謂的「一層」（ply）；白方走一步加黑方走一步，等於一個棋著），除非在特殊狀況下，例如格外危險的局勢，或是經你評估爲棋局的關鍵時刻，這就是安全且務實的估算步數。

「決策樹譜」裡的樹必須時時修剪才有效率，思考上的紀律是必要的，如此才能逐一檢視各種變著，放棄比較沒前景的棋著，繼續追蹤較佳的選擇，如果左顧右盼，只會浪費寶貴的時間，還可能把自己弄糊塗。你也必須知道何時應該停止，比如說當你得到了滿意的結

❶德格魯特（Adriaan de Groot, 1914~2006），荷蘭西洋棋大師兼心理學家。

論——明顯的最佳路線，或是必要的棋路——或是當你認爲進一步分析的收穫與花費的時間不成比例的時候。

想像、計算、我的最佳對局

激發想像力和紀律在此處並不相互矛盾，只有同時掌握創造力和條理，才能引導計算的方向。突發狀況和直覺告訴我們何時必須打破常規，最佳棋著也許明顯到根本毋庸耗費時間挖掘細節，尤其在時間有限的情況下，更是如此。不過，這種情況很罕見，而且往往在我們認爲情況至爲明顯時，便倉促反應，反而犯錯。在很多情況下，我們要打破常規時，應該是作更多、而非更少的分析，也就是在你的直覺告訴你事情有異，或是到了危險關頭的時候，你必須更深入的探究。

要偵測到這些關鍵時刻，你必須對分析的模式和趨勢保持敏感，如果分析的枝幹突然出現意外的結果，無論是好是壞，都値得你投注時間去發掘原因，有時很難解釋你爲何會靈光乍現，覺得事有蹊蹺，重要的是，你必須仔細聆聽心底的聲音。我參加過的棋賽中，最成功的一場便要歸功於這種第六感，那是在荷蘭維克安澤舉辦、歷史頗爲悠久的超級錦標賽，和我一起合演的又是「保加利亞戰士」托帕洛夫。

這場戲裡，托帕洛夫也算是領銜主角，因爲要創造一場美麗的棋局，得靠雙方一同努力。你的對手若是奮力進擊，又構築強固的防禦工事，你才有機會好好發揮棋藝。托帕洛夫頑強的抵抗，使我在這場棋局中把我的計算功力發揮到極致，展現我職業生涯中最具深度的戰術組合，分析主枝幹多達十五著棋，這幾乎是不可思議的數目。在這種情況下，不可能算出所有可能的棋步，可是我奇蹟似的看到這場棋賽中的致命一擊。

後來有一本專門討論這局棋的小冊子在希臘出版，我承認，這本冊子當中百分之九十的分析是我在比賽時不曾想過的。我思索如何追趕棋盤對面黑方的王，一旦發現令人欣喜的蛛絲馬跡，我就定下心來，把注意力放在對方最可能使出的防禦棋著上。在算棋過程中，我一度覺得自己的棋路宛如走在鋼絲上，一失足便會喪命。爲了把他的王逼出巢穴，我已經棄掉半數子力，我腦海中對局勢推演的想像不斷加深，確信自己一定有所斬獲，直到分析到第十五步時，我終於看到致勝的棋著。

這固然有賴卓越的計算能力，但如果缺乏想像力，你不可能算得那麼遠，如果我完全靠演繹法來推演這個陣勢，我永遠不可能想到這些棋步，這不是用邏輯分析展現精確結論的結果。爲了證明這點，我只能指出，後來經其他特級大師分析發現，我至少在一處錯失了最佳棋著的機會。

順帶一提，雖然最後我贏了這局棋，但是，我錯失了最佳棋著適足以說明過度專注於遠方目標的風險。我如此著迷於彩虹另一端的黃金，於是在朝它接近時，便不再四處張望。我希望能說服自己，如此漂亮的結局一定也符合科學，但這很可能是危險的幻覺。

人腦加電腦，勝過一個腦

人類非電腦，我們的計算永遠不可能完美無缺，但只要分析時不偏離目標，並且以經驗與直覺爲本，我們的分析應該都能正中目標。在商場上，和電腦合作、而非抗拒電腦，對我們也必然有益。人類在策略與評估方面的技巧，融合電腦的計算能力，已經改造很多行業，從會計、投資，到庫存管理，幾乎各行各業都有長足的進展，於是我開始思考，奕棋時何不讓電腦這種矽獸助我一臂之力呢？

西洋棋軟體有優越的計算能力，這正是人類感到最困難的領域。電子計算機可以快速計算八十九乘以九十七，西洋棋程式像是「菲利茲」（Fritz）和「少年人」（Junior），可以用同樣的速度替複雜的戰術局勢找出解決之道，它們從所有可能的答案裡尋找能夠留下最多子力的著法。這種強力計算法雖然稱不上優雅，但在複雜的局勢下，它的效率卻是毋庸置疑。然而，在長程計畫及子力調動的階段，由於沒有明確的棋路，它們就會出問題。一九九八年我靈機一動：如果不是由人類對抗電腦，而是兩者一起合作下棋，不知會是什麼模樣？

我的想法在西班牙里昂的一場比賽中實現，我們稱之爲「高等西洋棋」，每位棋手各持一台電腦參賽，使用的西洋棋軟體可以自行挑選。人類負責處理策略，把大量的運算工作交給電腦，一如企業執行長只需檢視各種報表。我的目標是要開創有史以來層次最高的西洋棋賽，融合人類和電腦的精華。

第一次的嘗試（我的對手又是托帕洛夫）有一些技術上的小問題，多半出在棋手使用電腦的時間不夠，不過這項嘗試確已展現出潛力。邊操作電腦邊下棋，感覺有如鎧甲加身，我可以把注意力放在擬定計畫、辨明弱點上面，不用老是擔心出錯。

往後舉辦的其他高等西洋棋賽素質往往高得驚人，甚至還出現多位棋手組成的隊伍以數台電腦對戰的錦標賽，完全不限制使用多少台電腦。當然，我仍然信奉由人類下的棋，但是即使如此古老的遊戲，不時也能從新穎的方式中獲益。西洋棋電腦也許已經達到世界冠軍的程度，但是在絕大多數的領域裡，人類都沒有被機器取代的危險。商業往來、所有人際接觸，都是以人類的情感和反應爲本。經理人管理的不是電腦，而是人，只有人才能瞭解人的弱點和傾向，這正足以說明電腦何以仍然不太會玩像撲克牌這類型的遊戲，因爲人的因素在這種遊戲中占了很大一部分。

機器能精準的下注，不費吹灰之力就能記得牌桌上的每一張牌，但是你如何教電腦吹牛？手中的牌不好，押的賭注更大，這等於是違反機率的事。無論是和《財星》五百大企業的總裁談判，還是和十歲小孩交涉，經驗、直覺和我們分析事實的能力同等重要。

用來引導棋藝的計算和想像力必須經常使用，並且要將其推至極致，棋藝才能獲得提昇，這對所有技藝皆然。很多西洋棋手因爲不信任自己的計算能力，會避免複雜的局面，這會造成無止境的惡性循環；如果我們逃避扎實的分析，光靠直覺，這些直覺便永遠得不到適當的訓練。相信直覺是好事，但先決條件是要確定自己不是在逃避那些需要知道判斷是否正確的工作。

拉斯克，一八六八～一九四一，德國人
特拉實，一八六二～一九三四，德國人

英雄所見不同

二十世紀初期，出現西洋棋史上最了不起的競爭——拉斯克對上特拉實。他們的競爭甚至超越了棋盤。這兩位德國最偉大的棋手不僅對西洋棋的本質有截然不同的看法，兩人的生活態度也是大相逕庭。有一個經典的軼事發生在一九〇八年的杜賽多夫，也就是他們的第一場世界冠軍賽，賽前兩人先禮貌寒暄一番，但特拉實進入會場時竟走向拉斯克說：「對於你，拉斯克先生，我只想奉送三個字——將死你！」但棋賽開始後特拉實就沒什麼機會用上這三個字，拉斯克以八比三輕鬆獲勝。

拉斯克保有冠軍頭銜的時間比任何人都久，從一八九四到一九二一年。他在世界冠軍頭銜賽擊敗史坦尼茨，但是當時的棋壇不太相信這位年輕德國人的實力，因為彼時已經年近六十的史坦尼茨顯然並非處於巔峰狀態。接下來的五年裡，拉斯克一掃所有對於他棋力的質疑，他參加的每一場棋賽，均以雷霆萬鈞之勢獲勝。

拉斯克很有數學天分，也有深遠的貢獻，他對哲學和社會學也很感興趣。在他身後出版的自傳，是由與他相熟的愛因斯坦寫序，愛因斯坦寫道：「很少人能對人類面對的各種重大問題都抱持熱誠的興趣，同時又能使自己的個性長保特異的獨立。」

拉斯克認為，西洋棋主要是兩個棋手意志的心理戰，如同我們常說的，他是在奕人，而非奕棋，他明瞭錯誤無可避免，而勝利終將屬於向對手施壓最多同時抗壓能力最強的那一方。曾有對手批評拉斯克下棋時故意走劣著，意圖干擾對手，這種說法其實是過於誇張，不過從他的棋賽裡，可以看出他熟諳隨時轉變棋風，以使對手感到不安。

拉斯克的西洋棋天賦，加上在心理學方面的深厚造詣，使拉斯克的棋藝一直到六十幾歲都還保持很高的水準。雖然他在一九二一年輸給古巴的天才卡帕布蘭卡，失去世界冠軍頭銜，但是拉斯克後來在史上最著名的一九二四年紐約錦標賽中拔得頭籌，勝過當時的世界冠軍卡帕布蘭卡和未來的世界冠軍阿廖欣。

棋手品評

卡帕布蘭卡：「絕大多數的業餘棋手、甚至是西洋棋大師，沒有一個偉大的棋手像拉斯克一樣深不可測。」

本人自述

拉斯克：「在棋盤上，謊言和虛偽無法久存；創意的組合層次揭穿了謊言的假想；毫不留情的事實，以最終的『將軍』，否定了虛偽。」

特拉實最為人稱道的是他經典的著作和怪誕的言論，他的棋力和前兩任世界冠軍史坦尼茨和拉斯克可謂軒輊難分。也可以說，在西洋棋的演變和教學的重要性方面，特拉實的貢獻與這兩位世界冠軍亦不分高下。他的著作和文章影響了整個世代的棋手，他教條式的指導方式，在今日或許較不受歡迎，但在當時頗受推崇。

特拉實試圖在混亂的棋盤中理出秩序，這和史坦尼茨諄諄說明的教法很類似，他在文章裡仔細為棋賽進行的方式訂定明確的規範，並且毫不留情的批評任何膽敢破壞這些規則的人。他在替自己的一場棋局作紀錄時寫道：「替失誤找藉口，比承認自己不瞭解西洋棋的精神容易得多。」他想到用這句話來譴責英國西洋棋大師布萊克本（J. H. Blackburne, 1841~1924）的時候，他們才只下八步棋而已！幾著棋後，在他自己下的幾步劣著之前，特拉實批評道：「接下來的劣著只有一個解釋，那就是我被布萊克本的拙劣下法給弄迷糊了。」

很矛盾的是，如此一板一眼的人居然擁有發明家的靈魂，他的棋步充滿活力，而且他身兼家庭醫師，還能維持世界前三強或前四強的地位長達二十年，如此長時間保持在將近巔峰的地位，沒有調整棋風的能力是不可能辦到的。

棋手品評

費雪：「銳不可當，始終遵循自己的原則；雖然信奉自己所認定的科學方法，但他的棋路通常機智且精明。」

本人自述

特拉實：「西洋棋如同愛情和音樂，有讓人快樂的力量。」

棋手品評

賴恩費爾德（Fred Reinfeld, 1910~1964）：「特拉實傳授知識；拉斯克教人智慧。」

第六章　找出自己的天賦

「我十一歲才開始下得一手好棋。」

——費雪，第十一任世界冠軍

「我們可以替自己創造好運，讓我們的能力和職涯相符合，問題在於我們長大後，就很少測試自己的資源，不經測試，就不可能發現自己的天賦。」

——卡斯帕洛夫

昔日，西洋棋「特級大師」的稱謂只保留給全世界最頂尖的棋手。一九一四年，俄國沙皇尼古拉二世在聖彼得堡資助一場著名的西洋棋錦標賽，他爲進入決賽的前五強創造出這個封號，繼五位傳奇大師之後，這個頭銜後來經國際西洋棋總會採用，並訂立取得資格的標準，此後，擁有此一頭銜的人在所難免的激增，今天全球總共約有一千位特級大師。「特級大師」如此之多，以至於私底下有人會用「超級特級大師」這類非正式的頭銜來區別最頂尖的棋手。

常有人問我，全球前十強的棋手，和其他許許多多實力堅強、卻從未能擠進前二十名，甚或前一百名的棋手，究竟有什麼差別。很可惜，失敗的原因和成功的原因一樣多，根本不可能一概而論，每位棋手都有他（她）本身成功或失敗的原因，而其中爭議最大，也最捉摸不定的，就是天賦。

天賦的定義和面向如此繁多，無怪乎我們無法斷定誰有天分、誰無天分，辨別神童也許較爲容易，但我們至多只能感到驚嘆：莫札特五歲開始譜寫交響曲；巴斯卡（Blaise Pascal, 1623~1662）十二歲就在孩提時代於自家牆壁上創造原始的幾何原理。

西洋棋和音樂、數學一樣，是少數小小年紀就能展現卓越能力和創造力的領域，一九一八年，波蘭出生的列舍夫斯基（Samuel Reshevsky, 1911~1992）七歲就穿著水手服巡迴歐洲，參加表演賽，擊敗一屋子大人；據說卡帕布蘭卡四歲時，光是看著父親下棋就能學會，後來事實證明他的實力很快便能與棋藝精湛的棋手匹敵。列舍夫斯基被各式各樣的心理學家反覆研究，大家都想找出他驚人天賦的來源，一個稚齡孩童如何能精通這種與複雜、困難畫上等號的遊戲？

我們經常聽到此類早慧的故事，大體上也願意接受這些人生而天賦異稟的解釋。然而，即使天賦異稟，也要有展現的機會，先天與教養何者爲重的爭論永難休矣。如果莫札特的父親是個畫家，而非音樂老師，今日我們還會知道莫札特這個人嗎？

我自身童年時期的發展絕對要歸功於外在因素，我的家人很早就發現我在西洋棋上的天分，我的父親在我七歲時決定送我去上西洋棋學校，他當時正與血癌奮戰；母親非常支持他的決定，她現在老愛提醒我，過去她是如何努力控制、而非助長我的任性。她說我小學二年級的老師有一次打電話給她，因爲我在課堂上公然向她挑戰，遭到老師懲罰。當母親告訴我，我不該這麼做，因爲別人會以爲我自視聰明過人。我回道：「可是，不就是這樣嗎？」我眞的覺得我從前的老師有我這樣的學生實在很辛苦。

在任何領域裡，年紀輕輕就出人頭地的明星，都要歸功於其父親或母親有助其天分一臂之力的決心；至於內在因素，我很清楚我在其他領域不會像在西洋棋這麼成功，我學習西洋棋是很自然的事，我的天賦恰好符合西洋棋的必備條件。

不是每個人都如此幸運，但是我們可以替自己創造好運，讓我們的能力和職涯相符合，問題在於我們長大後，就很少測試自己的資源，不經測試，就不可能發現自己的天賦。如果年紀小的時候沒有人提供發揮的機會，你可以在成年後自己創造機會，我們可以多方嘗試，把自己的能力在不同領域發揮到淋漓盡致。

辨別生活中的模式

試驗很重要，因爲很少活動只需要單一領域的才華；鋼琴家需要動作靈巧，也要有靈敏的耳朵和節奏感，大部分事物皆能拆解成諸如此類的技巧組合。試想成功的經理人、優秀的將軍、好父母分別需要什麼特質？西洋棋也不例外，想要出類拔萃，必須融合經過培養的先天才能和後天獲得的知識；而最重要的天賦，應該是記憶力和幻想力。

人們常把記憶力說成某種你要不是有、要不就是沒有的東西，就好像在談論身高或是藍眼珠一樣；很多人試圖將記憶力加以分類，說自己擅於記住人的面孔，或老是記不得名字。我們都有一種刻板印象，比如說一個心不在焉的教授能把喬叟[1]全部的作品倒背如流，卻永遠記不得自己把車子停在哪裡。

我們知道人腦會把長期和短期記憶儲存在不同區塊，有些人有過目不忘的記憶力，能夠輕輕鬆鬆背誦整本電話簿，一般人認爲頂尖棋手必然具備這種能力，但事實並非如此。

當然，要成爲成功的棋手，的確必須要有很好的記憶力，但要解釋我們記憶的東西究竟是什麼，十分困難。是模式？數字？還是棋盤和棋子的視像？這個問題的答案令心理學家既感興趣又深覺困擾。答案似乎是「以上皆是」。

幾世紀以來，世人皆著迷於「盲棋」，一七八三年，法國西洋棋大師菲利多❷以眼不看棋盤的方式，同步下兩場棋，被視爲無人能望其項背的天才。有一篇報章上的文章將之描述爲「人類歷史上之奇蹟，應被珍視爲人類記憶力之最佳表徵，記憶力至此應已無出其右者矣。」

將近二百年後，波蘭的特級大師納道爾夫（Miguel Najdorf, 1910~1997）在第二次世界大戰爆發時被困在阿根廷，戰爭結束後，納道爾夫爲了讓波蘭老家的家人得知他還活著的消息，想出了一個辦法，他舉辦了一場史上最盛大的盲棋表演賽，同一時間內下四十五局棋，等於要記住一千四百四十個棋子的位置，這場表演賽持續的時間之長，致使部分疲憊不堪的對手必須找人代爲上場。比賽進行將近二十四小時之後，納道爾夫拿下三十九勝，四場和局，只輸給二位對手，而這兩個對手，當然是看著棋盤下棋的。

這不代表納道爾夫有完美無瑕、過目不忘的記憶力。他沒有，他有的是優異的「西洋棋記憶力」，能夠記住六十四格棋盤上棋子的模式和路線。無論棋手能否看到棋盤，這種能力都極爲重要。這種回憶和視覺化的能力讓我們能快速精準的計算，意味我們不必每種局面都得從頭算起，如果你對某種局勢很熟悉、記得從前成功或失敗的模式，你就比第一次看到這種局勢的人占了更大的優勢。

西洋棋特級大師腦中有成千上萬種西洋棋資料庫的片段和模式，並且透過不斷的練習加入新的資訊。我雖具有記憶這麼多棋譜和局面的能力，但這不代表我比較會記憶名字、數據，或任何其他事物。德格魯特在一九四六年針對西洋棋手所作的實驗，對於這個道理作了精確的闡釋，他測試各種程度的棋手，從過去的世界冠軍到初學者，設法解開西洋棋大師的秘密。

德格魯特給受試者一組西洋棋局面，要他們憑記憶重新排出，然後記錄他們複製局面的精確度。不出所料，棋藝愈精湛的棋手，得分愈高。最優秀的棋手複製局面的正確度高達百分之九十三，專業棋手百分之七十二，一般棋手只有百分之五十一。這箇中緣由一直到三十年後，才在一個類似但加以改良的實驗中獲得進一步探究。

一九七三年，研究專家蔡斯（W.G. Chase）和賽門（H.A. Simon, 1916~2001）複製德格魯特的實驗，不過他們另外加入關鍵性的第二組實驗局面，他們隨機將棋子散佈在棋盤上，

❶喬叟（Chaucer, 1343~1400），英國作家、詩人、哲學家、外交官，被喻為英國文學之父。

❷菲利多（Francois Andre Danican Philidor, 1726~1795），被公認為當時最頂尖的棋手（當時尚未有正式的世界冠軍頭銜），他同時也是作曲家。

沒有遵循西洋棋的規則或任何模式，如同德格魯特所做的實驗，對於擷取自眞實比賽的局面，實力愈強的棋手得分愈高，但是面對棋子隨機擺放的局面，所有程度棋手的成績幾乎不相上下。一旦無法運用模式，或是心理學家所謂的「意元集組」（chunk），大師亦未能呈現出高人一等的記憶本領。

人類所有的行爲都是依循相同的過程，死記硬背的能力遠不及辨識有意義模式的能力來得重要，我們在處理問題時永遠不會從零開始，我們會直覺的、幾乎下意識的尋找往昔類似的例子，看看能否從這些略爲不同的材料裡想出相似的妙方。

這個程序通常是在內心裡暗自進行，但偶爾也會浮出檯面，甚至舉世聞名。一九一四年，聖彼得堡進行了一場令人目眩神迷的棋賽，對奕的雙方是當時最頂尖的兩位棋手——尼姆佐維奇（Aaron Nimzowitsch）和特拉實，不過大會只頒發「卓越獎」的第二名，因爲特拉實犧牲子力所成就的完美攻擊簡直就是二十五年前拉斯克一場棋局的翻版，評審認爲他們不能將「卓越獎」的首獎頒發給不具獨創性的棋局。

股票交易員分析股票走勢、父母觀察孩子的行爲模式、經驗豐富的律師覺察到詰問證人最有效的方式，這些都是來自經驗加上有意識的觀察所獲得的記憶，雖然實際經驗可以讓你具備基本能力，但若要勝出，則有賴隨時檢視你所得到的資訊。

我們有沒有日省吾身？我們看到什麼，學到什麼？我們有沒有觀察或經歷到値得特別留心的新事物？如果再遇到，能否辨認出同樣的情境、機會或模式？頂尖人士的成功關鍵就是如此嚴苛的自省、深刻的自我意識，例如奧林匹克運動員就必須如此。

假使你是上班族，秉持如此嚴謹的態度，所能得到的好處或許不那麼明顯，但必定會有助益。即使是位居管理階層的人也太常滿足於安安穩穩過完一天，很多人都認爲工作後或放學後要放鬆心情，把事情拋諸腦後，好好休息，如果這些人每天結束時都能自省今天爲明天學到多少，該會變得多有效率？

幻想的力量

「塔爾不是用手移動棋子，他是用魔法棒。」

——世界冠軍博特溫尼克的教練、特級大師拉戈金（Viacheslav Ragozin, 1908~1962）

我不確定「跳脫框架思考」這句話從何時開始蔚爲風潮，幾乎在一夕之間，彷彿邏輯、演繹、常規的思考都成了罪過，這些往日的美德似乎都被棄如蔽屣，突然間每一個人都得違背傳統，不然就會被視爲恐龍。網路泡沫就是建立在這種錯覺之上，相信歸納推理和創造力可以取代原理和邏輯，而非相輔相成。

法國小說家法朗士（Anatole France, 1844~1924）寫道：「我們必須夢想，也要實踐，才能成就偉大的事業。」在西洋棋裡，這種破除慣常模式、讓對手出其不意的想像力有一個術語，稱爲「幻想力」，讓心思飄離針對變數的計算，想像局勢裡蘊藏的各種可能，我們偶然會發現幾乎不合規則、似是而非且不切實際的想法，卻因爲那一瞬間棋盤上各種因素的獨特匯集而致勝。

說來諷刺，在人類看來充滿戰術幻想的棋著，西洋棋電腦程式卻很擅長。電腦不會依賴模式，也不會對醜陋、看似不合邏輯或荒謬的棋步持有偏見，它們只是單純的數豆子，下出它們找到的最佳棋著。人類要做到這麼不帶感情的客觀，確實困難得多，畢竟人類是習慣的動物。

我自己也有墨守成規的傾向，在我的著作《偉大的前輩》第一集出版後，我有切身的體驗。當時我在書裡分析一九一〇年拉斯克和施勒希特❸世界冠軍賽中最重要的一局棋，許多優秀的棋手，包括參賽者本人，都評論過這局棋，因爲那是拉斯克在那場比賽中唯一一盤輸棋。棋局結束後，拉斯克本人與繼他之後成爲世界冠軍的卡帕布蘭卡都曾發表分析，他們一致認爲如果拉斯克犧牲他的后，就不會輸掉這局。

看過他們的分析，我很同意他們的看法，棄后是很巧妙的防禦手法，可以挽救這局棋，我把這個想法寫在書裡。書才上架未久，信就如雪片般飛來。今天每一位西洋棋棋迷的電腦裡都有威力強大的西洋棋軟體，這些受到電腦加持的棋迷很快就在我的分析中發現破綻；在這個例子裡，重點在於白方未必要吃掉后，電腦不在乎后是不是最強的棋子，它只在乎評估的結果，五個世代的人類，包括我在內，都先找到后才開始作分析，電腦則忽視后，顯示出有簡單的致勝方法。

如果我身在其中，自己下這場棋，或許能發現致勝的方法，如同我們稍後會討論到的，比賽如火如荼之際的洞察力，通常會比以旁觀者角度所作的分析更爲精確。

幻想力可以穿透迷霧

面對這麼依賴模式和邏輯的遊戲，保持開闊的心胸實在困難，也許我們能以古為鑑，從昔日偉大棋手身上獲得啓示。若要說到不斷找尋原創方法震驚對手的棋手，沒有人比得上「里加❹的魔術師」，第八任世界冠軍塔爾。一九六〇年，他以二十三歲之齡成為世界冠軍，在此之前，他早已以激烈、具爆發力的棋風聞名。他的棄兵棄子戰術，和博特溫尼克開創的科學化現代西洋棋脈絡完全背道而馳，塔爾重塑了浪漫式的西洋棋，採用十九世紀中期流行的下法，認為防禦是儒弱的行為。

他是怎麼辦到的？和其他特級大師相較，塔爾的馬為何看起來更敏捷、他的相也更迅速？他的計算能力甚為卓越，但那只是他天賦的一小部分，如同他在一次經典的訪談中所作的描述，他知道何時光靠計算不足以解決問題。以下是他在訪談中討論一場複雜的棋局，對手是蘇聯的特級大師維蘇克夫❺，當時他正在思索棄馬是否正確。

想法不斷堆疊，我向對手傳遞一個微妙的應著，但是這種應著有時奏效，在其他情況下

❸施勒希特（Carl Schlechter, 1874~1918），二十世紀初期奧地利最強的棋手。
❹里加（Riga），拉脫維亞首都。
❺維蘇克夫（Evgeni Vasiukov），一九三三年出生，至今仍活躍棋壇。

卻又顯得一無是處。如此一來，紛亂的棋步在我腦袋裡堆積如山。

至於著名的「變例樹譜」，通常教練會建議你砍掉一些小樹枝，但是在這個例子裡，這樹卻以驚人的速度成長蔓延。

突然間，我想起俄國著名童詩作家楚科夫斯基（Korney Chukovsky, 1882~1969）的經典詩句：

「唉，真是困難的任務
要把河馬從沼澤裡拖出」

我不知道自己怎麼會在棋盤上聯想到河馬，不過，正當觀眾都以為我一直在研究局面時，我其實是在想：「究竟要如何把河馬拖出沼澤？」我記得我考慮到使用千斤頂，還有槓桿、直昇機，甚至繩梯，經過長長的思考後，我承認自己是失敗的工程師，我怨恨的想：「就讓牠沉陷下去算了！」突然間，河馬消失了，就像牠無由的來到棋盤上一般，莫名的也就離開了，而且是主動離開。就在這一刻，局面看起來不再那麼複雜，我隱約瞭解自己不可能計算所有變化，而棄馬這一著，就本質而言，純粹是出於直覺，而且既然這一步保證會使這局棋變得有趣，我實在無法克制自己不下這一著棋。

第二天，我很開心的看到報紙上寫道，塔爾經過四十分鐘仔細考量局面、精密計算後，下出正確無誤的棄子妙著……。

這個典型例子適足以說明塔爾的機敏，也顯示出他解決問題的洞察力。他瞭解需要用榔頭修理的東西不能用扳手，即使他想像力豐富的心靈，偶爾也需要推一把才能換到不同的轉速。

培養想像的習慣

幻想力不是你按個開關就會出現的東西，重點是要儘量多讓它恣意發揮，培養想像的習慣，讓自己不依循常規的那一面活躍起來，每個人喚醒靈感的方法各自不同，不過目標都是要讓幻想成爲持續且下意識的行爲，這樣一來幻想力才會常保活躍。這不是說我們要像發明家一般擁有偶然間靈光一閃的創造力，而是要在決策過程中能夠時時創新。

企業與商展剛開始和我接觸、邀請我演講時，我希望自己能更貼近他們的語言。身爲《華爾街日報》特約編輯、酷愛收看新聞台的我，自認對世界新聞有相當瞭解，其中也包括商業界的頭條新聞，問題是新聞台沒有把事件整理成有意義、有洞察力的完整脈絡。偉大者何以偉大？爲什麼有些企業可以成功，其他卻失敗？一定有許多值得我們借鏡之處。

於是我開始探索今日一些家喻戶曉的品牌何以成功，波音的故事就是其中一個發現。有些故事對我的聽眾則較不具啓發性、比較沒那麼有用，但有不少默默無聞的故事其實很值得一提。

你也許沒聽過威爾森（Joseph Wilson）這個名字，但你絕對聽過他領導的公司——全錄（Xerox）。全錄的原名爲海洛伊德公司（Haloid Company），威爾森是個發明家，不過他帶給公司的創意精神，比他在實驗室裡創造出來的任何發明都更重要，他曾告訴公司的新進員工：「我們這裡不用老方法做事，所以，當你來到這裡時，我希望你們抱持的心態是，讓改變成爲你的生活方式，明天做事的方法不會和今天的一樣。」

我承認自己是習慣的動物，所以我花了很大的功夫才採納了這個建議，下棋時我努力讓自己思緒飄盪，有時刻意忽略各種變化的迷霧，在黑暗中突然神來一筆。在競爭激烈的情勢下，這種框架外的思考或是說天外飛來的棋著還有附帶的好處，就是可以讓對手措手不及。因爲整個態勢突然改變，他思考你的棋步所花的時間幾乎都浪費掉了，這不僅是一著好棋，客觀說來更是妙招。有幻想力加持的棋著，可以讓對方措手不及而犯錯。

「如果……，會怎麼樣？」

一九九七年，我參加在荷蘭提堡舉辦的西洋棋錦標賽，到了第五輪，我執黑子對上世界級的「幻想型棋手」——拉脫維亞出生、代表西班牙出賽的席洛夫，創造力豐富的席洛夫早期是由塔爾親自訓練，擁有異常攻勢的純正血統，無人能望其項背。

但是這一次，我以其人之道還治其人之身，在一個複雜的局面、雙方都有機會的情況下，席洛夫把他的車往前移，準備下一步攻擊我的后，顯然我得移開我的后。我坐在那兒，思考幾個可能的撤退方案，所有的選擇都會讓局面變得平衡，但我很失望沒有更多選擇的機會。

就在我認定別無選擇、只能移動后之前，我深深吸了一口氣，看了看盤面，如同很多幻想的棋著，都是由心裡的「如果……，不是很棒嗎？」開始，稍微作一點白日夢，想像你希望看到發生什麼事，有時夢想可能成眞。如果我不顧遭受威脅的后，那會如何？他的子力會勝過我，但是我的棋子，雖然就技術上而言不及他的后來得有威力，卻會十分靈活，對他造成壓力。

於是我沒有拿起后，我的手舉起了王，朝著棋盤中心移動一格，這一步的相當具有矛盾性，忽略了所有的行動和威脅，用棋盤上最弱的棋子走出看似無關緊要的棋步，當然我同時很確定，客觀看來，這是一著好棋。幻想力必須以冷靜的評估和計算爲後盾，要不然你一輩子只會犯下美麗的錯誤。

對於這個新局面，席洛夫不太能夠適應，他是天生的攻擊者，突然間被迫得採取守勢。雙方原本勢均力敵，但他很快就犯了一個嚴重的錯誤，之後沒多久，我就贏了這局棋，最後我甚至開心的犧牲更多子力，給了這局棋一個精彩的結束。當時我並沒有多想，現在回想起來，我得將之歸功於沒有屈就慣用的解決方案。

我們經常摒棄一些明顯看似稀奇古怪的想法和答案，尤其是在既定方法已存在多時的領域裡，缺乏創意思考就是自我設限，正如同受工作和生活所限。「如果……，會怎麼樣？」通常接續「爲什麼不？」在那一刻，我們必須鼓起勇氣，放膽一試。

瞭解自己一成不變的習慣，加以破除

運用幻想力的方法多如日常生活中作決定的次數，但是，除非你去尋找，否則你不可能找到解決問題的新方法。找到了方法還要有勇氣去嘗試。當然，它們不一定符合你的期望，但嘗試得愈多，成功的次數也愈多。破除既有的習慣，即使是你很滿意的習慣，看看能不能找到更新、更好的方法。

如果想把與生俱來的才能發揮到極致，就必須嚴格分析自我，改善自身最大的弱點。依賴自己的天賦、只專注於擅長的事物當然最容易，人固然要順勢發展，但是如果太不平衡，成長就會受限，迅速獲得全面提升的方法就是改善你的弱點。

實施這個計畫時，切記不要相信自己的成見。我們判斷自己的能力通常很不正確，經常受到一、兩次事件或是一、兩個對比的影響。有些人不斷告訴別人或是自己，他們很健忘，或是不夠果斷，如此反而對這些想法產生負面的強化作用，變得難以破除。你怎麼知道你的記憶力比你的另一半差？或是比我差？稍微過度自信比缺乏自信好得多，正如邱吉爾所說：「態度是造成很大差異的小事。」如果我們信任自己的能力，它們必會有所回報。

卡帕布蘭卡，一八八八～一九四二，古巴人

阿廖欣，一八九二～一九四六，俄國／法國人

棋界的天才，對立的偶像

世界冠軍通常成雙成對出現，想到古巴棋王卡帕布蘭卡，很難不同時想到阿廖欣。一九二一年，卡帕布蘭卡成為第三任世界冠軍，他在哈瓦那舉辦的世界冠軍賽中，打敗年

邁的拉斯克，讓世人心服口服。「卡帕」彷佛戰無不勝，他在十年內只輸了一局棋。

但是他的冠軍頭銜只保有六年。一九二七年，他在布宜諾斯艾利斯輸給阿廖欣，卡帕布蘭卡難以撼動的地位無法抵抗阿廖欣超越正統、才華洋溢的力量和鋼鐵般的毅力。接下來的十年當中，卡帕布蘭卡一直想再度與阿廖欣對決，卻徒勞無功，阿廖欣一點都不急於再和這個古巴人交手。

在這段時期，阿廖欣擊退次要對手波哥留波（Efim Boguljubow，和阿廖欣同為來自俄國的移民）後，卻出了「意外」，輸給荷蘭人尤偉，因而有兩年時間失去冠軍頭銜；一九四六年，他身為世界最頂尖棋手的時代結束了，不過他還是唯一把冠軍頭銜帶進墳墓裡的棋王。

至今這兩位棋王都是他們各自所擅長風格的終極象徵，棋風圓滑的審棋型棋手會被形容為「下法近似於卡帕布蘭卡」，犀利的攻擊型棋手無可避免的是「另一個阿廖欣」。

卡帕布蘭卡被視為西洋棋有史以來最偉大的天才棋手，他也的確名副其實。他對局面有閃電般迅速的理解能力，而且幾乎不會出錯，他清清楚楚、有條不紊的棋風，受到同儕及後代的景仰，顯然他早就有實力挑戰世界冠軍頭銜，但第一次世界大戰和財務上的考量延後了他的勝利。

棋盤外，卡帕布蘭卡以其魅力和俊俏的外表而聞名，後來古巴指派他擔任外交代辦，這個榮譽職讓他能自由自在環遊世界各地、享受生活，他也盡情擁抱這個任務。

棋手品評

拉斯克：「我認識很多棋手，但其中只有一位是天才，那就是卡帕布蘭卡。」

本人自述

卡帕布蘭卡說：「我下棋向來謹慎，盡量避免不必要的冒險，我認為我的方法是對的，因為不必要的大膽有悖於西洋棋的重要特質。西洋棋不是賭博，它純粹是一種依循精確邏輯規則的智力對抗。」

阿廖欣在很多方面都和卡帕布蘭卡正好相反，所以在西洋棋史上，實在很難不拿他們做比較。他的棋局十分狂野，通常困難到離奇的地步，並且注入一種無人能與之匹敵的複雜靈魂。我最早擁有的西洋棋書，就是一套阿廖欣的經典對局，我反覆練習，因每一次練習總會有新發現而驚嘆不已，他恃強凌弱的風格令對手聞風喪膽，我就是想下這樣的棋！

除了西洋棋外，阿廖欣什麼也不想（連他的貓都叫作「西洋棋」〔Chess〕），沒有下棋的時間他都在寫作，研究占據了他大部分的時間。他稱不上有魅力的人，不過他也不在乎。酗酒對於阿廖欣的健康和棋手生涯都造成了傷害，一九三五年他敗在荷蘭人尤偉手下，輸掉世界冠軍頭銜（不過為期短暫），震驚棋界，很多人固然將此歸因於尤偉本身堅強的實力與充分的準備，但也認為阿廖欣酗酒的問題有同樣程度的影響。後來阿廖欣不再低估對手，並嚴格規定自己只能喝牛奶，兩年後贏回了世界冠軍頭銜。

棋手品評

博特溫尼克：「對於西洋棋世界，阿廖欣之所以珍貴，主要在於他像個藝術家。他的典型就是有深度的計畫、有遠見的計算和無窮的想像力。」

本人自述

阿廖欣：「我認為西洋棋不是遊戲，而是藝術。沒錯，一種藝術加諸其擁護者身上的所有責任，我一肩承擔。」

第七章　愈努力，愈好運

「一個人若是有才華，卻不能善加運用，就已經是失敗了。」
——湯瑪斯．伍爾夫（Thomas Wolfe）

未被發掘的才華就像英文俗諺所說「森林中倒下的樹，如果周遭沒人聽見，就像根本不曾存在一樣」。不過，若已經發掘的才華沒有得到培養而白白浪費，那就令人惋惜了。相對之下，我們往往會把最高的讚譽留給一些天生能力有限卻表現超乎預期、那些比天賦異稟的對手表現更佳的人。

這點常讓我覺得很不公平，爲什麼勤勉的能力不能算是一種天賦？在我眼裡，說一個人「勤能補拙」實非恭維，即使對方本意是在讚美。如果一個足球員身材矮小，也跑不快，但是練習得比任何人都勤奮，進而成爲優秀球員，他是克服天生缺陷，還是發揮他在其他領域高人一等的才華？

成就偉業者不單單有傑出天賦，往往還加上努力不懈的才華。以麥可．喬丹來說，這個連我都認識的籃球球員，以其發達的運動神經和凌空灌籃聞名，但在此同時，他也是練習場上第一個抵達、最後一個離開的人。喬丹的隊友和教練在接受訪談時都會提到他律己甚嚴。一位退休的美國職業籃球經理提到喬丹的天賦時說道：「假使沒有努力不懈的工作倫理，喬丹充其量只是另一個有天分的運動員，縱然有令人羨慕的職業生涯，但不會名留青史。」

我同意這個觀點，不過，這段話聽起來彷彿喬丹的自律和努力不是他與生俱來的才能。能夠日復一日將自己推向極限，而且成效驚人，這種能力雖然不像肢體的技巧這麼明顯，但也是喬丹天生具備，並且經過後天培養的才華。

結果才重要

在我的職業生涯中，我不斷聽到有人針對我賽前周全的準備工夫說些表面恭維、實則挖苦的話。二〇年代，阿廖欣比任何前人都加倍努力，他的風格改變了西洋棋的「紳士遊戲」文化，他的努力常被其手下敗將冠上「偏執」的污名；四〇年代，博特溫尼克一絲不苟的個性和習慣，讓西洋棋成爲一種職業運動；到了七〇年代，費雪對西洋棋的高度投入，迫使其他棋手得花更多時間研究，否則就會遠遠落後。

我的成長背景和所處的時機，造就我引領八〇年代下一波的改變。家母和恩師博特溫尼克替我創造了一個紀律嚴謹的環境，這樣的環境塑造了我的工作倫理。我會漫無止境的替開局作準備，這個工作融合了研析、創造力和記憶力；我潛心探究近期內所有頂尖棋手的棋賽，仔細記錄他們創新的下法，然後加以分析，試著從中尋求改善。我認爲這種研究開局的系統是激發創造力的途徑，而非純粹只在模仿。

掌握開局的知識一向被視爲成熟的表徵，可是當時我才十幾歲，我踏進國際西洋棋壇後不久，就開始聽到耳語，說我的成功都要歸功於一個蘇聯團隊。多年後甚至演變出一套完整的傳說：「卡斯帕洛夫背後有一組特級大師日日夜夜在幫他量產新的開局法！」「他有一台超級電腦！」我雖然試著把這當成是對我的恭維，但是這些在專訪中一再出現的問題已經開始讓我覺得惱火。然而，如同大部份虛擬的傳說，這些故事還是有些微的眞實性。

頂尖棋手與專責分析的助理共事早已司空見慣，尤其是世界冠軍賽，「助手」（second）就像古時決鬥者的隨從。在我有能力雇用助手後，就開始接受教練的全時訓練，而不只是在重要比賽前後；至於電腦，在所有棋手中，將電腦分析結合賽前準備，並且把下棋軟體的運用和資料庫系統化，我是第一人。而且我請了電腦高手，也就是我的表哥尤金尼幫我整理所有的分析資料。但是我所使用的電腦，任何人都能在住家附近的電腦專賣店裡買到。

我不再在乎旁人如何評斷我獲得成就的過程，相反的，我專注於結果，我的方法也許不適用於每一個人，但是這些方法對我很管用。如果批評你的人和你的對手不如你，他們通常會誹謗你成功的過程。快速、直覺型的人被說成懶惰；挑燈夜戰的被說成是偏執狂。雖然採納別人的意見不是壞主意，但是對於成功之後立即湧現的批評，我們仍要抱持質疑的態度。

依賴天賦與揮汗苦練

每一個人，無論老少，都有尚未完全開發的才能，即使已經在其專業領域登峰造極的人也不例外。古巴人卡帕布蘭卡號稱是所向披靡的西洋棋機器，這個名聲有一部分屬實，因爲他曾經長達八年不曾輸棋。就算卡帕布蘭卡沒有像他自己形容的以及傳說中的一般懶惰，總之他就是非常討厭做研究；此人過著奢華的生活，開銷全由古巴外交部的掛名閒職支付，他很少針對對手作準備，喜歡誇口自己從來沒認眞練習過。他的才華洋溢，自信能逃脫任何他落入的陷阱，而且結果往往證明他是對的。

卡帕布蘭卡在一九二一年從拉斯克手中奪得冠軍頭銜，大家都認爲那是遲來的加冕，卡帕布蘭卡必能稱霸棋壇數十年。「卡帕」讓西洋棋看起來很簡單，對他來說也確實如此，但是他太依賴天賦，棋王頭銜僅僅保住了六年，擊敗他的人，正是俄國人阿廖欣這位西洋棋史上投入最狂熱的棋手。

在紳士派西洋棋士仍然常見的時代，一般人不把西洋棋手視作正當職業，阿廖欣是第一個把西洋棋當作職業的人。曾有一位贊助人邀請卡帕布蘭卡和阿廖欣上歌劇院，後來說道：「卡帕布蘭卡的視線從沒離開過唱戲的人；阿廖欣的視線從沒離開過他的隨身小棋盤！」

當然，阿廖欣在西洋棋上有其卓越的天賦，再加上他孜孜矻矻的熱忱，比光有才華的卡帕布蘭卡更勝一籌。他仔細研究卡帕布蘭卡的所有棋局，雖然找不到什麼可以利用的弱點，但是他的確發現了卡帕布蘭卡偶然出現的失誤，這便足以戳破卡帕布蘭卡所向無敵的神話。阿廖欣因此有了信心，不過，很重要的是，他並沒有過度自信。

當時就連阿廖欣都認爲，卡帕布蘭卡較有希望贏得一九二七年即將在布宜諾斯艾利斯舉行的棋賽，他從來沒有擊敗過這個厲害的古巴人，同年稍早他還在紐約的一場錦標賽中慘敗在卡帕布蘭卡手下，拿到第二名。然而，那次輕易獲勝正是卡帕布蘭卡後來敗北的原因之一，阿廖欣後來在評論他們的比賽時寫道：「我不認爲我比他厲害，也許他失敗的主因源自於他一九二七年在紐約獲得的壓倒性勝利，使他高估自己的實力，同時低估我的實力。」

在布宜諾斯艾利斯舉辦的棋賽中，卡帕布蘭卡輸了第一局，雖然他後來一度反敗爲勝，暫居上風，但對於自己竟會陷入苦戰必定無法置信。棋賽成了意志的考驗，對於曾說過「我不是在下棋，我在奮鬥」的阿廖欣，根本是如魚得水，驅策他「基於原則」（他本人的話）每天勤練八小時的衝勁不會讓他輸棋；卡帕布蘭卡反倒不習慣面對如此艱苦的賽事，終於在對奕三十四局之後宣告失敗（他們創下的紀錄，一直到我和卡波夫一九八四至一九八五年的四十八局棋才被打破）。

準備工夫帶來多種回報

不是每個人都能像阿廖欣那樣全心投入，很少人能如此完全奉獻給西洋棋。重點不是要變成分秒必爭的狂熱分子，而是要有自我察覺的能力和毅力，持之以恆絕對值得，即使不見得總是有立竿見影的回報。

我在準備寫書，分析自己棋賽的過程中，發現一件很有趣，也令我汗顏的事——我過去準備的若干走法實在很糟。自棋壇退休後，我可以持平地檢視自己爲錦標賽和世界冠軍賽準備時所作的大量分析，這些構想只有很小一部分曾經見過天日，因爲不是被對手躲開，就是選擇其他變例而放棄。現在我發現，放在強大的電腦程式顯微鏡之下來看，過去我有許多時候並不是揮舞亞瑟王的神劍去應戰，而是準備拿著生銹的摺疊小刀上戰場。

不過，我在被自己的分析品質嚇到之餘，我也發現，即便我沒有用到辛苦準備的果實，這些密集準備的階段確實產生一些好結果，努力和成就之間有一種很玄妙，但並非直接的關聯。也許我受惠的是在西洋棋上等同於安慰劑的一種效應，配備自以爲致命的武器上戰場給了我信心，即使後來大部分用不上，而且很可能根本不是很管用。

這種「徒勞」也有很實際的效應，因爲大部分的工作內容都有很大程度的重疊。一個律師針對一件辯護案作了許多準備，縱使這件案子沒能成案，仍然有助於他的瞭解，讓他工作起來更得心應手。努力帶來知識，而知識永遠不會浪費，即便我們的武器始終未曾出鞘，對手也許會震懾於我們擅出奇招的名聲。

歷史上很多偉大的天才都秉持此一觀念。沒有人會懷疑愛迪生的智力，但是他眞正的天才在於他不斷實驗的能力，電燈泡的發明便是他堅持的成果，而非來自於瞬間的靈感，他爲了找到不會燒壞的燈絲，測試過好幾千種物質，甚至用過蒐集自世界各地的罕見植物纖維。愛迪生說：「大多數的人都與機會擦身而過，因爲機會穿著工作服，以致於看起來像是工作。」這段話呼應了另一位偉大思想家和實踐者傑佛遜（Thomas Jefferson, 1743~1826）的說法：「我相信運氣，而且也發現我愈努力，好運就愈多。」

最糟的是我們往往明白自己在這方面的不足。比如，我們會嚴厲指責自己：上班時花一個鐘頭上網、把運動袋放在門口卻一直看電視，不過這種自責行爲能爲我們帶來的好處，就像能撐過冬天的新年新希望一樣，少之又少。

把奕局變成科學

若說阿廖欣把對於西洋棋的投入，甚至是迷戀，帶到一個新境界，那麼繼他之後成爲世界冠軍的人，便是將這種投入專業化、法典化的人。博特溫尼克是蘇聯七位世界冠軍中的第一人，他期望經由寫作與教學揭開西洋棋的神秘面紗。我在西洋棋學校裡是他最得意的門生，我在天賦之外，還能有專注力和紀律，都要感謝他。他教導我避免爲了複雜而複雜，他說：「如果你受制於變例，而非掌控變例，你永遠不可能成爲另一個阿廖欣。」

博特溫尼克對西洋棋文化最深遠的貢獻在於準備工夫的領域，他秉持工程師的精神，建立詳細的訓練規範，除了特定的棋局研究，還包括身體和心理上的準備。他的方法現在看來很普遍，但當時幾乎沒有一個棋手會這麼做。博特溫尼克是眞正的創新者，他建立的一套訓練規範包括研究開局法、剖析對手的棋風、嚴格分析自己的棋局，另外還要公開自己的棋賽，讓別人批評，舉一個極端的例子，博特溫尼克爲錦標賽作賽前準備時，會播放擾人的背景音樂，甚至要求教練拉戈金（Viacheslav Ragozin）在訓練課程中朝著他的臉呑雲吐霧。

博特溫尼克替錦標賽的準備工夫訂定理想的規範，建立嚴格的時間表，劃分用餐、休息、快走的時間，我在整個職業棋手生涯中，完全依循這套規範。博特溫尼克沒有耐心聽人抱怨時間不夠，千萬別告訴這位偉大的老師你當天很累！睡覺、休息和訓練一樣，都有詳細的時間表，休息不夠絕對不能當作藉口。

幸運的是，早在博特溫尼克之前，家母已經幫我打下良好的基礎，她的家族講究秩序和規律的重要性，而她也承襲此一傳統。這就是我的生活方式，我一向覺得很自在，睡覺、三餐、學校、念書、休閒時間，都是時間表的一部分。

三十年前的環境比較容易做到這點，當時干擾較少，兒童可以從事的活動也不多，尤其是在蘇聯。今日，潛在的干擾幾乎無所不在，電腦化的世界使每個人都能快速接觸到娛樂活動，行動電話、電動玩具和新奇的小玩意兒讓我們可以用五花八門的方法浪費時間，這些事物到頭來根本毫無用處可言，對我們的自我發展當然缺乏具有深度和策略性的助益。

家長自己的活動已經很多，少有機會教導孩子規矩和規律的作息，遑論以身作則，父母親的生活比小孩更混亂，很難做好榜樣。我經由觀察家母安排自己和我的生活作息，發現其中的好處是毋庸置疑的。

隨著年紀漸長，十幾歲就投入嚴肅的西洋棋世界的我，身旁持續圍繞著勤奮的教練和導師，博特溫尼克的一言一行強化我學到的紀律，他幫助我在觀念中灌輸細節。

現在，雖然我已自棋壇退休，但仍然遵循自訂的規律生活，我將新的活動融入原本的時間表，使我維持一貫成功的生活模式。所有關鍵的元素都保留下來，我依然如魚得水，同時保持一定的生產力。原來用於西洋棋賽前準備的時間，現在則用於參與政治；從前分析的是對手，現在則是爲我的著書和文章分析自己的棋賽；我的午休時間仍然不可侵犯。

將目標鎖定在效率

阿廖欣、博特溫尼克，以及其後的費雪，都展現出維持工作效率的才能，他們可以持續注入更多能量，並得到正面的結果。增加工作時間、多閱讀、少看電視，人人都做得到，但是，在愈發疲勞之際仍然可以維持效率的能力，則因人而異。每一個人工作時間和產出結果的比例都不一樣，卡帕布蘭卡型的人也許一個小時之內很有創意，但兩小時後就油盡燈枯；

阿廖欣型的人也許要花四個小時才能得到相同的結果，但是可以持續工作八個小時，生產力絲毫不減。

瞭解自己爲何而戰非常重要，要找出驅使你向前邁進的動力。對我而言，這個動力來自於遵循特定的規範，只要我的計畫沒有例外，就能推動我向前邁進；我也知道我需要新的挑戰才能維持專注，一旦我覺得事情變得重複，或是簡單，就該立刻爲自己尋找新目標了。

不同的人採用不同的方法，例如競爭、設定目標，或是誘因。卡波夫並非生性勤奮的人，但在他爲一九七四年和史帕斯基對決作賽前準備時，一天花十到十二個小時作研究，卡波夫的競爭心極爲旺盛，他不服輸的意志驅策他投注前所未有的心力，他的努力是值得的，他讓史帕斯基輸得心服口服

如果紀律聽起來很乏味，甚至在今日步調快速的世界裡很難做到，那我們就該好好思索，自己的生活中有哪些地方可以成功的規劃、鎖定以增進效率？擁有良好的工作倫理不是指變成工作狂，它的意義在於自我瞭解、採取行動。我們如何度過一天當中清醒的時間？明天又該如何度過？

第二部

評估與分析

第八章 成功三要素：物質、時間、品質

「威爾許的策略就是西洋棋裡提升最弱棋子的原則，威爾許遵循特拉實的教誨：『亂放一個棋子，就會毀了整個盤勢！』如果你有一個壞相，你要想辦法活化它，讓它變『好』，如果做不到這點，就要換掉、除掉它。」

——卡斯帕洛夫

本書並非食譜，我們都得用自己擁有的原料創造出成功的組合。成功雖然有一些通則可資遵循，但是每個人都必須透過觀察與練習，找到最適合自己的方法，這並非一蹴可幾，而且幾乎不可能自動發生。對於自我教育，我們自己必須扮演積極的角色。

我們都知道，年紀愈大學習新語言就愈困難，即使每天浸淫其中，也永遠不可能像孩提時期學習母語般那麼輕鬆。成年人學習新語言幾乎是得花力氣的事，必須一個字接著一個字的奮戰；兒童是在不知不覺中學會語言，而成年人學習新語言則必須刻意保持自覺（通常因過度在意他人觀感而忸怩不安）。

大多數人並非十分瞭解自己母語的結構，可是這無礙於我們流暢的使用母語。然而，教人如何提升母語寫作能力的書籍每年都銷售數百萬冊，購買此類書籍的人，都能體認以更精確方式溝通的價值。

改善決策過程就像研究自己的母語，需要有意識地思考無意識的行爲，藉以改善我們每一天一直在做的事。人生從會爬開始，就要作無數的決定，我們發展出一些決策系統和傾向，不加思索便加以運用，從不間斷，幾乎完全不自覺。

我不是要你抹煞一生的經驗，你也不會願意這麼做。我們必須從有意識地思考你的決策過程開始做起，才能一步步的改善，我們在作決策時有沒有什麼壞習慣？我們略過哪些步驟？過度強調哪些步驟？我們所作的糟糕決定通常導因於資訊錯誤、評估不佳、計算錯誤，還是以上皆是？

子力是根本要素

很少人有機會執掌跨國企業，或主導全國性選舉，話雖如此，改善決策的過程對日常生活中所作的決定仍有助益。要如何改善自己決策的品質？正確評估情勢的能力必須超越「下一步要做什麼？」的層次，藉由對所有相關元素和因素保持更敏銳的意識，我們得以訓練自己作策略性的思考，也就是西洋棋裡所謂的「布局」。

我剛開始嘗試認眞思考自己在面對棋盤局面時內心的想法，是一次很奇妙的經驗，我大半輩子的生活都與西洋棋息息相關，這個經驗好比要你試著瞭解你看這本書時，腦袋裡發生什麼變化一樣。對我來說西洋棋是一種語言，即便不能稱爲我的母語，也是我從很小便以浸淫其中的方式所學習的語言。就像以英語爲母語的人想要解釋「that」和「which」的差異，如此熟稔反而讓我很難客觀思考自己處理棋局的方式。現在的我已不再有戰鬥和參賽的壓力，比較能夠自我反省，回顧我的棋賽和表現。

評估局面不只是要尋找最佳棋著，棋著僅是最終的產出，是一個算式之下的產物，然而這個算式必須先經過發展，並且加以理解，我們可將其歸結爲決定哪些因素有關聯，接著加以評估，然後最重要的是，決定其間最大的平衡點，我們在開始尋找局面的關鍵點之前，必須先盡到應有的責任。

砌造評估工作的基本磚瓦便是子力。資本、股票、現金、貨物以及西洋棋的子和兵都是子力，我們看著棋盤，第一件事就是算子，兵、馬、車各有幾個？我的子力比對手多還是少？每一種棋子都有標準價值，可以讓我們迅速算出誰的子力更勝一籌。

我們計算的標準、我們使用的貨幣就是「兵」，每個棋手一開始都有八個這種走卒，兵是軍隊裡受限最多、價值最低的成員，在英文裡，「兵」（pawn）這個字甚至演變成衰弱、可予犧牲的意思，在其他語言裡，「兵」常被稱做步兵或農夫，我們甚至會說「兵和其他棋子」，不把它們和相、馬、車視爲同一等級。

小兵在計算相等價值的時候是很好用的單位，一般說來馬、相等於三個兵，車相當於五個兵，后則有九個兵的價值（王一旦被將死，棋局就結束，因此王雖衰弱，卻是無價），瞭解這些之後，初學者下棋時就知道自己不該爲了保護兵而犧牲馬，或是爲了馬而犧牲車。

所有人剛開始下棋時，都會像可怕的物質主義者，非常斤斤計較，大家會不顧一切，盡可能吃掉對手的棋子，兩個初學者對奕的棋賽看起來不像是下西洋棋，反倒比較像是電動玩具小精靈，不停吃掉對方的棋子。剛開始學下棋時，這種情形很正常、也很健康。旁人告訴你棋子的價值如何如何是一回事，只有經驗才能讓自己眞正體會。

其他領域亦然，我們衡量成敗的客觀標準都是物質，最基本的便是食物、水及棲身之所，在原始時代，東西的價値純粹在於它能給你帶來多少好處，隨著社會演進，人類發展出貨幣——金子、錢幣、紙鈔等等，從而在我們的物質觀裡，用處的概念被代表的價値所取代，或參雜於其中。現在我們很多資產是以電子型態展現，例如股票和基金；在戰場上，是哪一方的士兵、槍炮、船艦數量較多；在商場上則是工廠、員工、股票和手頭上的現金。

無論是在西洋棋或是其他領域，人們不久就會明瞭，對生命重要的不是只有物質。第一次在子力占有很大優勢的情況下被對方將軍，是極其寶貴的經驗，王的終極價値勝過盤面上的一切，於是你開始調整你的價値系統，子力（也就是物質）不代表一切。

在討論下一個評估元素之前，我們必須特別一提和物質有關的另一項因素，我們常會對某種資產賦予特殊的重視，卻與這種資產的客觀價値無太大關聯，這種情感上的依附雖然未必總會造成傷害，但在相當程度上會影響我們的評估能力。

我小時候最喜歡的棋子是相，原因至今已不復記憶。有一次，我甚至出於好奇而和來自地方上先鋒大殿❶一位比我年長的隊友下了一場我只有相、他只有馬的棋賽。我早期下棋時

❶先鋒大殿（Pioneer Palace）為蘇聯所創，專門提供少年先鋒隊（Young Pioneer）及在學孩童從事課外活動及體育訓練的場所。

甚至覺得相很強，因而多半不願把相給換掉，這個習慣很可能對我造成傷害。其他初學者或許會被馬不尋常的跳躍能力吸引，或者反而會懼怕這個最難以預測的棋子。

博特溫尼克研究對手棋路很重要的一部分就是挖掘出這種偏見，他會細心梳理對手的棋局，尋找失誤，並且嘗試將這些失誤分類，留待日後加以利用。他教棋時明白告訴我們，最糟糕的錯誤就是讓對手能夠預測你的行爲。

朋友、同事、家人往往比我們更瞭解我們的壞習慣，這種心理行爲的特徵乍聽之下，也許就像你的另一半說你會打鼾一樣，令你驚訝不已。只要我們能瞭解自己作決策的偏見和偏好，努力將之消除，就不會造成傷害。喜好可以是無害的，偏見則可能導致喪失客觀的危險，兩者之間的差別就是自覺。

時間就是金錢

任何領過時薪的人都知道時間有價，其中的關聯再簡單不過：物質，也就是金錢，用來換取以小時和分鐘爲計量單位所付出的勞力，取決於雇主對於那段時間內你產出的效能所作的評斷，這是「鐘面時間」（clock time），舉世通用、廣爲人知，這種時間概念與我們所謂的「盤面時間」（board time）相當不同，後者代表達成一個階段性目標所需的棋著數目。

西洋棋手慣於在棋賽中同時思考以上兩種時間。時鐘上的時間一分一秒流逝，你必須在限定時間內走完所有棋步（西洋棋賽和其他採計時制的棋類都會使用有兩個鐘面的計時鐘，你也許對這種計時鐘很熟悉：走完一步棋，便按一下棋鐘，你的計時鐘就會停止，輪到對手的計時鐘開始計時）；此外你還必須顧慮棋局本身，盤面時間以棋著劃分得清清楚楚，你與對手輪流走棋，一次一著。從這一格走到另一格需要多少步棋？我的攻擊需要幾著棋才會生效？我能否比對手先達到目標？

西洋棋是由雙方輪流、而非同時走棋。理論上，棋盤上的一切都能透過分析得出定數的棋著，但實際上這只有在局面最單純的、棋盤上只有少數棋子時才可能做到。我們在算棋時必須同時將對手的棋步納入考量，要計算特定的棋子走幾步能抵達特定的格子其實很簡單，問題在於你的對手也會移動棋子，而且他不太可能讓你隨心所欲。

要說明西洋棋的時間因素，最簡單的例子就是執白子和黑子的差別。白方先行，一開始就多了一步，因此白方在「盤面時間」上占有優勢。自古以來，對於在雙方下棋皆完美無缺的前提下，白方先行一步的優勢是否足以致勝，一直是很大的爭議，至今仍無定論，因爲人類下棋要達到完美無缺的境界還早得很，所以這個命題永遠無法獲得證實或推翻。不過，對頂尖棋手而言，我們確實知道執白子有很大的優勢，而業餘棋手則比較可能犯錯、浪費步數，所以一步之差的微小優勢很少會成爲決定性的因素。

職業棋手對奕時，先行一著有很實質的好處，只要出子精準，白方就能運用先行的一著對黑方的局勢施加壓力、造成威脅；白方是主動出擊，黑方只能作出回應。統計數據也很清楚的證實先行的好處，在特級大師的層級，白方贏棋機率爲百分之二十九，黑方爲百分之十八，和棋機率爲百分之五十三，這個數據雖然看來驚人，可是時間是動態因素，稍縱即逝，時間優勢可能因爲一著劣棋，或錯失一次機會便煙消雲散。

軍事將領也習於以西洋棋手的方式來思考時間，但眞實世界的變化更多，你和敵人同時會「走幾步棋」完全沒有限制，多次的攻擊和反制攻擊可能在戰場上或在全世界同步發生。動作迅速或走捷徑不能爲你爭取到時間，時間通常可以用實質的資產購買、交換。兩軍交戰時，輕巧迅捷的部隊可能以計謀取勝，進而打敗數量占優勢的部隊；數量占優勢的軍隊可以攻擊對手弱勢的側翼而取勝，以物質交換時間是我們在作整體評估時首要的取捨。

如果雙方都滿意，可能雙方都對嗎？

我從景仰頂尖棋手開始，一路走到正面遭遇這些棋手，其實時間相當短，也因爲如此，能讓我崇拜英雄的時間並不多。不過，第一次親眼見到塔爾，仍然是無與倫比的經驗。當時我才十歲，他就活生生站在我眼前，雖然他贏得世界冠軍是在我出生前兩年發生的事，他令人驚心動魄的棋賽仍是每個學生的最愛。見到這位當代傳奇人物，我得迅速克制內心的激動，因爲我即將和他對奕。那是在莫斯科舉辦的「特級大師對少年先鋒隊」活動，我所屬的隊伍是代表巴庫❷，棋賽是多盤同時對奕的車輪戰，一隊有七個小孩，每一隊的特級大師教練要與其他隊伍的七個小孩下棋，指導教練和學生的積分合併，總分最高的隊伍便獲得勝利。我在類似活動裡接觸到很多偉大的棋手，其中包括我未來的世界冠軍對手卡波夫。很可惜的，當天塔爾不需使出他著名的盯人法就輕鬆把我給擊敗❸，可是他給我的啓發，讓我立志以他爲榜樣，在我小有名氣後，也經常參與這類活動，擔任指導教練。

塔爾可謂終極「時間高手」，當他的攻擊天才全速啓動，他的棋子似乎移動的比對手快。這怎麼可能？年輕的塔爾不像其他棋手那麼在乎子力，甚至會欣然放棄幾乎任何數量的兵和子，來換取更多時間，以便集中其他子力進攻敵軍的王；對手被迫不停採取守勢，終究導致失誤甚至局面崩潰。這聽來容易，但是塔爾這種令人驚嘆的成功，少有人能夠複製，他有獨一無二的天賦，知道何時必須收手，知道他可以犧牲子力到什麼程度。

進行攻擊時，領先一步比子力更重要，可是多少子力能換取多少時間？一個相大約等於三個兵，但是一步棋，或者兩步棋的價值爲何？時間沒有簡單的價值表可供對照，只能逐案進行評估。如果問一位將軍他希望增加一連士兵還是多幾天時間，在和平時期他會選擇要人，戰事激烈時，多一點時間可能更有價值。

西洋棋裡有所謂「開放性局勢」和「封閉性局勢」，開放性局勢意味你的棋子、活躍式的走法、攻擊和反擊都有開放的路線；封閉性局勢通常代表緩慢、戰略操盤式的棋局，可以把這種局勢想像成西洋棋裡的壕溝戰。一個棋著的價值在開放性棋局裡比在封閉性棋局要高，因爲它可能造成更大傷害，如果局勢封閉，整體而言缺乏活動性，速度就沒那麼重要。

以研發新產品的公司爲例，假定甲公司知道對手乙公司正在開發類似的產品，並且進展到相同的階段，在此情況下，甲公司應該盡快讓產品上市，打敗乙公司？還是應該投注更多

❷巴庫（Baku）為亞塞拜然首都，作者的出生地。
❸相傳塔爾下完一著棋，便會以銳利的眼神盯著對手，特級大師班庫（Pal Benko, 1928~）受不了他盯人的威力，與他交手時還得戴上墨鏡。

研發資金，確保自己的產品比乙公司優異？當然，以上兩者假設最終皆無法成立，因爲答案要視實際因素而訂。是什麼產業的公司？什麼類型的產品？時間永遠是因素之一，但是要讓心臟藥問市，與要讓耶誕節購物的人買到最新奇玩意兒，是不能一概而論的。

辨明當前所處的情況，是評估過程中非常重要的一部分，在考慮取捨之前，要先眼觀四面，究竟是時間確實很重要？還是因爲我們只是缺乏耐性？我們每天都在作類似的決定，比如說，你在亞馬遜網站上訂購東西，支付一般遞送的費用，四天內可收到貨，如果願意多付一點運費，隔天就能收到，那麼，你要不要支付快遞的運費？如果時間或金錢對你而言都不成問題，就很容易作決定，但在大部分情況下，兩者對你或多或少都有關係，找出平衡點就是最大的挑戰。

我和卡波夫的第三次世界冠軍賽，就包含這種時間和物質之間的拉鋸戰，而且這個例子清晰到不尋常的地步。這場一九八六年的賽事，分別在倫敦和聖彼得堡（當時叫做列寧格勒）舉行。比賽進入第八局，我爲了取得優勢，決定棄掉一兵，以換取攻擊的機會，我的判斷是我犧牲棋盤另一邊的一個兵，能夠換得兩步棋來進擊他的王。

卡波夫也作了同樣的盤算，他評估認爲吃掉我的兵較爲有利，因爲他確實吃了我的兵。我的攻勢迅速累積動能，直到輪到卡波夫決定棄子以換取時間來爲他的王構築防禦工事，他想讓我用相捉住他的車，我若吃掉他的車，雖然能在子力上略占優勢，但如此一來我必須放棄攻擊，這會讓他得以鞏固陣地，這是我們之間物質、時間、品質因素流動的典型例子。我放棄子力，換取攻擊的時間；卡波夫又回敬我所失去的子力，爲他的防守換取更多時間。

我當時覺得必須拒絕接受他的棄子，因爲我不想這麼快就從貸方變成借方，值得注意的是，如果換作是卡波夫，他絕對會選擇子力，吃掉車在子力上可以確保些微優勢，完全符合卡波夫的喜好。我放棄吃他的車，繼續走我的兵，尋找突破的方法，幾著棋後我又放棄一隻兵，以維持我的攻勢，即便這意味一旦我的攻擊失敗便極可能輸棋。通常，盤面時間上的優勢，也就是迫使對手回應的壓力與威脅，會帶來鐘面時間上的優勢，卡波夫必須耗掉很多時間，一步接一步的找出方法來解除他的王所遭受的威脅，在我們的計時鐘增加時間之前，卡波夫還有十步棋要走，結果他因爲時間而落敗，這幾乎是他長久的職業生涯裡前所未見的事，不過當時我在局面上也領先，所以因爲他在時間上犯錯而贏棋，並不會讓我有罪惡感。

對於我寧捨物質換取時間、偏好動態而非靜態因素的哲學，這場棋賽是最好的證明，這些衡量上的偏好屬於個人風格的一部分，沒有優劣之分，只有不同之別，卡波夫輸了那局棋，就代表他錯估局勢？我對他錯？他判斷錯誤、我贏得勝利？完全不是這麼回事，他忠於他的風格和評估結果，客觀而言他的局勢並沒有輸，最後是時間問題導致他的失敗。

長期因素與動態因素

針對每一個局勢進行評估時，不是僅僅計算子力和棋步，棋子的價値會因局勢變化而有所不同，而且每一次轉折之後就可能會改變。一步棋著的價値亦復如此，除非我們相信塔爾的馬確實比別人移動得更快。物質是基本的參考指標，時間是運行和動作，要正確瞭解以及運用物質和時間，就必須以第三個要素來掌控：品質。

俗話常說錢有好壞之別，甚至也有「高品質的時間」（quality time）一說，在西洋棋裡我們有時會提到「弱馬」或「強兵」，彷彿棋子的價值會隨著位置和其他因素而改變，事實上也正是如此。位於棋盤中心的馬，能掌控更大領域，也可以加入棋盤上任一區域所發生的戰事，必然比靠近棋盤邊緣的馬更有價值，這個概念因為西洋棋一句歷史悠久的諺語而名垂千古：「在邊緣的馬黯淡無光。」

在戰場上，也非所有地形的價值都相同。縱觀戰爭史，戰士會盡可能搶占制高點，弓箭手以及後來的砲兵從高處可以射得更遠、指揮官從高處更能掌握戰情；雖然衛星和空中武力大幅改變了這個古老的方程式，但是，兵力所部署的位置與數量上的優勢同等重要，這點永遠不會改變。「位置」能供給效益，也能限制效益，這「效益」正是我們的目標。

即使位置的價值也會因其他因素而改變，例如軍隊本身的性質。此處我不打算以西洋棋當作例子，而是要用我兒子玩的遊戲──電腦遊戲魔獸世界來舉例。在這個廣受歡迎的遊戲裡，你要率領一支龐大的軍隊，麾下每個部隊都有不同的特性，你的士兵可能是「精靈」、「食人妖」，或是「法師」、「矮人」，各自都有相對的優缺點。魔獸世界是同步進行的遊戲，不像西洋棋是輪流走棋，玩家必須以其物質力量──亦即兵力，去平衡真正的時間因素（新的線上版本有超過八百五十萬名玩家）。

這遊戲和西洋棋還有另一個不同點：在這個遊戲裡，軍隊由你自己建立，因此你可以掌控軍隊的特性，你可以選擇長程弓箭手，也可以選重裝騎士。一旦你開始發號施令，你必須利用符合軍隊特質的地形、地物，來強化你的優勢，如果你沒有任何長距離武器，而對手卻有，那麼與其選擇制高點，毋寧待在隱蔽的森林谷地較爲合理。

魔獸世界展現了「物質、時間、品質」概念的精髓，你先取得基本資源，例如木材和黃金，然後建立自己的帝國和軍隊，這些投資讓你擁有速度更快、素質更佳的軍隊。這個遊戲同時蘊含了資源管理、策略和戰術，從調動單一士兵到一連部隊，再到整個戰場，最後是全面戰爭，你要評估的面向也隨之愈來愈多。

在行動中納入這些要素

只有在極端的情況下，子力才可能完全受困、一文不值。被困在角落的馬有朝一日可能逃脫，而在對決時扮演關鍵角色。程式設計師改良西洋棋軟體時所遭遇的困難之一，就是所謂「永無的概念」，以及此一概念如何與子力的價值產生關聯。就連棋藝不佳的人也能看出永遠受困的棋子毫無價值可言，但是電腦在計算時，這顆棋子在受困前和受困後的價值，在分數上是一樣的，也許失去行動能力會被扣掉幾分，不過，程式設計師終究沒能找到好法子來教電腦瞭解，位在某一格的相，其價值等於三個兵，換作在另一格卻只等於一個兵。

由此可看出物質的另一種分類法：長期的和動態的。投資組合的操作也頗爲類似，端視個人的風格與需求而定，你的投資組合也許全都是動態的流動資產，需要密切的觀察與計算；你也可能是爲了幾十年後的退休生活而作投資。先前提到和卡波夫對奕的那局棋，顯示出我對動態、他對長期的喜好，我犧牲兵，爲的是讓剩餘的子力在短期內更有價值，萬一我的攻擊失敗，他在長期子力優勢上的投資便能使他獲勝。

我們看待時間和子力的天生差異，造就了我和卡波夫對奕時的典型主軸。首次和他在世界冠軍賽交鋒時，我的技巧未臻純熟，卡波夫選擇子力，轉移我的攻勢，他的評估比我更勝一籌；但僅僅一年半後，在倫敦舉辦的棋賽則完全改觀，我學會不再輕率兌子，於是反映出不同的結果。

物質的價值只等於其可利用價值；行動所需的時間，只有在能夠有助於物質更有利用價值時，才顯得重要。幾乎所有人都希望每天能多出一個小時，但蹲苦牢的人可不這麼想。我們必須運用時間增加物質的價值，而不只是謀求更多物質，僅僅爲了物質而追求物質，對於達成我們的目標而言，就和已經浪費掉的時間一樣，毫無用處可言。

有價值的物質和妥善利用的時間，在棋盤上，會帶來贏棋；在商場上，意味更高的收益；在戰場和政壇上，則帶來勝利。我們可以將日常生活中的「勝利」單純定義爲快樂，雖然此一定義或許有些過度浪漫，但是，金錢畢竟買不到快樂，一定要正確管理時間、明智的運用時間，才能創造價值，達到追求品質的眞正目標。

「壞相」爲什麼壞？

西洋棋裡時常有所謂的「好相」和「壞相」之稱，這個術語有助我們深入瞭解物質上的事物在品質上的差異。我小時候最愛的相，在俄文裡稱作「大象」，法文裡叫「弄臣」，一般人很容易這樣歸類，因爲相的行進方式受到很大的限制。相可以朝任何方向斜行、格數不限，但只能在棋盤上同一種顏色的格子內行走，這給它很大的活動範圍，但也容易讓人預測，如果很多的相色格都被同色的兵給占據，它的移動能力就非常有限。

這種相就是所謂的「壞相」，它的本質和棋局開始時並無不同，而是周遭的環境降低了它的品質，它的利用價值變低了，而我們也應該如此看待其價值，這也是西洋棋下法中的實際表達方式。假設我有一個壞相，我會樂意拿它來交換別的棋子。棋子也許在表面上的價值相同，可是一旦局面使我的棋子變弱，我也只能設法運用這個價值。

企業總裁和將軍在各自的領域裡也必須對劣子有所警覺，威爾許（Jack Welch）一九八一年接掌龐大的奇異公司時，他首先處理的事情之一，就是列出公司裡表現不符其標準的事業部門，威爾許通知這些部門主管，若不見改善，就會裁撤或是賣掉他們的部門。奇異公司把重心放在表現最好的領域，刪減營運不佳的部分，而非僅僅為了物質價值而緊抱不放。

只要是西洋棋大師都會發現，威爾許的策略就是西洋棋裡提升最弱棋子的原則，威爾許遵循特拉實的教誨：「亂放一個棋子，就會毀了整個盤勢！」如果你有一個壞相，你要想辦法活化它，讓它變「好」，如果做不到這點，就要換掉、除掉它，這個原則同樣適用於任何沒有效率的物質，我們要善加運用壞子、表現不佳的資產，不然就是將之除去，如此一來整體局勢便能獲得改善。

回頭再來看股票投資組合的例子，我們就可以看出為何相同的策略不適用於每一個人，任何一個優秀的理財顧問都會告訴你，要根據年齡、需求和收入，混合高風險和穩健的資產，保持平衡的投資組合，如果你不斷賣掉當下表現不佳的投資，遲早會失去立足之地。

除了外在因素，棋子本身的品質也要納入考量。相比兵更有價值，因爲它的機動性更強，更能控制盤勢；同理，車的價值通常比馬和相更高，雖然在某些局面裡，馬和相會因外在因素比車更有價值，但大部分情況下，車確實比較強，所以我們會說車比較有價值。

訓練完備、武器精良的士兵在質量上占有優勢，相較於數量上的優勢，這種質量的優勢更有助於在戰鬥中取勝。第一次世界大戰初期，俄國軍隊缺乏訓練、裝備鄙陋，當時俄軍的數量雖居世界之冠，但是素質簡直低到無以復加的地步，戰事初期，很多俄國士兵被送上戰場時，甚至連步槍都沒有，軍隊毫無士氣可言，即使後來有了武器，還是經常發生問題。曾有部隊臨時從前線被召回，因爲發現那些士兵沒受過訓練，根本不會使用配發的日本製步槍。悲哀的是，諸如此類質量上的錯誤，在第二次世界大戰時仍然不斷重演。

每一顆棋子、每一個士兵，都只是一張品質宏圖中的一小部分。要分辨「目前是誰領先？」是很容易，但是評估時所面對的眞正考驗，是在沒有明顯優劣勝敗之際。首先我們要計算子力，如果一方有明顯的優勢，我們可以說是他領先，除非他的對手在時間上或品質上能夠補強不足。哪一方佈局較佳、攻勢較爲積極？雙方進攻和防守的速度如何？援兵多久會抵達？誰掌控更大的區域？誰的王有危險？這些都是質量層面的評估，重要程度各有不同。

基於習慣和求生本能，我們在考慮局勢時，第一個先看的就是自己的王，萬一被將死，棋局便告終，所以王有終極價值，無論你在子力上有多大的優勢，如果王無法脫逃，你還是得輸。「將死」一詞常被用做譬喻，且可謂多到泛濫的程度，雖然如此，在眞實世界裡，卻沒有一件事能完全與之相提並論。即使是很極端的情況，比方說失去將軍的軍隊仍然可以再戰一段時間；沒有國王的臣民也能繼續生活；企業破產還可以申請保護。然而，在眞實生活裡，雖然在秩序蕩然無存的情況下，必將導致復興或衰亡，但是你總是有時間從災變中復元。爲了方便討論起見，我們可以把「將死」比喩爲「必須傾全力避免」的事，爲了將死對手的王，並且避免你的王駕崩，犧牲任何數量的棋子都在所不惜。

其次重要的是子力，所有其他的考量都和這些根深蒂固的價值息息相關，就好比我們常說，位置好的馬，價值相當於車。王的安全和子力這些基本要務都顧全之後，接下來的工作就比較複雜了。評估時間因素之前，必先瞭解局面的需求；估算完成目標所需的時間，必先確認你要達成的目標。要做到這點，必須使用更細緻的評估標準。

有一個與局面質量因素有關的例子，正好可與軍事衝突作比擬——那就是「結構」。下面的簡易棋盤可以幫助我們瞭解（讀者若不知道如何走棋也無妨）。

請看一下圖中白兵和黑兵的差別，兩方都有八個兵，所以在數量上旗鼓相當。但是質量上的差異則取決於「結構」，如果把兵視爲一體，白方井然有序，在盤面上形成一道完整屏

障，黑方則零散，分成三個「島」，其中有兩處，一顆黑兵擋在另一顆之前，限制其行動能力，所以我們可以說白方「兵形結構優越」。

如果棋盤上沒有其他棋子和王，我們的分析便是正確無誤，棋局也不會那麼複雜。但在眞實棋局中，兵形只是評估局面的因素之一，很可能黑兵兵形上的漏洞反而對黑方有利，可彌補其結構上的缺失。偏好長期、穩定優勢的棋手，比方說喜愛堅實結構的人，毫無疑問的會偏愛白方的局勢，但如果把這個局勢拿給一九五一年挑戰博特溫尼克世界冠軍頭銜的大師布隆斯坦選擇，他必定比較喜歡黑方！布隆斯坦和我一樣，都是攻擊型的棋手，向來喜愛短期的行動，而非長程的考量，他會很喜歡這種結構上的漏洞，因爲他可以運用它們活化他的子力。

像結構這種更細緻的、仁智互見的評估因素，只有在雙方勢均力敵時才會派上用場，棋手實力愈強，雙方局勢愈平衡，評估時愈要注意枝微末節。這些次要條件，只有在壓力極大的情形下才會顯露破綻，也只有偉大的棋手才有能力偵測破綻，並加以運用。俗話說：「魔鬼藏在細節裡。」這些微妙的因素正是西洋棋手必須面對的魔鬼。

投資的收益

什麼事微不足道，卻對生活有很大的影響？我們現在大多不愁吃喝，但是我們卻和祖先一樣汲汲營營於物質。更高層次的概念，像是世人的福祉、生活品質和快樂，聽起來太模糊，也太哲學，我們把時間視爲不能浪費的東西，而非可以投資的東西。

教育可以用來推翻這種消極的思考模式，上大學不正是投資物質與時間以換取品質？我們付出時間和金錢以取得技能，提升就業的內在價值。還有一種說法若非事實，亦不遠矣，那就是大部分學生都很享受大學生活，所以除了長期投資外，上大學也可以滿足短期的充實感。

高等教育是我們（或我們的父母）犧牲物質，提升未來品質的方法，我們投資愈多，收獲也愈多。如果你經濟許可，成績夠好，足以進入頂尖大學，你就能獲得更好的教育，建立更好的人脈，進入職場後，擔任更理想的職務。

更唯利是圖的路線——攻讀企管碩士，也許可以當作更明白的例子。年薪百萬的主管有朝一日決定離開前途似錦的工作，花個幾十萬，甚至幾百萬回學校念書。根據各方面的說法，念商學院並不有趣，所以短期的享受並非動機。而從入學人數持續增加來看，再考量所投注的時間和物質，攻讀企管碩士在品質上的回饋必定很大。

品質上的回饋是以技能和人脈的形式出現，可以帶來更好的工作、更高的薪酬和更多責任，對於甫獲企管碩士學位的人而言，可以提升其生活品質。或是說，至少依據這個方程式的計算理應如此。當然世上有很多擁有企管學位、但不快樂的人，高薪的新工作可能占據很多時間，使他們沒有時間從事一些能讓他們感到快樂的重要活動。困難之處就在於察覺到這些細微因素，並且在我們作出會影響這些因素的決定之前，先加以評估。

我們必須評估的問題不僅和取捨有關，犧牲物質不一定能換取更多時間，反之亦然。至少在西洋棋裡，你可能時間、物質及品質全有或全無，占上風的一方通常子力較多、時間領先，也有更好的落點和局勢，可視之為另一種形式的「富者愈富」。

對於參加選舉的政治人物而言，追求快樂的方法就是勝選。參選人的時間與金錢有限，他的策略應該是把時間與金錢做最充分的利用，選擇最能對選民發揮正面影響的管道，改善他在選民心目中的品質。雖然選舉一定很花錢，現在更甚於以往，但經驗顯示，細微的因素仍然會有令人出乎意料的影響，一小段發言或是失言皆可能大幅改變選民的觀感，可能變好也可能變糟，前美國副總統奎爾（Dan Quayle）在滿室孩童面前拼錯「potato」（馬鈴薯）這個字，從此斷送自己的政治生涯。不過，這類事情很少能扭轉最基本的優勢或劣勢。

對品質的觀感也是品質

股價是公司品質的縮影。專家評論本益比、新聞電視台開闢節目討論營收報告，但是股價的表現卻經常與這些數字不符。高股價反映出對於這家公司的品質具有信心，相信這家公司一切狀況良好，或某些方面很好，而且未來的價值一定比現在更高。

Google 就是這種擁有優勢、廣受歡迎的品牌，它的股價表現讓人回想起網路熱潮的那段日子，撰寫本書之際，Google 在二〇〇六年夏天的股價是三百八十七美元的天文數字（同年初，其股價更超過四百五十美元），它的市值超過一千二百億美元，所以，根據市場來看，Google 的價值（或將來的價值）比智利整個國家所有公司加總起來的價值（六百五十億美元）還要高。但是這種說法看來令人懷疑，智利所有的公司在二〇〇四年總共創造一千六百九十億美元的國內生產毛額，反觀二〇〇五年 Google 的收益，只有數十億美元。

以每股三百五十美元買下 Google 股票、將這家公司市值推到如此高的人，眞的相信這家公司有可能賺到那麼多錢嗎？當然不是。股民所關心的不是某家公司的未來，而是股民們所願意相信的未來，是關乎股民們當前對某家公司的觀感。買主爭相跳進某家當紅公司眼前成功的熱潮，炒短線撈一筆。只要投資人繼續買它的股票，Google 的股價就會有三百八十美元、或是任何數字的價值。這個數字是基於買主的利潤動機和信心，而非該公司的實際價值。如同網路投資人得到的血淋淋教訓，等到有人戳破國王的新衣，指出網路公司沒有收益的時候，也就是危機降臨的時候。品質若僅是觀感上的品質，會是很脆弱的東西。

理論上來說，電腦在評估時較占優勢，因爲它們不受這種先入爲主的觀念左右，但是事實上，電腦程式在投資市場的表現並不好，因爲市場是被「不理性的」人類所驅動，而人類的行爲無法預測，甚至不合邏輯，這和電腦打不好撲克牌是同樣的道理。電腦奕棋的表現比打撲克牌要好，不過，並不是因爲西洋棋電腦理解物質、時間和品質的方式與人類相同。

西洋棋程式的「客觀」可謂堅如磐石，這既是它最大的優點，也是最大的缺點。程式知道棋子的價値，並據以下棋，如果你告訴電腦，后只值一個兵，它會欣然將之拋棄；價値系統就緒後，電腦就能迅速計算子力，決定最佳棋著；它檢視所有可能的走法，計算每一種變化的子力，子力增強就是好棋，子力受損就是劣著。

接下來是王和「將死」的概念，雖然電腦有時仍會爲了獲取子力而分神，但是電腦很會處理這個「終極價值」。電腦可以輕鬆找出避免被將死的方法，不過它對時間和主動權的概念仍然相對模糊，你可以集結子力大舉進攻電腦的王，而它還在棋盤的另一頭捉兵，等到電腦計算出所有走法皆會導致將軍或喪失子力，已然太遲。電腦對時間概念理解的深度，不比其計算能力之深，它缺少人類掌握整體盤勢的能力。

西洋棋電腦程式仍然無法克服的另一個問題，是品質以及子力會隨局面而改變的概念。特級大師可以找出會造成電腦評估錯誤的局面，並且利用這個弱點。電腦可能高估車，或輕忽王四周的危險，當然，人類也會犯這種錯誤，但是人類能很快從中汲取教訓，甚至反過來製造陷阱。

目前最先進的西洋棋程式被「教導」採用波動的子力價值，而非固定的方程式，所以即便電腦基本上還是很唯利是圖，但是想要愚弄它們已經愈來愈難。它們透過快速的深度計算，把棋局簡化為最單純的子力，快速而熟練的計算讓電腦達到頂尖的特級大師程度。從盤面上來看，電腦下得很好，但就本質而言，電腦和優秀的人類棋手所下的棋是截然不同。

大後方的物質、時間和品質

最後一個例子，可以引導我們進入下一個步驟，也就是評估和控制我們生活中這三種力量之間的交換和失衡。我和妻子達莎（Dasha）最近買了一棟房子，那眞是痛苦的經驗，其中所耗費的心思、所承受的壓力完全不亞於參加世界冠軍賽。任何買過房子，甚至只要是租過房子的人，都知道這整個過程必須爭論多少取捨，這些取捨遠遠超過對於「物質相對於品質」這種顯而易見的考量。即使你相信「一分錢一分貨」，花更多錢可以買到更好的房子，但單單要釐清什麼是「更好」，就得費一番功夫，尤其如果你還有家人的話，那麼必須作的決定以及作決定的人又會增加。

首先，地點最重要。就像西洋棋裡的馬一樣，位置非常重要，房子座落的地點和你住什麼樣的房子同等重要。要離學校近，還是離工作地點近？附近治安如何？採買是否便利？這些是一般人會追求的品質，西洋棋裡也有類似的座右銘：「韜光養晦」、「逐鹿中原」、「安王避凶」，這些老生常談對初學者是很好的準則，但隨著棋藝日漸精進，他們會開始發現例外，有沒有能力發現與運用這些例外，就是偉大棋手和一般好棋手的差別之處。

進行評估時沒有放諸四海皆準的方程式，過度追求標準化將無法滿足我們獨特的需求。大體而言，我們都知道自己的喜好為何，並據以作成決定，但在壓力之下，我們很容易感到困惑、看不見目標。遇到很多大事時，我們很難兼顧小事，難怪往往是所謂的「小事」造成最大的問題。

很多人因為過度自信，反而敗在自己最熟稔的領域，固守自己瞭若指掌的事會讓人覺得安心，但是我們往往不知道，換個角度就能發現問題。如果我們太專注於某個局面、某個商業交易、一份新工作，或是一間新房子，那我們的評估幾可斷定必然出錯。

雖然下棋時你有可能面面俱到，甚至在生活中也做得到，然而，從希臘神話中的極樂世界學不到有用的東西。在絕大多數的情況下，我們必須再三拿捏平衡、交換和評估，如果我們能融合物質、時間和品質，進行多次元的評估，就能清楚知道自己要的是什麼，從而計劃達成目標的方法。一旦看清所有的因素，我們就能學習如何轉換和建構這些因素。評估的力量若無法擴張，就應驗了王爾德（Oscar Wilde ,1854~1900）的名言：「現代人知道所有東西的價錢，卻對價值一無所知。」

純粹的攻擊魔術

塔爾，一九三六～一九九二，蘇聯／拉脫維亞人

塔爾是第八任世界冠軍（一九六〇年～一九六一年）。出生於蘇聯拉脫維亞共和國的首府里加。塔爾二十三歲時擊敗博特溫尼克，成為當時史上最年輕的世界冠軍，他技壓「元老」令人印象深刻，但他缺乏紀律、健康狀況亦不佳，導致他隔年再度和博特溫尼克交手時，就無法抵禦對手精心準備的反制攻擊，正如同塔爾所言：「博特溫尼克比我自己更瞭解我的棋路。」

塔爾贏得棋王頭銜之前，大膽的棋風已使他成為傳奇人物。他是創造力洋溢的天才，至今，他的名字仍然代表華麗冒險的攻擊。他活躍的棋風正好襯托出博特溫尼克嚴謹的科學與邏輯精神，這兩人兩次爭奪世界冠軍的棋賽，是研究相反棋風的經典素材。

雖然後來塔爾一直沒能再度摘下世界冠軍頭銜，但是在長達數十年的時間裡，他對世界冠軍一直是一大威脅。他一生深受嚴重的腎疾所苦，縱情菸酒的生活方式更讓病情加劇，但他面對棋盤時總是神采奕奕；一九八八年，儘管當時他的棋藝早已大不如前，深受棋迷愛戴的「米夏❹」仍然拿下在加拿大舉辦的世界超快棋賽冠軍，領先群雄，包括卡波夫和我，令他的眾多棋迷欣喜不已。

棋手品評

博特溫尼克：「如果塔爾學會好好規劃自己的作息，那就根本別想贏過他了。」

本人自述

塔爾：「通常，我寧願下棋，也不要研究西洋棋。對我而言，西洋棋比較像是一門藝術，而非科學。有人說阿廖欣和我的棋風相近，不過他花更多功夫做研究，此話或許沒錯，可是我必須強調，他也有下棋。」「如果你等待幸運降臨，生活就會變得枯燥無味。」

❹米夏（Misha）為 Mikhail 的小名。

第九章　轉劣勢爲優勢

「日常生活處處存在著不平衡，我們要努力將其轉化為正面的力量，取得掌控意味找到最佳平衡，並且不斷進行正面交換。」

——卡斯帕洛夫

不平衡即缺乏對稱，也就是可能讓人有機可乘的差異。在西洋棋裡，不平衡是指你和對手的子力在質量和數量上的差異，如果同時考慮物質、時間、品質這三個因素，一定會察覺不平衡之處，因爲即使盤面上的子力完全對稱，總是會輪到其中一方走棋，走棋的棋手便擁有時間上的優勢，因而打破平衡。

凍結棋局

暫時凍結西洋棋的時間是教導學生如何評估結構與空間這類品質因素的好方法。給學生看一個局面，但不透露哪一方先行，這聽起來似乎有些荒謬，但是如果目的在於找出最佳棋著，知道該輪到誰走棋豈不至關重要？這樣做是爲了消除選擇下一步棋的焦慮，進而能夠欣賞盤面的微妙之處，不然學生會馬上開始建議下一步棋該怎麼走，沒有經過深思熟慮，因而完全忽略了大局。

幾次投資網路業的經驗讓我跌得鼻青臉腫，但是，若非這些經驗，我也不可能一窺這些專業領域殿堂。一九九九年，我們正準備要用我的名字推出一個大型西洋棋入口網站，網站將近竣工之際，設計師找來焦點團體，想瞭解網站設計和瀏覽的實際運作效果。

看到測試者對網站設計師細心放上去的標幟和提示全然視若無睹，眞令人覺得好氣又好笑。後來有人告訴我，這種情形完全是正常的使用模式，瀏覽網頁的人會迅速點選任何抓得住他們目光的東西，如果對結果不滿意，就會跳回上一頁重試，除非主選單明顯到讓人想忽視也難，否則瀏覽網頁者通常會視而不見。這種講求速度、不停前進的渴望，著實讓我們不知所措。

不幸的是，這反映出我們很多人長久以來作決定的方式——胡亂猜測之後便一頭栽入，幾乎不考慮其他可能選項。找出可行的步驟與評估整體情勢，這兩者之間有很大的差別，我們經常耗費太多心思尋找可能的選項，反而沒作必要的分析，以確定哪一選項比較優異。雖然純粹的相對評估強過完全不作評估，但就算結果未必總是不好，我們還是不能將之與理解混爲一談。

再以西洋棋學生爲例，假設一個學生第一次分析局面時，憑著直覺和運氣，倉促之下喊出正確棋著，那接下來又如何?他的確猜對了，但這不代表他眞正瞭解局面，他還可能因此養成壞習慣。因此才需要先把時間因素擱在一旁，要他們先不用擔心接下來得做什麼、現在該做什麼。經過深思熟慮的分析，才會引領我們邁向局面的核心要義，這反過來會有助於我們刪減可能的選項。接下來我們才能開始計時，重新加入時間因素。

商學院訓練學生以不同角度評估一家公司或是進行案例分析時，也會採用這種隔離技巧。一開始，學生也許只拿到一張資產負債表，完全沒有競爭對手的資料，甚至連所屬行業都不知道；或者只拿到該公司產品相較於其他競爭者的市場占有率數據。逐一加入各項因素，以消除教育和評估習慣上的落差，一旦學生窺得全貌，他們就能看出所有因素如何結合成單一、獨特的意象。

時間雖然凍結，我們仍然必須知道應該分析什麼，以及如何權衡輕重。在棋盤上，必須考量的因素有限，但考量這些因素的方法卻無窮無盡。一如先前所提，即便是頂尖棋手，對不同因素的重視程度亦皆不同。最簡單的測驗是舉出一個局勢，問這位棋手會選擇下白方還是黑方？哪一方較占優勢？爲什麼？黑白兩方或許勢均力敵，但人是有偏好的動物，不可能完全客觀，瞭解自己的偏好和偏見，與具備觀察外在因素的能力可謂同等重要。

尋求補強

正確的評估是要尋找優勢，或補強劣勢。很少優勢是不必付出代價的，相對而言，塞翁失馬，焉知非福。特拉實曾說：「每走一著棋都會引出一個弱點。」此言並非過於誇大，除非那著棋可以將死對方，否則必定有好也有壞。靜態的特性亦復如此，例如，你的兵向前挺進，就能獲得調動棋子的空間，但也要付出防禦變弱的代價；軍隊在前進時，通訊和供給線很可能會被切斷，或是變得凌亂失序。

失去子力（非關品質上的損失）是唯一純粹的負面因素，雖然在很極端的狀況下，你可能寧願剔除某個棋子。如果軍隊裡快速前進的騎兵隊被自己的步兵拖累，軍隊的將領不能就這樣犧牲掉速度較慢的部隊；但在西洋棋裡，下出「騰挪」的棋步並不罕見，也就是把兵丟到敵人的口中，替你的棋子掃蕩出前進的路線。

如果某項資產幾乎一無是處，也沒有改善的希望，你最好趁早把它處理掉，以免太遲。業餘的股市散戶最常被譏諷之處，就是他們經常死抱著下跌的股票不放，直到這些股票跌至谷底，他們幻想只要還沒賣掉就不算眞正賠錢，這是自我毀滅的謬論。冷血的投資人知道現在拿回一點，總比到後來血本無歸要好。

一九八三年在南斯拉夫的一場錦標賽中，我就碰上一個丟掉手頭上賠錢股票的機會，這個賠錢股是以「相」的形式出現。當時我的對手是匈牙利的波帝詩（Lajos Portisch，1937～），我絞盡腦汁，想找出方法充分發揮我在布局上的些微優勢，我打算利用這個動態優勢對他的王發動攻擊，問題是，我所有棋子都需要用到棋盤中心的同一個格子，如果我把馬移到那裡，就會擋住我的相，相會因此完全失去作用。於是我想，既然相在此刻對棋局沒有任何積極貢獻，何不用它來換取黑方有價值的棋子，像是王前兵？

用相換兵，從子力的觀點來看毫無道理，不過當時我在時間上占有優勢，而且我還需要更多時間。相在我的計畫裡一無是處，犧牲掉它反而能進一步增加我的動態優勢。於是我丟棄相，這使得波帝詩的王處於險境，他必須用更多時間掩護，最後，我的攻勢壓倒他的子力優勢。

我們要加總局面中所有的正分和負分，再著手改善已方的缺失；我們要製造對手陣營的缺點，同時強化自己的優點。在此過程中，很重要的一部分是盡可能把弱點轉化為優點，發揮它們最大的效益，或者至少把影響降到最低。理論上的弱點與教科書裡所謂的劣勢，只要不被對手乘機利用，就根本不算弱點。

善用優勢，會帶來更大優勢，這個優勢最終會大到能贏得決定性的子力數量，這就是點石成金，把一種型態的優勢轉化為另一種優勢，只要走子精確，便能將子力轉化為時間，再轉換為子力，或是同時投資子力與時間，得到品質上的豐厚收益。

熱力學定律、西洋棋與生活品質

熱力學第一定律告訴我們，一個系統中的能量總數恆常不變，如果把能量轉移到另一個區域，原來的區域必會失去等量的能量；易言之，能量不會憑空出現，也不會憑空消失，只會從一處轉移到另一處，或是從一種形式轉化為另一種形式。

在棋盤上，我們卻試圖打破此一定律，我們要創造能量，甚至創造物質。如果兵走到棋盤另一頭，就能「升變」為任何棋子，升變成后都行（當然不能升變為王，在西洋棋裡，一王可納二后，一國則不容二君），改善己方子力的能量未必會削弱對手的能量，典型的攻擊和反制棋賽中，就能看到兩邊的棋手各自調兵遣將，增加棋子的活動能力。

只要處理得宜，每一次盤面的轉變都會提升局勢的品質。比如說，我把馬走到更好的位置，可以換得兩著棋的時間；或者，我犧牲一隻兵，對手得用一、兩著棋去吃它，這樣一來，讓我有更多時間擴大攻勢。

公司也可以用類似的方式檢視自己的戰場。現金準備的優勢（物質），轉化爲研發新產品、員工紅利、更多廣告，或是現代化的廠房。我們可以藉由觀察競爭對手的資產，找到其中失衡之處，再加以運用。即使對手在很多方面擁有優勢，我們還是可以嘗試發展對自己有利的不平衡。如果能從對手的局面中發現或刻意營造一個弱點，我們可以嘗試轉化自己的局面，好好利用對方的弱點。

瀏覽器大戰的策略

「瀏覽器大戰」這個說法在九〇年代末期相當普遍，網景（Netscape）和微軟（Microsoft）在爭奪網路市場占有率時，網景的「領航員」（Navigator）獨占鰲頭、品質也最好，微軟「探險家」（Explorer）的早期版本品質不佳，幾乎在每個層面都居於劣勢，領航員則有大批忠實用戶。

後來，微軟採用一套高明的交換戰略，雖然產品品質、使用人數和品牌知名度皆不如人，但這不只是瀏覽器對瀏覽器的戰爭，也是公司對公司的戰爭，在這個層面，微軟相對於網景掌握若干有利的不平衡。首先，微軟擁有大量現金，在物質上有極大的優勢，這要歸功於微軟的辦公室軟體（Office）和作業系統的成功；其次，微軟有布局的優勢，它可以把探險家和其他受歡迎的軟體綁在一起，如果你購買微軟的視窗作業系統或是辦公室軟體，探險家也會安裝在你的電腦裡。

微軟不只隨著其他產品免費附贈瀏覽器，他們以龐大資金爲後盾，根本就是免費送給所有人。這種以物質換取局面品質的交換方式，雖然手段冷酷無情，但確實成效非凡。持平而言，他們的確也投注大量金錢改善探險家瀏覽器本身的品質，但在與領航員的賽局裡，這並非最重要的因素。規模小很多的網景眼見情勢不利，努力想跟上腳步，同時指責對手犯規，把微軟告上法庭，但這麼小的公司實在無力免費贈送其旗艦產品，還能同時兼顧品質。網景也把領航員和其他產品綁在一起，但相對於視窗百分之九十五的市場占有率，就顯得相形見絀。不到兩年的時間，微軟在瀏覽器的市占率就從不到百分之十躍升爲超過百分之八十，並且持續增加，直到所有的競爭對手完全被邊緣化。

微軟充分發揮它在資源上壓倒性的優勢，以美國內戰的術語作比喻，微軟是格蘭特將軍，而其他軟體公司則是李將軍。聯邦的格蘭特將軍稱不上是最優秀的戰術家，但他深知自己最終會靠軍隊和補給的力量，使南軍筋疲力竭。消耗戰完全符合格蘭特的心意（他的手下或許不作如是想），他還有打贏這種戰爭必備的冷酷無情而又頑強的天性。將此概念再略作延伸，我們可以用冷戰作類比，美國持續增加軍事開支，終於導致蘇聯破產。不過，在這個例子裡，共黨這一方還受到一種致命的「害蟲」所苦，那就是破產的意識形態。

補充說明一下，瀏覽器大戰的戰火最近再度點燃。微軟由於眼前沒有競爭對手，忽視對瀏覽器的研發，導致其瀏覽器在品質上被「火狐」（Firefox）之類的競爭對手超越。安全、病毒、間諜程式在短時間內演變成嚴重的問題，微軟沒能即時反應，探險家在這些方面的改良也遠遠落後。另外，微軟免費搭售瀏覽器的激進策略也被法院裁定爲違法，也阻礙了原有的通路策略。

相形之下，火狐是規模較小的開放原始碼計畫，它是摩斯拉（Mozilla）公司旗下的產品，這家公司部分可算是網景的遺孤。它不可能有像微軟一樣的商業通路，但是二〇〇六年和一九九八年有另一項重要的不同之處——網際網路本身已經無所不在。之前，網路初次使用者是微不足道的市場區塊。現在，從網路下載新軟體早已稀鬆平常，火狐只需要一個網站就能遍及全世界。撰寫此書之際，此軟體的下載次數已接近兩億次。這種模式在某種程度上抵銷微軟在銷售通路上的優勢，火狐以其產品的卓越品質，瓜分掉探險家市占率的一大塊，據估計高達百分之十。如今，微軟多年來首度大幅度改良新版本的探險家，絕非偶然。

所有改變都必須付出代價

衡量不平衡的同時，也要將自己的行動納入考量，而非僅止於和對手做比較。這在西洋棋裡稱做「使局面和諧」，不同棋子要相互合作，形成互補態勢，子力的培養也要與戰略目標一致。即便無法避免失衡，我們仍可以嘗試讓它們協調合作。資產愈多，協調成功的難度也愈高，近十年來企業的大規模合併案是很好的例子，時代華納公司（Time Warner）和美國線上（AOL）在二〇〇一年合併後的規模創下紀錄，然而現在這兩家公司的投資人卻正考慮再度分家。數大不一定美，尤其以犧牲協調爲代價而得到的規模。

熱力學第二定律包含「熵」（entropy）的概念，意思是能量交換的效率不可能達到百分之百，因此交換過程中一定會有能量損失，除非在此過程中從外界輸入某些能量。驚人的是，就某方面而言，人類早在一個世紀之前便已經預測到這個理論，在一七五五年版本的強生博士英語字典裡，強生❶在前言裡引用胡克❷的名言：「改變必會造成不便，即便由壞變好。」這個道理也適用於西洋棋，我們同樣亟欲克服這種能量、品質與時間的喪失，吃掉一子需要用掉一步棋，所以得到子力的同時很可能失去時間，我們必須事先作出判斷，這種交換對全局是否有利。

我們一般討論的是大致上勢均力敵的態勢，在這樣的態勢裡，對手會還擊、會力保平衡，我們必須逐步強化優勢，尋求所有可以增加物質、時間、品質的機會。但是如果對手出了差錯，我們通常能以強有力的棋子交換，大幅增加己身局面的相對能量。大多數的失誤都是因爲低估時間與主動性之類的動態因素，使對方有機可乘，以兌子換取發動攻擊的時間。

以拿破崙早期的勝利——特別是一七九六年的義大利戰役爲例，他的成功大半要歸因於敵人對於動態因素的理解實在落伍，他們的想法還停留在成排站立的部隊要大、軍隊的調度宜緩這些陳舊的信念，面對拿破崙多變的攻勢和創新的戰術，他們完全無法招架。拿破崙放棄在數量上計較，而以速度和品質的優勢大獲全勝。

過度擴張

最後再舉一個物理學的例子，我們終於在「有秩序的系統流失的能量少於混亂的系統」這條定律裡找出共識。如果棋子協調合作，從一個優勢轉爲另一個優勢時比較不會造成品質上的損失。相反的，已經混亂不堪的局面、公司，或是軍隊，可能在企圖轉變時徹底崩潰。爲了達到轉變的目標，會讓我們在其他方面筋疲力竭，最終會很快出局，尤其在如履薄冰的局面中時常發生這種狀況。

「倉促導致失敗」這句話在西洋棋局評註裡十分常見。陷入困境的棋手知道自己有麻煩了，往往會有很大的心理壓力，反而更容易犯錯；還有一個導致慘敗更具體的心理因素，亦即由於採取行動必會失去能量，因此身處劣勢時，更難以承受這種能量的犧牲。面臨財務危機的公司，可能孤注一擲，採取冒險行動，也可能更趨保守，慢慢走向失敗。在缺乏穩固基礎的情況下冒險，即便能夠達成眼前的目標，還是可能導致公司徹底瓦解。

軍事資源過度擴張已經是廣爲人知的概念。第二次世界大戰期間，納粹德國作戰的前線從俄國的森林一路延伸至利比亞的沙漠，範圍已經大到德軍無法掩護的地步、大到德軍將領根本無法監控，更遑論控制這些占領地。同樣的，當一位政治家的影響力逐漸式微，我們會說他耗盡了政治資本，應該量力而爲，這意味著他所累積的能量已經受損，他失去了別人的支持，以及運用其影響力回報的能力。

過度擴張的概念在其他行業也時常出現。一度主宰空運市場的泛美（Pan Am）航空，在市場趨於飽和之際決定投資新飛機和新航線，結果公司很快就陷入嚴重困境，這種優勢逆轉成劣勢的原因，通常是許多負面失衡因素的組合。一九七三年，法院將重要的國際航線判

❶強生博士（Dr Johnson, 1709~1874），英國著名作家，也是詩人、文學評論家。
❷胡克（Richard Hooker, 1554~1600），英國人，奠定英國國教派教義基礎的神學家。

給泛美的競爭對手，值此之際又發生了影響全球的能源危機，更是一項關鍵的外在因素。

當時，泛美航空打算以購買其他美國國內航空公司來解決部分問題；不過，處於劣勢時的冒進之舉，往往會遭受嚴重懲罰。他們以超出行情的價格收購國內航空公司，背負大筆債務，限制其進一步採取救亡圖存戰術的可能，他們靠著拍賣資產和航線勉強支撐，一面消耗物質資源，一面期待能夠否極泰來，此時公司已脆弱得不堪一擊；一九八八年炸毀泛美一〇三航班的洛克比恐怖攻擊成了壓垮駱駝的最後一根稻草，訂位直線下滑，最後，造成全球航空業不景氣的第一次波斯灣戰爭爆發，終於導致泛美航空在一九九一年宣告破產。

第一個航空界巨人泛美航空顯然運氣不佳，但是泛美的管理階層也必須承擔責任，由於他們的決策錯誤，使公司在霉運當頭之際更是無法招架。他們過度擴張，忽略自己局面上失衡之處，包括缺少國內航線、資金不足，以及懸而未決的官司。分析這個案例不是要建議你採取保守作風，或是只作最壞打算，無論做什麼事，冒險都是必要的，重要的是冒險所處的大環境，如果我們對自己的脆弱和失衡保持足夠的警覺，在思考策略時就能將之納入考量因素。一處失衡鮮少具有決定性的影響，但是我們必須有能力察覺形勢的匯聚，並且辨別形勢是否對我們有利。

一九九三年，我曾經鑄下大錯，在處於劣勢時發動攻擊，不過，不是在棋盤上，而是在棋壇政治上。自從國際西洋棋總會在一九八五年中斷我的第一場世界冠軍賽，我就一直與他們的領導階層爭執。一九九三年我與英國人蕭特對奕的世界冠軍賽前夕，蕭特打電話給我，他提議我們這場棋賽脫離西洋棋總會來進行，並建立自己的「職業棋協」（Professional Chess

Association），這個邀約十分誘人，畢竟這是一次能夠擺脫腐敗官僚體系，同時能把西洋棋引進現代體育世界的機會。

蕭特是自一九七二年以來繼費雪之後，第一個來自西方的挑戰者，我原以爲有他的加入，我們可以有很大的號召力，集結全球特級大師，支持我們對抗國際西洋棋總會的理想。在這之前，我所建立的職業棋手聯盟便因西方的特級大師組成對立的團體而告失敗，如今「特級大師協會」（Grandmaster Association）的最後一任會長蕭特突然出現，提出合作的邀請。我想，我們終於可以團結西洋棋壇了。結果，這是我職業生涯裡犯下最嚴重的錯誤，在我們宣佈後不久，我就發現我的假設顯然有誤，蕭特背後並沒有這樣的支持，我們孤立無援，很快就被說成「叛徒」，和「世界冠軍的劫匪」。西洋棋總會開除我們的會員資格，舉辦另一場世界冠軍賽，與我和蕭特在倫敦對奕的棋賽相庭抗禮。從此棋壇一分爲二，至今仍未完全癒合。我操之過急，因而無視於這個計畫是多麼難以成功。

兩害相權取其輕

近來從政的經歷，讓我對於「兩害相權取其輕」與妥協取捨有了新的體認，如果政治正如俾斯麥所說，是「可能的藝術」，那麼先判斷何者可以改變、何者不可改變就至關重要。所有情況都有靜態的、不可改變的因素，我們必須善加運用，或是設法化解；此外，也有我們無法直接影響的動態因素，例如我們的競爭對手。重要的是能夠分辨出這些因素，及其對我們的策略有何影響，我們如何轉變我們的資產以便利用這些外在條件？我們在所處的環境中是否能發揮最精簡的效能？如果我們所處的市場發生變化，我們必須做好適應的準備，投注能量，爲自己重新定位。

我們本身的局勢也可能會有靜態因素，也就是無法直接補強的弱點。在這種情況下，我們必須尋找能夠盡可能消除這些弱點的環境。如果我在棋盤的一翼有永遠無法彌補的弱點，我會考慮在另一翼發動突襲；如果我的局面結構糟到施展長程操盤完全無望，我就會試著以激進的下法製造瘋狂進攻的環境，讓對手無暇利用我結構上的弱點。所有的教科書都提到西元前三十一年羅馬帝國的權力鬥爭史，屋大維在陸戰屢戰屢敗後，轉而以其敏捷的海軍擊敗安東尼和克麗奧佩特拉的軍隊；屋大維圍困安東尼的軍隊，直到安東尼不得不出海應戰，而屋大維傑出的海軍上將阿格里帕贏了決定性的一役。故事就這樣流傳下來。

社會上也存在這種不平衡與取捨的掙扎，富蘭克林說得直截了當：「爲了短暫的安全而放棄重要自由的人，不值得擁有自由，也不值得獲得安全。」爲了因應全球恐怖攻擊威脅所提出的美國愛國法案（USA PATRIOT Act，這是華而不實的縮寫，全名爲「提供打擊與防止恐怖主義必要的適當工具以團結並鞏固美國」〔Providing Appropriate Tools Required to Intercept and Obstruct Terrorism〕法案）和歐盟提出的類似方案，都爲這種安全與個人自由之間永無止境的爭戰提供了最新例證。公民社會與國家之間的權利交換屢見不鮮，企業則因各種利益參與其中。

縱觀人類的歷史，國家總是盡可能擴展其控制權。根據富蘭克林的說法，這其實犯了很大的錯，著名的帕金森定律和其理論解釋了何以官僚體系必然不斷擴張[3]（原註），當這種膨脹的天性碰上政客對權力和控制的欲望，老百姓就得當心了。

我決定自職業棋壇退休，全心投入政壇，很大的原因是由於我認爲自己必須加入反抗俄國獨裁政府權力擴張的陣營。二十五年來，我身爲俄國各形各色的代表，我相信自己還在持續代表我的國家，今日的俄羅斯，總統普丁假藉安全之名，推行交換自由，以行其控制之實，但是公民的安全似乎永遠無法獲得保障。缺乏透明度，就難以掌控政府支出，這些不能加以控制，國家就會永無止境的擴張，現今的俄國公民因爲政府濫用權力而身處險境，因爲政府官員根本不受民眾節制，任何對政府官員的批評都會被界定爲「激進主義」，這個名詞在普丁的法典裡，與恐怖主義只有一線之隔。現在雖未實施戒嚴法，不過可以稱之爲「淡戒嚴法」，因爲戒嚴的傾向永遠存在，只是細節隨著時間而改變。

自現代社會崛起後，此一模式已經形成，一九二〇年代，墨索里尼運用同樣的方法在義大利實行法西斯主義，但即便殷鑑不遠，我們仍然不斷重蹈覆轍。我們以自由交換安全的承諾，假使安全仍然無法獲得保障，他們會說那是因爲我們放棄的自由還不夠多。我們有能力辨識出此一模式，我們也知道這種把戲的遊戲規則，問題在於我們能否抗拒誘惑，拒絕做這

❸原註：一九五八年，英國歷史學家兼作家帕金森（C. Northcote Parkinson）說：「工作會不斷擴張，以填滿直到完成工作前的所有時間。」還有附帶的定律，一是「政府官員希望增加部屬，而非增加敵人。」；二為「政府官員為彼此製造工作。」他曾經預測英國皇家海軍上將的數量終究會超越軍艦的數量，後來此一預言果然成真，帕金森的天才也獲得肯定。

種讓步。沒有人可以保證我們的交換是否有用，在此情況下，我們至少要將近代歷史謹記在心。

日常生活處處存在著不平衡，我們要努力將其轉化為正面的力量，取得掌控意味找到最佳平衡，並且不斷進行正面交換。美國小說家梅勒（Norman Mailer, 1923~2007）寫道，我們無時無刻不是在「多活一些，或是死掉一點」，不可能靜止不動，也不可能維持完美的平衡狀態，不過，如果我們在尋尋覓覓之際能暫停腳步，冷靜評估利弊得失，這在效果上等於可以凍結時間。藉由正面的轉變，我們可以創造能量和品質，如此一來，我們便能對熱力學定律嗤之以鼻。

西洋棋智慧的對比

彼得羅辛，一九二九～一九八四，蘇聯人
史帕斯基，一九三七年生，蘇聯／法國人

彼得羅辛是第九任世界冠軍，史帕斯基經過兩度挑戰，才從彼得羅辛手中奪走冠軍頭銜。我初入國際棋壇參加錦標賽時，這兩位蘇聯的隊友幾乎像是我的專業指導老師，當時他們在棋壇仍有十分優異的表現，並且樂願與我這個力爭上游的後輩分享他們所擁有的豐富經驗。

早在見到他們本人之前，他們對我的指導就已經以書本的形式出現。童年時有人送我一本他們在一九六九年對奕的第二次世界冠軍賽棋譜，時至今日，翻閱此書、細賞他們的對局，仍然帶給我很大的樂趣。

彼得羅辛和史帕斯基也透過棋盤給我指導，我與他們頭兩次對奕，都是在局面極佳的情況下落敗。後來年紀漸長、智慧略增後再與他們交手，終於將我們的職業生涯交手紀錄打平為二比二。

一九六三年，也就是我出生那一年，彼得羅辛擊敗博特溫尼克，終結博氏長年的霸主地位。彼得羅辛令人敬畏的防禦手法很適合打對抗賽，整場棋賽只要贏一局，在其他各局不敗的情形下就足以獲勝。鮮少稱讚他人的博特溫尼克對於這位征服他的人也曾表讚譽，說彼得羅辛深入評估局面的能力無人能及。

棋手品評

費雪：「彼得羅辛有能力在危險尚未出現前的二十步，就先予發現，並將之排除！在他達到極佳局面之後，還一直尋求調度子力、強化局面，這種能力實在令人感到震驚。」

本人自述

彼得羅辛：「有些人認為我下棋時過度謹慎，但對我而言，這似乎是不同的問題，我盡量避免仰賴機運，那些依賴機運的人應該去玩紙牌或是賭輪盤，西洋棋是很不一樣的東西。」

史帕斯基是真正的全能棋手，能夠發動令人目不暇給的攻擊，也能冷靜的操盤。他第一次在世界冠軍賽中挑戰彼得羅辛時，低估彼得羅辛處理複雜局面的能力，也因此付出代價；一九六九年兩人再度交手，史帕斯基節制自己激進的攻勢，終於贏得世界冠軍頭銜。不過，很遺憾的是，世人對史帕斯基最深刻的印象，是他在著名的一九七二年冰島雷克雅未克棋賽中，將棋王頭銜輸給美國人費雪。

要想長保巔峰狀態，必須下苦功，史帕斯基悠閒的生活態度使他沒辦法做到這點。他崇尚自由，向來無法接受蘇維埃式的心態，史帕斯基娶了法國人，並於一九七六年移居法國，現在他自許為俄羅斯民族主義者和君主立憲的擁護者。

棋手品評

博特溫尼克：「史帕斯基擁有令人羨慕的健康，他是很棒的心理學家，能夠細膩的評估局面、自己的優勢，以及對手的優勢。」

本人自述

針對我一九八六年創立特級大師協會試圖讓這項運動大眾化，史帕斯基對我說：「蓋瑞啊，西洋棋是貴族的遊戲！」

第十章　創新來自不斷的實驗

「每一項偉大的發明都是既有知識、辛勤工作，以及有系統的思考融合之下的產物。」

——卡斯帕洛夫

「想要有創造力，就要有勇氣放掉已知之事。」

——佛洛姆（Erich Fromm, 1900~1980）

創造力往往被歸類爲天賦的一種，或是無法改變的特質，好像某種你要不是與生俱來，要不就是只能羨慕別人擁有的東西。我們常聽說某人「創意十足的腦袋裡」有「滿滿的點子」，因而好奇此人的基因組合何以如此幸運。

幾乎所有想出新點子或新發明並且獲得普羅大眾接受的人，都會不斷被問到他們的想法從何而來；音樂家，甚至包括不入流的音樂家，也會被問起他們如何得到譜曲的靈感；棋手在棋賽結束後，會有人問他們如何想出某個念頭或是致勝棋著（更慘的是，我們通常被問到爲什麼走出一步大劣著）。

就像未經發掘的天賦，沒有表達出來的想像力就等於不存在。點子只有在被提出來之後，與其他點子相融合並找出運用之道，才能有所貢獻。每個人的內心在面對問題時都有獨特的解決方法，因爲每個人都有獨特的經驗組合，如同先前所提，偏好和風格也會影響我們的決定，但這不表示彷彿一切已由上天註定，只有對的人在對的時間才會想出解決方法和創新發明。事實上，只要我們努力不懈，保持強烈的企圖心，就能掌握創造力。

接下來，我們要檢視創新的力量與限制。並非所有新事物都有相同的價值，在成功的故事之外，慘敗的經驗也值得我們借鏡，因爲創新也有不同種類。

第一種是直接導致新發明的創新，具有即時的影響，比方說解決了問題、發明了產品、解開了疑惑。就像阿基米德靈光乍現，想出浮力和密度的觀念時，從浴缸裡跳出來大叫「我發現了！」但是，其實這種「『我發現了』模式」的創造力受到嚴重的誤解。

第二種創新是屬於長期的，這些想法觸發漸進的轉變，其影響也許歷經數個世代仍不明顯，也因此其起源很容易被忽略。首先，我們要討論即時的創新，也就是新聞報導裡會出現，而不只是在歷史課本中才能讀到的發現和發明。

提高創新指數

從著名發明家的例子裡，我們看到的不只是娛人的奇聞軼事，還能從中擷取啓發和體會，幫助我們提高生活中的「創新指數」。我們必須自問：「做這件事有沒有別的方法？」先辨明目標，接下來是方法，然後讓自己玩味新點子，實驗一下替代方案。我們都很熟悉自己生命中的問題，所以沒有人比我們自己更有資格發現解決這些問題的創新方法。創新不會一夕之間出現，但是只要我們持之以恆，一定能找到創新的方法。

蘋果掉到牛頓頭上的故事和華盛頓砍倒櫻桃樹的故事一樣，都不盡眞實，我們都愛聽好聽的故事，尤其是那種避而不提這些所謂天才背後付出多少努力的故事。喜好挖掘偉人有趣平凡的一面是人類的天性，如果你在網路上搜尋牛頓的事跡，你會認爲他發明的貓咪活動門，和他發明的微積分對人類而言具有相同的價值。

我們先前提過愛迪生驚人的工作量，他的例子正是前述「『我發現了』模式」迷思的典型反證，幾乎每一項偉大的發明都是既有知識、辛勤工作，以及有系統的思考融合之下的產物。不可思議的頓悟比較適合放在童書裡，對我們自身尋求啓發則毫無幫助，我們可以努力學習牛頓努力的精神，但是我們不能期待自己也會有一顆幸運蘋果。

即便是顚覆傳統的驚人想法仍然有其所本，若要向前邁進，必先徹底瞭解過去。我們先前曾經提到，第一任世界冠軍史坦尼茲對於西洋棋的發展有卓著的貢獻，他在十九世紀末期發表的著作，首度分解西洋棋局面，並闡釋戰略的運用。史坦尼茲的棋局也充分證明他的發現，在其職業生涯中，他在理解和實行這些原則的同時，將混亂的浪漫時期帶入秩序凜然的科學時代。

但是這些創新的概念，是奠基於他對既有資料的扎實分析，只有在嚴謹分析、徹底瞭解過去的下法之後，史坦尼茲才能開始朝著正確的新方向邁進。他是第一個挑剔既有方法、不願接受現狀的棋手，他把新觀念運用於棋賽，在一八八六年贏得第一任西洋棋世界冠軍。

新奇的力量

相對於一般的理論，在特定棋賽裡的創新具有相當明確的定義，只要某個局面出現前所未見的棋著，就是創新，我們稱之為「理論上的新棋著」，在西洋棋譜的註解中通常簡寫為「TN」或「N」。你可能認為，在現今職業棋手充分進行賽前準備，以及大量運用電腦資料庫的情形下，想要創新是很困難的事。在某些變例中，我們也許下到第二十回合之後，才脫離從前已經出現過的棋局與分析，此時往往已經超過這局棋總回合的半數。

我必須說明，即便以前曾經出現過同樣的變例，未必表示對奕的雙方都知道這個事實。擁有數百萬個棋譜的電腦資料庫可以立即分析出棋賽從何處開始出現差異，但是即使準備最周全的特級大師，有時也會在事後驚訝的發現，他花好幾個小時思考的棋步，只不過是前人走過的老路數。

在複雜多變的西洋棋裡，發生這種事只能算是例外，而非常態。很多棋局在十五回合以前就達到原創的局面，有些則在十回合以前便開闢新局。西洋棋就像一座城市，有大街也有小巷，其中仍有很多前人從未走過的道路，但這些道路也存在更多風險，我們要選擇哪一條路？是安全的大道，還是無名的後巷？

強而有力的新點子，就像戰爭時的新武器，或是最先上市的新產品，驚人的效果能把競爭優勢擴大到極致。十五世紀時，英國的大弓就是這種令人既驚又畏的武器，其效果與美國西部拓荒時期的左輪手槍及連發步槍足堪比擬。並非所有新武器都像這些武器一樣令人望而生畏，但是對於未知的恐懼，本身就是強大的武器，納粹德國在戰爭末期主要用以攻擊英國的V2飛彈，在軍事上的效果雖然不及轟炸機，但是這種武器恐怖之處在於它寂靜無聲、難以防禦。

在西洋棋盤上令對手出其不意所創造的價值，就軍事戰場的觀點而言很容易理解，中國古代著名的軍事戰略家孫子在《孫子兵法》裡再三強調詐術和奇襲的重要，雖然在棋盤上幾乎沒有公然使用詐術的空間，但是使用一點戰術心理學的效果不容小覷。

譬如說，我們針對敵手最喜歡的防禦手法，準備了出其不意的新招，我們是否應該從頭到尾迅速出子，顯得信心滿滿，這樣雖能省下時間，但對手也許會察覺有異？或者我們反而應該慢條斯理，對手才不會起疑？新棋著的時機出現，我們要不要大張旗鼓，讓對方知道他已落入圈套？或者我們要假裝思考一下，讓他摸不清我們是否早已分析過這個局面？不過，掩飾眞相並不容易，因爲專業棋士會發現棋盤上的任何蛛絲馬跡，任何新著妙步都會被懷疑是事先準備的結果，尤其是當我們以前已經下過這個棋路，對手更會起疑。

對此，我的想法與費雪不謀而合，他說：「我不相信心理學，我只相信好棋著。」我向來無法隱藏我下棋時的情緒，如果我有絕妙新著，只要那著棋妙到即便對手知道也於事無補，我一點也不在乎會被他發現。

馴虎記

一九九五年我與印度人阿南德交手的世界冠軍賽適足以說明創新的力量。比賽剛開始時雙方勢均力敵，連續八盤和局，我每一盤執白子的棋局都以不同開局法開局，目的在探索他的弱點，也讓我的團隊和我自己有分析的題材。比賽邁入第九盤前終於出現突破，我針對阿南德偏好的「開放性西班牙防禦」找到一個絕妙的棄子變化，他在第六盤成功使用過這種開局法，這也是他打入世界冠軍資格賽所使用的主要防禦手法，所以我們都預期決勝點遲早會出現。我之前執白子的三局，第二盤、第四盤、第八盤，我都避開這個堅強的防禦工事，現在，正面攻擊的時間到了。

我對這個新發現當然感到興奮不已，且躍躍欲試，問題是第九盤我是執黑子而非白子，我滿心期待第十盤，結果導致第九盤大敗，因而處於落後。這無疑是我第一次在還沒下新著之前便造成反效果！現在，我的新點子在下一盤能否成功就加倍重要了。

第十盤，我在第十四步棋使出新著的第一部分，事實上是採納許久之前塔爾給我的建議，阿南德對此一走法顯然已有準備，只考慮四分鐘就下出應著，不過，我再走一著棋之後，這位以迅速出名的印度特級大師足足考慮了四十五分鐘，這也許破了他自己的紀錄。陷阱已經奏效，他無路可走，我繼續以迅雷不及掩耳的速度下出所有棋步，能夠讓腦中的想法馳騁在棋盤上，讓我滿心歡喜。

持平而言，「馬德拉斯之虎」不愧爲世界冠軍挑戰者，他一開始掉進我設下的圈套後，仍然撐過第一波攻擊。等到硝煙稍散，我的優勢十分明確之後，我才放慢速度，以確保自己能完全鞏固戰果。萬一我浪費掉這麼好的新點子，我必定會懊惱不已，我以精確的下法贏了這盤棋，將比數拉平，如同我先前所說，最後我在這場世界冠軍賽中獲得勝利。拿下這盤棋雖然只值一分，但是心理層面的影響卻甚具毀滅性，由於這個新點子，阿南德被迫在隨後各盤棋局中將其主要攻擊手法束之高閣。有人以事後諸葛的觀點，說他先前使出西班牙開局法雖然成功，但是他不該在第十盤再用一次。不過，正由於他剛剛取得領先，亟欲強調他的卓絕優勢，因此對於開局時的心理戰根本不屑一顧。

我和我的分析團隊用好幾天的時間才發現這個新招，並釐清所有錯綜糾葛的複雜問題，我們需要時間吸收所有背景資料，以及變例的微妙之處。我們並非在已經確知危機何在之後才開始坐下來分析，任何一位科學家都會告訴你，找出解決良方的關鍵是要先正確辨別問題，如同「垃圾進，垃圾出」❶定律，一項實驗只有輸入正確資訊，並且針對數據提出正確問題，才會看到成果，即使最有智慧的人都可能迷惑於尋找答案，而沒能提出符合邏輯的問題，即便牛頓都花了大半輩子時間研究煉金術，此例值得我們引以爲戒。

接下來，我們的基本處方是先深入瞭解問題的所有面向，然後辨明什麼問題需要解決。最瞭解自己手上問題的人，往往最有創意。

❶垃圾進，垃圾出（Garbage in, garbage out; GIGO）為電腦科學的語彙，指程式邏輯錯誤，得到的結果也毫無意義。

創新本身不等於成功

在商場上和運動場上對成功的定義裡，能夠創新發明的人未必總是能夠成功，這種成功是以賺錢和得勝次數的多寡來衡量。歷史上有很多發明家辭世時一文不名，他們的創新想法倒成了諷刺，所以，認知發明的重要性，與運用此項發明的意志力與洞察力一樣重要。

西洋棋壇也有不少富有創造力、卻無法登峰造極的棋手，他們對西洋棋的發展貢獻之卓越，讓人實在很難把他們歸類爲失敗者。有幾位這樣的棋手，他們沒能贏棋，但是退而求其次，替自己創意的能量找到出口，幫助別人獲勝。

所有西洋棋迷對於卡波夫和科奇諾伊這兩個名字都不會感到陌生。這兩人分別於一九七八年和一九八一年連續兩次在世界冠軍賽交手，較年輕的卡波夫兩場都領先（其實他們兩人對奕可以回溯到一九七四年，卡波夫擊敗科奇諾伊，得到和費雪爭奪世界冠軍頭銜的資格。但是他們這場比賽後來成了實際上的世界冠軍賽，因爲費雪沒有參賽，放棄了冠軍頭銜）。不過，在這些賽事裡提供兩人協助、構思各式開局法的教練，就比較不爲人知了。

慕瑞（Yacov Murey, 1941~）是科奇諾伊的助手，澤采夫（Igor Zaitsev, 1938~）則協助卡波夫，他們之間的關係很不一樣，在眞實世界裡，這樣的例子也俯拾皆是。科奇諾伊本身是個很有創造力的棋手，很少和任何人長時間合作，他需要身邊出現不同的人去激發靈感，同時也從這些人身上汲取靈感；相反的，在卡波夫漫長的職業生涯裡，他是從穩定長期的合作關係中擷取靈感，他擅於吸收並結合新的想法，將成效發揮到極致。商場上和政壇上也有類似的對比作風，新首相任用長期的夥伴擔任內閣閣員，以建立一種讓他感到自在的指揮架構，或者他身邊是一些相對而言能夠對他有所啓發的局外人，甚至是會反抗他的人。

慕瑞或澤采夫都沒有成爲世界級的頂尖棋手，但兩人都把心力奉獻在尋找原創的開局法，正如同西洋棋壇許許多多偉大的發明家，他們把專業與創造力獻給更強的棋手，助他們一臂之力，就像雪橇隊裡的助推員，會先用力推雪橇一把，自己再跳進去，然後就一直把頭埋得很低。

他們擁有哪些其他人所沒有的特質？爲什麼某些棋手、某些人，會比其他人更有創造力？首先，這些人都有某種程度不切實際的特質，這在棋盤上會是個問題，但是他們構思新點子，讓比較穩扎穩打的棋手調和運用，此種特質便成了資產。他們可以大量製造新點子而不必擔心是否每一個都完美無缺，也許他們一開始成功的比例並不高，但是在創造出許多想法、不斷嘗試錯誤之後，成功率會愈來愈高。可以說他們建立了一種規律的創造力，因爲不斷產生的新想法，有助於他們滋養和磨鍊其直覺。

他們有些發明具有相當重要的影響，這些發明甚至冠上他們的名字。一九七〇年代中期澤采夫發明了所謂「西班牙開局澤采夫變化」，這也許是最後一個以發明人命名的重大變化著法。或許，很令人遺憾的是，西洋棋的著法沒有專利權，所以世界各地棋手運用澤采夫的想法時，他除了獲得一點知名度之外，很少其他實質利益。

然而，西洋棋的發明和眞實世界的發明，有許多相似處，全球資訊流通的增加，對兩者都有大幅的影響。

從模仿轉變成創新

亞馬遜網路書店在網站上一推出新功能，全世界立即分享。網路程式設計不像可口可樂的秘密配方，也不像數位影像光碟機之類的發明，其他網站，包括亞馬遜的競爭對手，即使編碼不盡相同，還是很容易模仿其概念和功能。結果導致現在人們無論其所創想法是多麼明顯、或多麼簡單，都試圖爲其新點子申請專利的現象，這種舉措雖能令人理解，但實在是荒謬。

智慧財產權概念的重要性，在於確保發明者的努力得到回報，但是，電子郵件的笑臉符號也能申請專利？以滑鼠點選方式進行網路購物也能申請專利？微軟和亞馬遜網站眞的分別嘗試過申請上述專利。顯然這並非設立專利局的初衷，但是，針對愈來愈多資訊的商品化，我們應如何因應？如果所有資訊都快速免費提供給所有人，又何必要創新發明呢？

當然，假設每個人皆如是想，恐怕我們到今天仍然過著穴居的生活。不過社會上也需要模仿貓，如果買不起 iPod，我們還是能找到其他負擔得起的數位隨身聽。科技的歷史告訴我們，我們永遠不知道什麼會大受歡迎。有些新想法是失敗之作，但是我們必須能夠接受失敗，正如 IBM 早期領導人華生（Thomas Watson）所說：「如果你想成功，要先把失敗率加倍。」如果你連偶爾失敗都不曾經歷，就是沒有承擔起發明家應該冒的風險。

何必投資研究與創新？有另一個較不明顯、但也許更重要的原因：如果你想擁有影響力，就得永遠保持在時代尖端，你不可能從跟隨者突然變成領導者，因爲只有領導者才能看到未來的趨勢。對於即便是最成功的模仿者而言，如果想要擴展領域、想要獲得更大的成功，最終仍要轉型爲創造者，無法轉換的人通常會被其他模仿者所取代。創新雖有風險，不創新卻更危險（我最喜歡的一句名言就是：「身先士卒者，必傷痕累累。」）。

從模仿者轉變成創新者的例子，在各個層面比比皆是，不過三十年前，美國人有好一段時間將日本商品視爲仿冒歐美產品的廉價劣質貨，「日本製」幾乎和「垃圾」劃上等號，從收音機到汽車，便宜的進口貨和仿冒品如潮水般湧向市場，迅速改變了消費電器產業的形貌。在電視機銷售方面，新功能和尖端科技的重要性比不上低生產成本，因爲低成本能爲顧客帶來低售價，大部分美國廠商無法快速適應此一改變，不久便放棄這塊市場，或是宣告倒閉，由日本公司接收整個市場。接下來，日本公司就得因應顧客需求，開始生產更新功能、更高品質的產品，沒多久，其他模仿者便讓日本人嚐到相同的苦果。在日本公司投資更多錢進行研發的同時，南韓和台灣迅速占領低價市場，日本人則被迫轉變成發明者。

生存的唯一方式是不停的朝向金字塔頂端移動，你不能永遠待在底層，那裡的競爭太激烈，永遠都會有新的競爭者挾其優勢發動攻擊，就像達爾文的進化論，創新就是爲了求生存，爲了生存我們必須不斷演化。

演化的創新

把電燈泡或電視機這類發明界定爲創新思維的象徵，是很容易的事；但是，要衡量這些發明對未來幾世代社會的影響，可沒那麼簡單。最強而有力的創新發明之所以重要，是因爲它們對思考與生活的新方式開創了涓滴不息的影響。能夠察覺到這些影響，知道它們移動的速度與方向，就是發明家所具備的特質。

我們當中很少人需要擁有公司總裁或國家總理的全球視野，我們也不一定需要像醫生一樣有必要瞭解醫學上的最新發展。不過，這不表示瞭解影響我們生活的趨勢對我們毫無助益。舉例來說，身為家長的我們，必須知道教育的趨勢和發展，我們往往存著僥倖的心態，依賴最少的資訊，而不願尋求更多資訊。對於會影響我們個人、工作和家庭的最新發展，我們究竟瞭解多少？掌握更多資訊，我們就愈能找到更新、更好的方法來改善我們的生活品質。

每個人都有這種朋友：他永遠有最時尚的玩意兒，口袋裡和廚房裡都是尖端科技產品，並且定期更新成最新型的產品；無論你吃什麼，他都讀過有關這種食物有害健康的研究報導，直到下個月另一篇駁斥這種說法的研究報告出現。這種喜劇角色正足以說明創新者與趨附時尚者之間的微小差別，購買最時髦的玩具、相信似是而非的最新資訊，並不等於思考這些發明的意義。換句話說，相較於一個新發明的實用價值，它所蘊含的意義通常更能衡量它的眞實價值。

微軟過去曾喊出一個口號：「每一張桌子上、每一個家庭裡都有一台電腦。」現在聽起來早已不合時宜，因爲現狀幾乎已是如此。然而，科技領袖公開質疑個人電腦的前景卻還是不久以前的事，一九七七年，迪吉多設備公司總裁歐森（Ken Olsen）在世界未來學會大會上告訴聽眾：「沒有人有理由在家裡擺一台電腦。」就在同年，賈伯斯（Steve Jobs）和沃茲尼克（Steve Wozniak）推出個人電腦蘋果二號，開創個人電腦的革命。顯然，迪吉多總裁身爲電腦領域的專家，卻沒有考慮這項科技所蘊含的意義，而且他絕不是唯一的一個。

適應和創新在我們生活周遭俯拾皆是，不過通常是以較小的規模出現，無所不在的iPod就是一個例子，就在所有人都開始購買數位隨身聽之際，有一些人開始思索，當有相當大比例的人口無時無刻不隨身攜帶這種小機器的時候，這有什麼涵義？於是，一種不只能播放音樂、還能傳播資訊的新發明誕生了，也就是「播客」（podcasting）。

瞭解發明背後的涵義

如同自然界的演化，相對於單一創新的出現，這種更深層的影響力是以相當緩慢的速度出現。由此類推，長遠的影響展現出想法上的演進，而單一的改變與發明則近似突變，如果它們廣受歡迎，能夠生存下去，一個接著一個結合起來，便形成巨大的改變，隨後又引領更進一步的變革。

資訊傳播的重大里程碑便是這種影響的好例子，每個里程碑都標示了人類社會的重要進步。字母和文字的發明讓人類脫離石器時代；法典、庫存清單和契約則爲政治和商業生活帶來革命性的改變，因爲這些發明使我們可以建立永久、客觀的紀錄；接著是印刷機的出現，使資訊的傳播更爲普遍，也更難掌控；隨著參考資料庫的建立，資訊變得普及且可以證實，人類自此進入了現代科學時代。

網路是人類邁向資訊普及化過程中的下一步，它建立了無邊界的即時通訊管道，讓我們接觸到全人類的知識，與世上任何角落的人即時溝通。網路對落後地區的影響力最大，即便網路的觸角尚未完全穿透這些落後地區，也已對我們的社會產生非常戲劇性的影響。

我們聽到許多關於網路的訊息，它也成了我們日常生活中密不可分的一部分，但我們經常忘記思索它對我們的世界會進一步造成什麼影響。我們的下一代會在很不一樣的環境裡成長，他們所受的教育會與我們截然不同，或者至少應該如此。試想網路對於學前教育以及非正統職業模式的潛在影響，如果六歲小孩也能在幾秒鐘內幾乎找到任何資料，這代表什麼意義？

這當然很好，但是它可能造成的正面及負面影響爲何？對孩子批判思考能力的發展有什麼影響？對他們花時間深入研究主題的渴望有什麼影響？立即獲得答案的能力是否會造成心智肌肉退化，就像我們坐辦公桌太久會導致四頭肌和二頭肌鬆弛一樣？萬里之外的孟加拉人是否會取代你所做的工作？或者，從比較樂觀的角度來看，你能否待在家裡，替德國、巴西、印度的公司工作？

單純知道並使用科技，與思考其含義、將之納入生活策略是兩回事，在我長達三十年的西洋棋職業生涯裡，我不斷問自己，創新可能對西洋棋世界造成什麼樣的影響？我們往往透過電視新聞或藉由與識多見廣的朋友談天，從而獲得精闢的見解，不過，這些眞知灼見有時也會來自於完全意想不到的方向。

孩子帶來的啓示

一九八五年，當時二十二歲的我剛剛贏得世界冠軍，新頭銜附帶的好處是讓我有能力購買一台早期的個人電腦，我成了家鄉巴庫少數擁有電腦的人之一。就我記憶所及，那台電腦的功能並不多，可是我仍然深深爲之著迷。有一天，我收到一個陌生人寄來的包裹，寄件人是住在德國漢堡的佛里德爾，他是西洋棋迷兼科學作家。包裹裡有一封表達他景仰之情的短箋，還有一張磁碟片，裡面有幾款電腦遊戲，其中一個叫做哈潑（Hopper）。

當時電腦遊戲還沒像目前美國這樣的盛行，我欣然接受這個新挑戰。我必須承認，在接下來幾個禮拜裡，我大部分的閒暇時間都花在練習哈潑上，得分也屢創新高。

幾個月後我到漢堡參加一場西洋棋活動，便專程到佛里德爾先生位於郊區的家中拜訪，我見到他的妻子和兩個小孩，十歲的馬丁和三歲的湯米，他們讓我感到賓至如歸。佛里德爾迫不及待的想讓我看他在電腦上的最新研發成果，我則把話題轉移到他寄給我的遊戲，告訴他我現在已經是其中一個小遊戲的高手。

我說：「你知道嗎？我是全巴庫最會玩哈潑的人喔。」其實我根本沒有競爭對手。

他問：「你最高紀錄幾分？」

我回答：「一萬六。」這麼驚人的數字，他的眉毛居然沒抬一下。

佛里德爾說：「不錯啊，不過在我們家這種分數還不算什麼。」

我問：「什麼？你可以破我的紀錄？」

「不是，不是我。」

「喔，好吧，那馬丁一定是電玩奇才。」

「不對，不是馬丁。」

我心一沉，明瞭佛里德爾臉上的笑容代表他家裡的哈潑冠軍是那個三歲小孩，我不敢相信，「你不是說湯米吧！」佛里德爾把小兒子領到電腦前，讓他坐在我們身旁，隨著熟悉的遊戲出現，我的恐懼竟然成眞。既然我是客人，他們讓我先玩，我也臨危不亂，創下個人有史以來的最佳成績，一萬九千分。

不過，我的成功也很短命。輪到湯米開始玩，他飛快的小指頭變得模糊不清，很快就到達兩萬分，然後是三萬分，我想我最好快點認輸，不然我們會一直坐在那兒看著他玩下去，連晚餐都不用吃了，要贏過這個小孩，我顯然是沒機會的。玩哈潑輸給小孩對我自尊心的打擊，雖然不像下棋輸給卡波夫那麼糟，卻也讓我好好深省了一番。我的祖國要如何和西方國家的電腦小天才世代競爭？我是整個蘇聯少數擁有電腦的人，而德國一個三歲小娃兒就能輕輕鬆鬆將我擊敗，這對西洋棋有什麼涵義？如果我們可以像運用個人電腦寫信、儲存紀錄一樣的保存和研究西洋棋局，又會有什麼樣的結果？這會是很強大的武器，而我不應該是最後一個得到這種武器的人。

不過，我第一次有機會運用我得自這個經驗的教訓，倒不是用在西洋棋上，我和電腦公司阿泰利（Atari）簽約時，要求他們以一百多台電腦作爲支付給我的酬勞，我把這些電腦帶回莫斯科，捐給青年俱樂部，這在蘇聯是一項創舉。在湯米與他手指靈巧的同胞們占領世界時，我們不能還停留在石器時代裡。

此外，我也和佛里德爾討論另一個議題：家用電腦如何變成西洋棋工具。我們的對話促成「西洋棋基地」（ChessBase）第一版的誕生，這是由佛里德爾與別人共同在漢堡創立的同名公司所研發，這個軟體現在已成爲專業西洋棋軟體的代名詞。「西洋棋基地」是擁抱創新以及認識到未來趨勢與發展潛力的結果（雖然馬丁和湯米迄今尚未征服世界，不過他們都已經是成功的專業電腦程式設計師）。

人類的遊戲因電腦而進步

雖然我準確預測到西洋棋資料庫工具的威力，卻沒能料到電腦對西洋棋另一個層面的影響，即便如此，現在回想起來，當時我也不可能預見程式術語中的「奕棋引擎」會對西洋棋產生什麼影響。奕棋電腦和程式在八〇年代簡直差勁到可笑的地步，我們雖然依稀知道這些程式會愈來愈強，終將擊敗人類的世界冠軍棋手，但很少人從更廣義的角度思考這種趨勢對這項運動會造成什麼影響。

如果你也曾參與一九八五年在漢堡舉辦的那場活動，或許能理解我爲何低估這些機器。我同時和三十二部電腦下棋，也就是所謂的車輪賽，我從一台電腦走向另一台，在五小時內下完所有棋著，四家當時主要的電腦製造商送來他們最頂尖的機型，包括以我爲名的八台賽鈦克（Saitek）電腦。不出所料，我拿下完美的三十二勝，顯示出當時西洋棋電腦的程度。

但是，比賽過程中發生的一件事一度令我感到不太自在。

在與其中一台電腦對奕時，我發現自己在不知不覺中陷入了麻煩，這台電腦正好是「卡斯帕洛夫」機型，如果這台電腦贏了我，甚至和棋，人們一定會說我故意放水，好替這家公司打廣告，也因此我必須加倍努力，最後我終於找出方法，以它應該拒絕的棄子引它上當。唉，以前跟電腦下棋還眞是輕鬆啊。

現在你可以用五十美元買到「菲利茲」或「少年人」這類「西洋棋基地」銷售的電腦程式，這些程式可以擊敗絕大多數特級大師。二〇〇三年，我與這些程式的新版本進行正式比賽，當時這些軟體是以一般商用電腦亦可見的高階多重處理器伺服器來跑程式（一次當然只和一台電腦對奕），結果兩場比賽都以平手收場。雖然很多觀察家和程式設計師幾十年前便預測這一天終將來臨，但是沒有人瞭解筆記型電腦裡有超級特級大師這件事，究竟會衍生出什麼後果，尤其是對職業棋手會有什麼影響。

很多人相信，因爲電腦興起、人類對西洋棋失去興趣等原因，西洋棋的末日終究會到來。也有人說，西洋棋會被電腦破解，換句話說，電腦從對局一開始，便會以數學計算的決定性方式一路贏到底。這些悲觀的預言都沒有成眞，也永遠不會成眞，但是強大西洋棋軟體的迅速發展確實造成很多無心插柳的結果，其中有正面也有負面。

小孩子都很喜歡電腦，自然而然就能上手，所以他們對融合電腦的西洋棋產生興趣也不足爲奇。隨著超強的軟體出現，小孩可以在家裡和頂尖對手下棋，不需要從小接受專業教練的指導，這使得沒有西洋棋傳統和缺少教練的國家也能培養出西洋棋神童，事實上也是如此。

人們大量使用電腦分析，把西洋棋推向新的方向，電腦不會在意棋風、模式或是幾百年來已經建立的理論；它會計算子力、分析無數局面，然後繼續計算；它完全不受偏見或教條的影響，這使得電腦訓練出來的棋手幾乎和電腦一樣，完全不受教條所限制。現代棋局的座右銘已經變成「秀給我看」。漸漸的，判定一著棋好壞的標準，不再是因為它看來是好是壞，或因為以前不曾如此下過，只要是能發揮作用的棋著就是好棋，無用的便是劣著。雖然人類依然有賴強烈的直覺和邏輯才能下得好棋，但是人類下棋已經開始變得愈來愈像電腦。

想法反映社會

這只是這個古老遊戲最新階段的發展，幾世紀以來，西洋棋經歷很多演變，現代歐洲版本的西洋棋（此一說法是為了避免與日本「將棋」和中國「象棋」混淆），無疑是所有普及的現代遊戲中最早以文字紀錄規則者，只要加上一點想像力，我們就可以發現，西洋棋的發展與人類知識的發展有諸多相似之處。

西方最主要的智力遊戲在許多方面反映了社會，此一說法應該不致令人意外；藝術、音樂和文學也有同樣的特性，這點人們已討論多時。最早引領西洋棋的人來自於文藝復興時期的中心——義大利和西班牙。盧塞納（Luis Ramirez Lucena, 1465~1530）所著的西洋棋書是迄今遺留下來最古老的棋書，他在一四九七年完成這本關於西洋棋實戰教學的著作時，還只是西班牙薩拉曼卡大學的學生，他記錄西洋棋從古老形式轉化成現代規則的過程，而這些規則在過去五百年當中僅有些微改變。

法國的菲利多是首位西洋棋大師，他生活在啓蒙時代和理性主義時代，致力於替審局奕棋法建立一套理論。他有一句名言：「兵是西洋棋裡的靈魂。」我們甚至可以說他這句話冥冥之中預示了法國大革命。

十九世紀前半期，西洋棋的發展版圖可說是以地緣政治的現實爲模型，也是法國與英國不斷爭奪霸業的競技場。十九世紀中期，傳奇的攻擊型棋手——德國的安德森（Adolf Anderssen, 1818~1879）出現於世人面前，他膽大又精彩的棄子風格，堪稱以意志克服一切事物的典範。如同我們先前所提，他僅曾敗在曇花一現的美國人莫爾菲手下，而且爲期甚短。一八五七到一八五八年，莫爾菲在短短兩年內突然成名，這位美國的第一個世界冠軍成功融合實用主義、積極與精確計算，成爲美國精神的化身，無論從各方面來看都實至名歸。

一八八六年，第一場正式的世界冠軍賽在美國舉行，美國人聽到這一點通常會覺得很驚訝，因爲大部分美國人不把西洋棋視爲嚴肅的運動。然而，事實上早期大部分世界冠軍賽都是在美國舉辦，吸引大批贊助廠商和媒體的注意，棋手獎金高達兩千美元，是當時平均週薪的兩百倍。這場傳奇的比賽從紐約巡迴至聖路易斯，再到莫爾菲的故鄉紐奧良。莫爾菲當時剛剛過世，角逐冠軍的選手是分別代表擁護老派與新派西洋棋的兩位頂尖棋手，祖克托（Johann Zukertort, 1842~1888）代表浪漫的攻擊型棋風，史坦尼茲則是現代審局型大師的第一人。

史坦尼茲的決定性勝利爲未來的棋手樹立了典範，也導致西洋棋浪漫時代加速衰亡。身爲第一任世界冠軍，他不斷爲文撰述自己的審局理論，不過，有時他的確過度嚴守教條。

西洋棋下一階段的進展是第一次世界大戰後的超現代主義學派，尼姆佐維奇與瑞堤（Richard Reti, 1889~1929）提倡破除舊習，挑戰前輩建立的古典西洋棋概念；下一個樹立里程碑的人是博特溫尼克，他領導冷酷嚴謹的蘇聯學派；一九七二年，費雪就和莫爾菲一樣，曇花一現但爆發力驚人，美國的個人主義再次對世界造成很大的震撼，也將西洋棋推入新境界。

目前的西洋棋時代，有人稱爲現代時期、動態時期，或是電腦化時期，它充分代表我們已經成功戳破「大謊言」和二十世紀的迷思，嚴格的意識形態教條、落伍的西洋棋學說都已成爲過去，潮流依舊來了又去。現在眞正唯一的規則就是沒有規則。放眼今日世界，從資訊科技、交通到戰爭，一切事物都處於不斷變化的狀態，誰能說西洋棋不同於人生？

懼怕改變比變得太快還糟

儘管創新者偶爾出現的大失敗總會被人大肆宣揚，但事實上作爲創新者的壞處很少。稍微走在趨勢尖端、領先市場，有時會爲發明家帶來事與願違的結果，但即便是這類經驗也會有更廣泛的正面影響，儘管這些正面影響未必有利於犯錯的人或公司。失敗的經驗也許能爲新的思考方向灑下種籽，或者像大部分的錯誤一般，至少還有告訴我們爲何行不通的價值。這種價值通常和讓我們知道何者行得通一樣珍貴，如同家母時常對我說的：「負面的結果也是結果。」她身爲一個工程師，在面對失敗時，會比運動員更樂觀也更實際。

科學家埃克爾斯（John Carew Eccles, 1903~1907）在早年研究中花費很多時間試圖證明大腦的突觸反應是電力學而非化學反應，心智在某種程度上和大腦是分離的。研究結果證明他錯了。然而他的觀點和實驗帶來很多重要的發現，而且是從他出錯的原因裡衍生而來，後來，他有關神經系統的實驗爲他贏得諾貝爾獎。愛迪生爲此種結果下了極佳的結論：「我沒有失敗，我只是發現一萬種行不通的方法。」

當然，有些早期的實踐沒能充分發揮隱藏在其背後的想法，這種例子在高科技世界比比皆是。第二次世界大戰之後，諾斯洛普公司（Northrop）爲美國空軍設計的「飛行翼」，在各方面都優於競爭對手的產品。可是它看起來太奇怪，又有太多創新特質，以致於決策者無法信任，有些人說它「過於先進」，這在科技界是很奇怪的說法，但也一針見血，尤其當我們考量市場的現實因素，這種說法更是眞切。諾斯洛普經歷幾次早期的挫折，整個設計的構想遭受忽視，直到八〇年代後，才成功以B-2隱形轟炸機的形式捲土重來。

有些產品也可能讓一般消費者覺得「過於新穎」，消費市場往往無法接受新產品，卻在十年後爭相購買。產品和文化的微小改變可能決定了災難與市場革命的差別。

一九八六年，我協助幾位電腦專家籌設莫斯科電腦俱樂部，其中幾位專家曾經參與研發手寫辨識軟體，後來這個軟體賣給蘋果電腦公司，用來發展第一台掌上型電腦MessagePad，後來更名爲牛頓（Newton），蘋果的牛頓在今天任何人看來都會覺得眼熟，現在我們身邊處處可見掌上領航員（Palm Pilot）、黑莓機和各式各樣的仿製產品。牛頓自一九九三年銷售以來，直至一九九九年從不曾大受歡迎，它十分昂貴，體積也太大，放不進口袋，這對隨身攜帶的電子產品是個致命傷。

就在牛頓在市場逐漸消聲匿跡之際，第一台掌上領航員正式上市，它價格較低、體積較小、手寫辨識功能更佳，甫上市立刻大受歡迎（據說其中一位發明人霍金斯〔Jeff Hawkins〕終日在口袋裡放一個和掌上領航員相同大小的木塊，測試其大小是否合乎實際）。所以，在這個例子裡，模仿者大獲全勝，創新者則相對失敗，但是市場本身、消費者、科技界，都因爲蘋果的「失敗」而有所進展，就像埃克爾斯，在引領世人走向成功之前，先讓我們知道什麼行不通。

演化不在乎該給誰功勞、不在乎專利權受到侵犯，也不在乎市場，它只在乎最適者生存，無論這最適者是以點子、想法或其他形式出現。諾斯洛普的「隱形」創意後來融入在很多其他設計中，就像蘋果牛頓最好的元素仍然在其他產品上繼續存在，即使原始產品已經消失，好的創意幾乎都能留存。

在戰略層面上「過度超前」也許得付出更高的代價，尤其當這些想法無法獲得落實，或是引發強烈反彈。無法創新或無法推動革命性的改變，不是因爲情勢不允許，就是因爲過於膽怯，這會造成很大的災難。

十九世紀初期，斯佩蘭斯基是俄國沙皇亞歷山大一世的重臣，他是理想家，也是改革家。他提出一套複雜的憲政體系，包括地方選舉、地方及中央層級的民意代表，雖然他有很大的影響力，不過這些了不起的想法幾乎完全沒有落實，斯佩蘭斯基在與當時的最大勢力的政治鬥爭中敗下陣來，不久就被放逐到西伯利亞。

俄國持續在封建制度下掙扎，直到一八六一年俄國在克里米亞戰爭中慘敗，激發沙皇亞歷山大二世力行改革，包括解放奴隸。結果一發不可收拾，改革帶來的自由超出沙皇願意接受的程度，他開始鎮壓任何剛剛萌芽的革命行動，終於導致針對沙皇的刺殺行動。一八八一年，就在亞歷山大二世簽署文件宣示實施憲政改革決心之際，他卻遭恐怖組織刺殺身亡，改革就此宣告停滯。自從那次關鍵的轉捩點發生之後，俄國徹底改革的明顯需求，總是不能克服沙皇對於無法掌控後果的恐懼，這種不信任改變的天性，或多或少直接導致一九一七年的布爾什維克黨以革命奪取政權。

美國早期也曾因未能實施革命性的改變，受到很大的傷害。合眾國成立初期，奴隸制度應否廢除的問題一再浮上檯面，但每一次都將問題留給下一代解決。以蓄奴聞名的傑佛遜總統時常強調自己對這種制度的厭惡，卻也認爲奴隸問題難以解決。他快過世之前，對此已鞠躬盡瘁，於是在一八一七年的一封信中寫道：「因此，我把它留給時間。」美國的開國元老雖是偉大的思想家，但是他們無法鼓起勇氣，爲了奴隸甘冒撕裂初具規模的國家的風險，他們把有關奴隸的爭議擱在一旁，直到它衝擊到同樣具有極大爭議的各州權利問題，兩個問題便同時爆發。事實證明，這兩個問題都令開國元老感到甚爲棘手，但延後衝突的結果是導致內戰的蹂躪。

以上一系列的軼事不只是一長串警世寓言，更顯示我們藉由分析事件來尋找有意義對比的能力。無論來自於史書、頭條新聞，或是我們的生活經驗，這些共通點都能幫助我們發展有效的決策模式。

放手的勇氣

要想成爲創新者並且持續不輟，第一步是要察覺我們周遭的改變和進步。觀察某個領域最先進的事物，通常會替另一個毫不相干的領域帶來進展，趨勢和想法往往成群結隊出現，這絕非巧合。人們同時接收到重要的大量資訊，相似的想法和創意開始在全世界湧現，若想自趨勢中獲益，進而創造趨勢，就必須密切觀察趨勢。

擺脫教條式的思考可謂知易行難，創新需要努力與膽識，如同德裔美籍心理分析學家佛洛姆所說：「想要有創造力，就要有勇氣放掉已知之事。」我們珍惜自己知道的東西，我們依賴它們，以它們爲榮。若要讓知識往前邁進一步，達到原創思考和解決問題的程度，就必須稍稍放鬆緊抓這些知識的手，使我們獲得不同的角度與視野，對創意的渴求讓我們受到充分的啓發，在躍躍欲試之餘，我們不能忘記，在獲得新創意之前，必須先正確評估我們目前擁有的資訊。

一旦透徹分析已知的資訊，我們就能有自信的退一步、看大局，如此我們可以看到新的路徑、作新的連結。新的關連顯現，就能從舊的資訊裡找到新意，於是創新變得平常，而不再是例外。

邱吉爾，一八七四～一九六五，英國人

全世界都該傾聽的聲音

邱吉爾這位偉大的英國政治家、作家與英國戰時領袖，無需我多作介紹，我將其寫進書裡，是為了彰顯他對我格外重要，以及他在我心目中的偉大地位。不是只有小孩才會崇拜偶像。

蘇聯人看待邱吉爾是帶有一些懷疑的眼光。我們在戰爭電影裡看到他，但那是經過扭曲的英國領袖形象，雖然裡面包含部分必要的正面形象，但主要還是在批評他是個瘋狂的反共產主義者。每一個蘇聯人都知道邱吉爾的「富爾頓演說」，甚至比他在二次世界大戰期間展現的領袖風範還要廣為人知。一九四六年他應杜魯門總統之邀，在杜魯門的家鄉密蘇里州發表演說，邱吉爾在演說中警告世人「鐵幕」即將來臨。

當然，第二次世界大戰的歷史在蘇聯有截然不同的版本，根據我們的史書，同盟國在我們所謂的「第二戰線」作戰，對蘇聯提供的支援極少，因為同盟國要讓納粹殺掉更多蘇聯人、蘇聯人殺掉更多納粹黨徒，一切都指向蘇聯是憑一己之力贏得戰爭。但是，所幸有叔叔與祖父告訴我的一些故事，我很早就發現官方宣傳和真相之間的鴻溝。

九〇年代初，我開始閱讀更多英文書籍，接觸到邱吉爾許多強而有力的名言，進而引領我發現他的史書，我對他深切的景仰就是從這些書開始。

邱吉爾對我最大的影響，是他獨排眾議、勇於表達偉大理念的能力。對於最重要的事，他總能做出正確的判斷。在他一生當中，我認為有三個時刻最能彰顯出他這種能力。第一是他警告世人布爾什維克主義的危險，以及呼籲世人「趁這嬰兒還在搖籃裡、還沒爬出來之前就要將之剷除」（蘇聯書籍時常引用這句話證明邱吉爾對蘇聯的偏見）；其次是他堅決對抗希特勒和納粹，為此他甚至願與史達林合作；最後就是他在富爾頓演說中，公開譴責二次世界大戰後的蘇聯已成為歐洲的威脅。他說：「我覺得我有義務描繪出籠罩在世界上的陰影，在西、東方皆然。」

第一個例子他的話被忽視，結果至今我們仍在付出代價；第二個例子他的話被聽見了，但是世界未能及時倖免於二次世界大戰的災難；第三次他的話再度獲得聽聞，並及時影響杜魯門，促使杜魯門採取更堅定的作為，圍堵蘇聯的威脅，因而拯救了西歐，以及南韓和台灣。

遇見邱吉爾之際，恰逢我生命中的契機，蘇聯的瓦解使得昔日的戰爭變成過往雲煙，而我也正在尋覓新的想法，在這個政客似乎無法抗拒民調壓力的世界裡，他激勵我尋求更積極的作為。

第十一章　打槍戰不要帶刀子

「下開局要像一本書、下中局該像個魔術師、下殘局得像部機器。」
——斯皮爾曼（Rudolf Spielmann, 1883~1942）

一八五八年，林肯著名的「分裂之家」（House Divided）演說的首句，便是充分體認到計畫必須以目標爲基礎。他說：「如果我們能先知道自己走向何處，將去何方，就能更精確判斷該做什麼，以及如何去做。」或許林肯應該再加上一句：「不只要知道自己要往哪裡去，還要知道自己身在何處。」計畫和創新都需要堅實的基礎，這是唯一能瞭解「自己將去何方」的方法，我們必須能夠洞察事情的發展方向以及趨勢的走向。

幾世紀以來，爲了迎合西洋棋學生的需求，人們已經發展出無數西洋棋理論的簡化版，其中最恆久的理論是把西洋棋分成三個部分，或稱爲三個階段的概念：開局、中局和殘局。一個階段何時結束、下個階段何時展開，並沒有放諸四海皆準的規定，但是每一個階段無疑的都有不同的特性，也有不同的問題，必須以不同思考模式去解決。

瞭解每一著棋背後的原因

開局是劃定戰線的階段，由兵建立大致的架構，其他棋子離開底線，占據進攻或防守位置。

一般對開局階段結束的定義是在王車易位❶後，王進入安全地帶，棋子也都離開起始位置，這個定義很合乎規範，不過對現代西洋棋而言卻有頗多不盡完美之處。開局並不只是隨意調動棋子，而是要建立緊接而來的戰鬥型態，也是把對局引入自己擅長路線的最早、最好的機會。開局是比賽中最困難、最微妙的階段，對於頂尖棋手的對決尤其如此。

我們在這裡要區分西洋棋裡所謂的「開局」（the opening）和「開局法」（the openings），「開局法」意指開始對局時的數百種特定著法，通常會有名字，像是之前提過的澤采夫變化和龍式變化，這些名字可能取自於發明變化法的棋手、首次比賽舉辦的城市或國家，或是對這個局面平鋪直敍（或頗具詩意）的描述。據說龍式變化的名稱來自於因其局面的兵形宛如天龍星座。西洋棋手的行話大都包含這些開局法的名稱，讓我們可以從「西西里龍式」談到「馬洛契綁定」，從「馬歇爾攻擊」說到「王翼印度防禦」。

西洋棋手、即使是業餘棋手，都會用好幾個小時去研究並記憶自己喜愛的開局法，但這背後有一種誤導的想法，亦即假設你知道某知名特級大師在一九六二年下過完全相同的局面，就不必自己思考，你可以盡可能依照更強棋手的方法下棋，只要記得比對手多，對手就

❶王車易位（castle）：又稱「入堡」，條件許可下，對局時雙方各有一次王車易位的權利，可同時移動王和一個車，看作一步棋。

會偏離軌道，犯下錯誤。

至少理論是如此，但這個理論往往無法實行。棋手毋須達到大師等級，就會明瞭無論多神奇的強記法，與眞正的理解都有天壤之別。他的記憶必會枯竭，到那時他就得獨自面對自己並非眞正瞭解的局面，不知道這些棋著所爲何來，當棋局的走向無可避免的偏離他的記憶，他根本不知何以爲繼。

二〇〇五年六月，我在紐約爲一群頂尖的美國小棋手進行特訓，我請他們各自帶兩盤自己的棋局來讓我評估，一盤輸、一盤贏。其中一個很有天賦的十二歲男孩在給我看他輸棋的棋局時，很快便邁過開局棋步，急著讓我看他認爲他犯錯之處。我打斷他，問他爲何在這種尖銳的開局變化中挺兵，他的答案果然不出我所料：「瓦列霍就是這樣下的！」我當然知道西班牙特級大師瓦列霍（Vallejo Pons, 1982~）在最近的比賽中用過這招，但是如果這個小棋手不瞭解棋步背後的動機，勢必會出問題。

他的回應讓我想起，三十年前我師事博特溫尼克時，他不只一次斥責我犯下相同的錯誤。這位偉大的導師堅持我們一定要理解每一著棋背後的原因，他的每一個學生都成了懷疑論者，即便是面對最優秀棋手的棋著。雖然我們最終幾乎都會發現所有特級大師的棋著背後都有絕妙巧思，不過我們也能找到改進的方法。

對於依賴記憶力的棋手，當他們再也想不起任何棋步、必須開始自己思考時，開局便告結束，也許發生在第五回合，或是第三十回合，但是這種方法必然會限制棋手的發展。世界級的棋手憑記憶力下棋又是另當別論，因爲他已經知道棋步背後所有的「爲什麼」，但一般人若想進步，從一開始就要憑自己的力量思考。

開局的目的是替你想要的中局形式奠定基礎，或是引導至對手不擅長的對局類型。要做到這點，必須進行賽前的準備、研究，並分析對手，明天我的對手會用什麼開局法？我們最近幾次交手發生過什麼事？在我可以掌握先發制人優勢的開局法裡，我能否想到新點子？對手不喜歡什麼樣的局面？什麼開局法會把棋局導向那些局面？我們必須先作決定，縮小範圍，才能開始深入研究，因爲我們無法準備一切，必須釐清輕重緩急。

今天，開局階段的創新想法最常出現在舒適的家中，而非在棋賽中。因爲網際網路的出現，電腦資料庫裡幾乎包含所有棋局，還包括昨天才下過的棋賽。你可以在一秒內叫出對手職業生涯中的所有棋局，從中尋找他開局的喜好、弱點和漏洞。然後你走進棋場，面對同樣分析過你的對手。

棋手成爲特級大師之後，幾乎所有訓練時間都花在研究第一個階段上，開局是唯一可能有獨特施展空間的階段，你可以找到沒有人發現過的東西。雖然這個領域每年都在縮小，但仍有很多尚未開發的領域。你可以用自己的方法開局，沒有人知道你打算做什麼；你可以尋找陷阱和新的想法，然後運用這些方法使對手措手不及，這也就是爲什麼你即便實際上並非在下棋，但是爲開局作準備所需要的創造力和專注力還是與眞正對局時一樣多。

這就像在實驗室裡研發新儀器和新裝置的發明家，十九世紀有很多業餘發明家，但今日幾已絕跡。試想一下，姑且不論是否與工作有關，你最近一次花相當長的時間從創意的角度自我分析，是什麼時候？通常，你不在辦公室，也不在棋盤上的時候，想像力反而最豐富。

在已經有眾多先例和賽前準備的情況下，很難讓對手出其不意，但若能做到，力量也會更大。因此，一旦你決定哪些變化最爲關鍵，你（和你的電腦！）就該尋找能使對手大吃一驚的新構想。

準備的價值放諸四海皆準，不需太多想像力就能明白，也不必花太多時間就能找到先例；不過，要想瞭解這些先例，並且加以改善，就得花很多功夫了。

大公司在研發新產品時，需要作很多基本的準備工作，首先是用來引導產品本身發展的研究，市場供需有什麼缺口？對手或是自己的生產線有無漏洞？消費者要的是什麼？他們希望市場上的產品如何改良？現在每一種消費性產品都要針對特定顧客群進行測試，從食品到電影皆然，如果一部好萊塢電影的結局在測試時得不到觀眾好評，就會由另一個反應較佳的結局取而代之。

無論做什麼，根基與戰場都是絕對的關鍵，這些關鍵有助於發揮己身優勢、利用對手弱點。拿破崙有一句名言：「戰爭開始之前，就要迫使敵人離開陣地。敵軍離開巢穴之際，亦即更容易潰散之時。」

藝術來自創意的衝突

現在我們來到中局，棋子已就定位，布局完成，王也抵達安全位置（更刺激的情況是王尚未抵達安全位置），戰線已經確立，短兵相接、血濺沙場的時刻到了。這個階段是創造力、想像力和精力該上場的時候，對局剛開始，棋子並不活躍，開局是替棋子上緊發條，讓它們各就各位、蓄勢待發，到了中局，便是展現爆發力之時。

很少有任何一個棋手在開局一過就處於稱心如意的局面，若要對奕雙方都覺得滿意更是幾無可能。對手一定會牽制、阻礙你的計畫，反之亦然，這意味著我們必須不斷重新評估，隨時調查分析從前線傳來的回報，即使你在其他棋局裡碰過完全相同的局勢，仍有必要重新評估，尤其是對手一定也知道你曾經碰過這個局勢，可能準備了你難以應付的攻勢。我們要觀察形勢、檢視不平衡之處，然後制定策略。

我們的MTQ（物質、時間、品質）分析法和企業界使用的SWOT分析表很類似，SWOT是指優勢（Strength）、劣勢（Weakness）、機會（Opportunity）與威脅（Threat）。制定策略之前，必須先深入評估敵我雙方的情勢，還要對任何立即行動的需求有所警覺。我們能否製造威脅，迫使對手採取守勢，背離他原先的計畫？我們是否需要暫時放下更深層的策略構思，先回應當下的威脅？

如果沒有任何迫切的戰術考量，我們就能繼續制定策略，以及其中牽涉的中程目標，當然，這個程序在開局時就要著手進行。西洋棋的各個階段沒有清楚的分界點，只有大致的標準，而且隨著棋藝精進，這些階段的用處會愈來愈少，我們必須根據實際情勢在「認知」上不斷換檔，而理想的棋局戰略必須貫穿三個階段。

所有能把西洋棋提升爲藝術的要素都源自於中局，精彩的戰術可以掩蓋拙劣的開局研究，深入的計算與大膽的遠見也可以和諧運作。隨著棋子的動能擴展到極致，棋盤的每一個角落都潛藏著萬劫不復的災難，戰場指揮官取代後方的將領運籌帷幄。更重要的是，在中局階段，採取主動比消極被動所得到的回報更多，這是攻擊的階段，爭奪主動權重於一切。

在中局階段，必須對整體盤勢和特殊模式保持警覺，只要多練習，任何人都能學會這些一般概念，棋下得愈多，經驗就愈豐富，也愈能辨別模式，進而採取適當的解決方案。這個階段仍有很大的創意空間，尤其在於如何把已知的模式與新的局勢加以連結，進而找出獨一無二的解決方法，也就是最佳棋著。

針對中局所作的具體研究極少，且多爲中局與開局的連結之處，這也是關鍵的轉折點之一。開局替中局畫好輪廓，接下來是要把開局階段的研究結果推進中局行動的「眞實世界」，這不僅對你很有幫助，甚至非常必要，這就是爲什麼不能只看開局的棋步，研究完整的西洋棋局更是重要。所以現在商學院幾乎都不再偏重理論，而是改採案例分析法，因爲再多的研究與準備都無法告訴你眞實世界會是什麼情形。觀察典型的行動方案，包含錯誤和過失，比關在象牙塔裡閉門造車要有意義。

一邊將這項原則謹記在心，一邊同時推想決策初始結果以外的情況，必然會有很大的助益。我們應該合理假設幾個從準備工作中延伸出來的情境，亦即「如果……，會……」的模式，我們幾無可能精確預測到眞正的結果，眞實世界不像西洋棋那麼單純，但是運用這種模式可以幫助我們累積不可或缺的重要經驗。

激戰過後要力保和平

如果雙方都熬過戰火瀰漫、你來我往的中局，接下來就到了「殘局」。作家很喜愛拿這個階段作比喻，原因無他，顯然因爲殘局就是最後階段，也是子力交互駁火的結果。軍隊的潛在動能降到最低時，中局便告結束，於是原始的邏輯和計算取而代之，此時戰場上只殘留少數生還者。

開局階段裡有許多地方尙待發掘；在中局裡已經勘測得所剩無幾，不過仍有某些區域相對而言不盡詳細；殘局則像開闊的曠野，人人皆一目了然，幾乎像在練習數學運算。當棋盤上只剩寥寥幾顆棋子，想像力就要退居末座。這個技術性的階段需要冷靜計算，不過，這並不表示事情已成定局。結果仍不明確，你還有機會擊敗對手，如果雙方都走出最佳棋著，殘局就可能朝著合乎邏輯的結果邁進；如果不然，損害可能就此造成，或因此彌補。

殘局好比戰事結束後談判條約的階段，堪稱殘局高手的法國外交官塔列朗（Talleyrand, 1754~1838）展現高度技巧解除拿破崙的權力，讓法國在維也納會議（一八一四～一八一五年召開）中免遭瓜分的命運。法國在拿破崙戰敗後顏面盡失，並遭列強占領，對重塑戰後歐洲秩序的維也納會議幾乎沒有影響力。塔列朗卻成功分化戰勝的同盟國，創造新聯盟，保存法國大部分的疆域（後來拿破崙從流放處逃回法國，在著名的百日統治後，於滑鐵盧戰役中遭到最終挫敗，法國才又交出部分領土）。

完全相反的過程也可能發生，最悲慘的莫過於開局有力、中局精彩，殘局卻因一著錯棋，而痛失即將到手的勝利。這正是我的親身經歷，這經歷不是發生在別處，而是在世界冠軍賽的舞台上，也就是一九九三年我和蕭特在倫敦對奕的那場棋賽，不過，在這個例子裡我很幸運，因為同樣的事在同一棋局裡也發生在我的對手身上。

蕭特採用全新的開局法開局，棋局在激烈決鬥中展開。我在開局過後獲得明顯優勢，在中局裡也成功抵抗對手力挽狂瀾的企圖，我挾著子力優勢進入殘局，這時棋盤已經簡化到對手只剩一車，我則有一車兩兵（王不算在內，因為王永遠在棋盤上），我勝券在握，就等蕭特認輸。然而，這便是我犯下的第一個錯誤，我們在最後幾著棋都已經轉換到「自動導航」模式，直到比賽結束後才有人指出，我們在棋賽接近尾聲時雙雙犯下嚴重錯誤。即便盤面上只剩下二兵二車，我還是跌了陣前一跤，我以兵走了一著「自然而然」的棋步，讓對手有挽回頹勢甚而造成和棋的機會；不過，蕭特竟也沒發現這個機會，他同樣以「自然而然」的棋著回應，結果在六回合之後認輸。

在盤面上的棋子少到很難再製造任何複雜局勢的殘局裡，一位世界冠軍及其挑戰者何以會雙雙犯下如此嚴重的疏失？殘局的枯燥無味、缺乏活力，常會被誤解為機會渺茫。技術性的階段也許很無趣，因為沒什麼發揮創意或創造藝術的空間，但是反而容易導致自滿，因而犯下錯誤。

殘局簡單明瞭：非好即壞，容不下風格。最擅長下殘局的棋手能在細節裡以必要的精準思考找到靈感。偉大的談判家、甚至成功的會計師，也許就像藝術家和西洋棋手一樣，有與生俱來的天賦。

謹慎、有耐性、精於計算的棋手擅長下殘局，例如彼得羅辛與卡波夫就比史帕斯基和我更長於下殘局。即便總是有例外，一般而言在中局裡活力充沛、開局時創造力豐富的攻擊型棋手，經常不擅應付枯燥乏味的殘局。

消除階段偏見

試圖將歷史上最頂尖的棋手分類，這本身就有過度簡化的毛病，因爲想當然爾這些棋手必須在各方面都出類拔萃才能攀上頂峰。我承認自己應付殘局的技巧不如中局與開局，卡波夫則是在中局和殘局較強，對開局較弱。不過這種弱點能藉由與合適的教練合作來補強。二〇〇〇年從我手中贏走世界冠軍頭銜的克拉姆尼克，堪稱是最後一種組合的典型，他的開局準備極爲傑出，在殘局中也光芒四射，但是他在動態的中局裡，表現便不夠穩定，當然，這僅僅是相對於他的開局及殘局而言。

以這種粗略的分類方法剖析自己的技巧和表現，有時頗爲有趣，我們的優勢何在？是有創意的準備、多變化的行動，還是縝密的計算？這些領域中哪一項最不拿手？很多棋手過於依賴某一個領域，反而會侷限他們的成長和成功。能夠守住的殘局勝過勉強過關的中局，但是假設你不喜歡靜態局勢，等到你發現這個道理時或許已經太遲。我們必須找出自己的偏見，並且設法將之消除。

對我而言，消除偏見向來是指控制自己發動攻擊的欲望，以及瞭解何時可能造成反效果。我熱愛活力充沛的複雜局勢，這點時常導致我不願化繁就簡，即便當時或許是最明智的決定。這種傾向超越了棋盤的界線，面對棋盤時我的直覺通常是正確的，這個經驗讓我轉換跑道至政壇時更為平順，它幫助我明辨何時該停止攻擊行動，改採外交手腕。

靈活轉換棋步

不同階段之間的轉換通常是觀察不到的，重要的是不要過度依賴某個階段的特性，而對局勢妄下定論。在中局對你有用的特性在殘局裡或許反而會造成傷害，這種情況十分常見，也有棋手已經放下戒心，開始下技術性的殘局，卻發現對手還停留在中局階段。

二〇〇二年我參加在斯洛維尼亞舉辦的西洋棋奧林匹亞賽時，第十一輪我執黑子，對手是德國的頂尖好手魯茲（Christopher Lutz, 1971~），當時比賽已逐漸簡化到沒有后、雙方各自只剩三個棋子的局勢，魯茲把雙馬帶到棋盤另一邊，使它們呈糾纏之勢，企圖藉此尋求相對而言非關重要的優勢。在殘局裡，這種時間上的暫時損失不會有太大的影響，不過當他的棋子聚集在棋盤的另一方時，雖然我的子力有限，我仍然發現一個攻王的機會。

即便後來我的企圖已經相當明顯，魯茲仍然低估其危險性，他已經進入殘局的思維模式，無法轉回動態的中局，因而沒能針對威脅作出回應。我的小軍隊很快便把他的王逼得走投無路，他被迫認輸。

低估動態因素是常見的錯誤，並非僅僅發生在殘局的交接點。另外還有其他典型的心理問題，皆與階段之間關鍵的轉換息息相關。即使準備充分的棋手，也可能在剛跨入中局階段時沒能即刻進行關鍵性的思考，一般例行的棋步在開局階段也許行得通，但是一旦對手比你更注重較爲激進的攻擊路線時，這些例行的棋步就會導致你不樂見的意外，也許你還處於開局心態，對手卻已經到了中局。

在每一個涉及計畫和策略的領域，都可以看到這種轉換上的錯誤，因爲擅長計畫的人能夠全盤考量這三個階段。我們的開局會導向什麼類型的中局？這種中局是否在我們的準備範圍之內？我們是否經歷過這種談判、戰爭、工作或計畫？

下中局時必須兼顧殘局，如果在中局棄子攻擊失敗，殘局幾乎必輸無疑，所以，走上不歸路的起點究竟何在？一定會有一個時間點，讓你仍有棄車保帥的機會。

奧地利的斯皮爾曼寫道：我們「下開局要像一本書、下中局該像個魔術師、下殘局得像部機器。」我們要追求的目標是讓各個階段之間的轉換天衣無縫，而不是只求每個階段都下得很好。在眞實世界裡，這些階段只存在我們的心裡，作爲研究的指南。

現在，必須把這些研究和評估的結果，轉換爲行動。

費雪，一九四三年生，美國人

才華洋溢的傳奇人物

如果隨便請一個路人說出一位西洋棋手的名字，很有可能他會提到「巴比．費雪」。一九七二年，早在網路和奕棋程式出現之前，西洋棋還純粹是人類的遊戲之時，費雪就成了有史以來名氣最旺的西洋棋手。他在西洋棋方面的天賦唯有他自己製造爭議的天賦可相比擬。這對電視時代第一個來自西方的西洋棋明星而言，可謂一種理想的、但也是災難性的結合。

在布魯克林區長大的費雪是最高段的少年神童，他有不可思議的求勝意志、毫不懈怠的工作倫理，以及無法比擬的精準棋技；他創下的許多紀錄可能永遠無人能破：十四歲拿下美國冠軍、十六歲成為世界冠軍角逐者、一九六三年以十一戰全勝得到美國冠軍、連續兩年以完美的六比〇贏得世界冠軍資格賽、一九七二年在冰島雷克雅未克打敗史帕斯基，成為世界冠軍。離經叛道的費雪在幾乎沒有外界的幫助下，以勢如破竹之姿，從蘇聯人手中奪走棋王頭銜，這是自一九四八年以來的頭一遭。

圍繞著雷克雅未克棋賽的張力和爭議真是戲劇性十足，費雪不打算參賽，後來又要來，然後又不參加，接著他人在機場出現，喔！又沒有……。甚至連美國國務卿季辛吉都得打電話勸說費雪履行愛國的義務，等到他姍姍抵達冰島，主辦單位又得挖空心思採取外交手腕，加上史帕斯基的騎士精神，才讓比賽得以展開。

比賽開始後仍然意外不斷，執黑子的費雪犯了嚴重錯誤，輸掉第一盤；第二盤比賽開始前，費雪針對賽場的狀況提出抗議（這是他最愛的嗜好），他說：「噪音太多，攝影機也太多。」比賽終於開始……，可是費雪竟沒出場！他拒絕出賽，棄權判負，他以二比〇落後，雖然此時看來比賽勢將取消，但經過激烈的談判，棋賽終得繼續，不過第三盤不是在原來的舞台上進行，而是在保留用來打桌球的房間內展開，觀眾只能從閉路攝影機觀看他們的偶像。費雪贏了這局棋，拿下他對史帕斯基的第一勝，接著便一路主宰棋賽，最後得到世界冠軍頭銜。

當時的費雪叱吒風雲，他年輕、英俊、多金，眼看著就要促成西洋棋在美國大受歡迎，贊助商和邀請函紛至沓來，但除了幾次在電視上露面之外，他幾乎都沒有接受。接下來，什麼也沒了——費雪不再下棋，長達二十年的時間裡，費雪都不再參加正式比賽。一九七五年他和國際西洋棋總會對於下一場世界冠軍賽的規則發生爭議，他的棋王頭銜遭到摘除，挑戰者卡波夫被任命為棋王，費雪從此銷聲匿跡。

關於他的下落，一直有謠言流傳，有人說他隨時會重出江湖，再次在西洋棋壇領導風騷。直到一九九二年，年近五十的費雪，發福蓄鬍，重返賽場，那是令人既喜悅又感傷的時刻。他受到百萬美元的代價引誘，重新成為眾人注目的焦點，史帕斯基和費雪在飽受戰火摧殘的南斯拉夫對奕，當時史帕斯基已經處於半退休狀態，住在法國。費雪的棋藝不出所料已大不如前，幾乎看不出昔日光輝；更糟的是，費雪似乎無法克制自己說出反猶太的褻瀆言論。在遠離西洋棋這個他唯一曾經瞭解的世界之後，他原本脆弱的心理狀態，在這段漫長的日子裡被碾壓破碎。

這場棋賽後他再度消失，二〇〇四年又在更出人意料的地方出現：日本成田機場的拘留所。他在南斯拉夫的比賽違反聯合國的制裁措施，護照遭到撤銷，他因為使用無效的護照旅行而遭逮捕。突然間，費雪又成了新聞焦點，經過漫長的八個月，日本將他釋放到冰島，那是他成功發跡之處，也是費雪依然受到愛戴之地。

雖然費雪行徑古怪、一生崎嶇，他對西洋棋卓越的貢獻仍然值得我們銘記在心，他待在峰頂的時間短暫得令人悲嘆，不過他的影響力就像現代時期的莫爾菲，超越同時代所有的人。費雪的成功和超凡的魅力將西洋棋帶給整個世代的棋手，對於出現「費雪潮」的美國尤然。費雪和史帕斯基比賽時我才九歲，我和朋友都密切注意他們的比賽，雖然費雪的手下敗將大都是蘇聯人，但是他在蘇聯還是有很多棋迷，他傑出的棋藝毋庸置疑，此外我們也很欽佩他個人的風格和自主的特性。

棋手品評

史帕斯基：「費雪正直的天性總是給我一種特別的印象，無論在西洋棋或是在生活上，他都毫不妥協。」

本人自述

費雪：「從頭到尾，我想做的，就是下棋。」

第十二章　決策過程的陷阱

「我們可能過度重視數據的搜集與分析，一個聰明人即使掌握了好資訊，仍有可能得到錯誤的結論，這就要歸咎於處理資訊的過程過於拙劣。」

——卡斯帕洛夫

我們思考的每一件事都有助於我們作出更好的決策。想讓策略成眞，就必須作決定；要讓評估轉化爲結果，就必須將之導向決策；在我們準備、計畫、分析、計算、評估之後，我們必須選擇行動的方法。

結果當然很重要，不能說我走的這著棋不如我找到這著棋的方法重要，結果是決策品質的回饋，如果你決策的過程都正確，卻得到錯誤的結論，那麼顯然是有些地方出了差錯。不過，無論結果是好是壞，我們都不能過度相信單一的結果。用對的方法做事很重要，所以數學老師會要求學生寫下算式，例如基本的代數方程式 $5x = 20$，一個一個代入可能的答案，一定可以解出 x 是多少，而答案也與用20除以5相同。

我們每天無時無刻不在作決定，其中很少需要特別準備，也無需訂定詳細策略，不過辨明這些決定是否符合我們的整體目標仍然重要，即便諸如早餐該吃些什麼之類的瑣碎決定，也必須將一天的計畫納入考慮，如果你正在節食，決定的過程也許還更惱人。

有些人所作的決策可能會對大眾造成影響，例如企業執行長、政治家或其他人，但是審慎評估決策的手段和方法並非這些人的專屬權利。即便是只會影響自己和親朋好友生活的決策，我們對決策品質的關心程度絕對不亞於這些人。

養成質疑的態度

說到我自己培養決策能力的過程，必須從童年開始講起。我在亞塞拜然的巴庫長大，當時該地隸屬於一個鬆散的蘇聯帝國，是個典型的帝國外哨，也是昔日多元種族的大熔爐，但在某種程度上因爲單一的通行語言和俄羅斯／蘇維埃文化的盛行而變得單調平淡。

我的血統也很特別——母親克拉拉（Klara Kasparova）是亞美尼亞人，父親金姆（Kim Weinstein）是猶太人——人們眼中所謂的爆炸性結合。我們的家庭氣氛融合了母親嚴謹的實用主義與父親離經叛道的創造力，其他的家人包括父親的哥哥列奧尼德和他們的表哥馬拉特，後者是巴庫著名的律師，他們往來的對象多半是長期質疑官方觀點的猶太教授和學者，除了質疑蘇聯政府露骨的政治文宣之外，他們認爲所有傳統的觀念都必須加以質疑，對任何事都應該質疑。

身爲懷疑論者不代表過分猜疑，重點是不要把任何事視爲理所當然，不但要質疑資訊的來源，也要質疑資訊本身。無論你是看福斯新聞台還是CNN都要牢記，資訊呈現方式的背後必然隱藏著某種動機。爲何新聞裡包含某些細節？又遺漏哪些細節？思考新聞爲何以特定方式呈現，會比從新聞本身學到更多。

母親的懷疑主義主要來自於科學的嚴謹，而非不信任。她沒興趣告訴我如何思考，只告訴我應該質疑我聽到的一切。她的成長環境和工程師背景訓練她在任何情況下都要尋找具體的事實，她的父親是石油工程師，也是死忠的共產黨員，但她對實際的事物比對意識形態更感興趣，我們會一起聽「自由之聲」和「美國之聲」等廣播電臺，我記得我們會和祖父夏根爭辯，外祖父難以接受任何批評國家的言論，因爲他一輩子都致力於建立共產主義，也正因如此，一九七〇年代末期的食物短缺對他而言是理想的一大幻滅。

我就在這些大相逕庭的觀念下成長，閱讀大量書籍、提出很多問題。我七歲時父親過世，之後我們搬去和母親的家人同住。我開始在西洋棋壇小有成就後，冠用母親家族的姓氏似乎順理成章。我的恩師博特溫尼克本身同樣是猶太後裔，他曾說過，如果我不姓韋恩斯坦（Weinstein），比較有機會在蘇聯出人頭地。

我剛進少年先鋒隊下棋時，父親的姓氏的確帶來有趣的誤會，這個軼事常爲我第一個教練佩伐洛斯基所津津樂道，而且多年以來還一直被添油加醋。他第一次在先鋒隊的西洋棋俱樂部遇到我時，把我的名字聽成「布隆斯坦」，還說這是學下棋的好名字，畢竟，蘇聯特級大師布隆斯坦曾於一九五一年挑戰世界冠軍。列奧尼德叔叔說第一堂課結束後，伐洛斯基跳起來大叫：「眞的是另一個布隆斯坦！我們這兒從沒見過這麼有天分的人！」一定是在這個時候，他對我名字的誤會才獲得澄清。

過程與內容

決策內容本身與作成決策所經歷的過程沒有太大關聯，我們早餐要吃「麥片還是水果？」這與白宮或全球各戰場上會改變世界的決策雖有天壤之別，然而，每個人在作決定時都是採用相同的過程。如果我們在工作上作決策時有不良習慣或負面模式，那麼在家裡也是一樣。任何改變都會影響我們生活的每一個層面。

此外，我們的決策風格也許適用在某一個領域，但在另一個領域就不適當。我的棋風向來是進取猛烈、變化多端，但是，當我把這種風格直接運用在西洋棋圈內的政治和商場上之時，坦白說，並不是很成功；現在我全心投入俄羅斯與世界政壇，很多評論家質疑我格殺勿論、毫不留情的手法在需要協商的環境裡能否成功。

基於幾個原因，對此我毋須過度擔心。首先，目前俄羅斯的政治環境與民主政治中辯論及互相體諒的理想還差得很遠，任何反對普丁政權的人根本沒有任何協商的機會，對付即將來臨的專制政權，唯一有效的方法是結合民眾的力量，而團結民眾要有不畏壓力的堅強意志力，因此我的戰鬥天性仍屬必要。

其次，現在我已經離開競爭激烈的西洋棋競技場，因此我有更多自由容許自己的直覺朝著適合我新身分的方向發展。在棋盤上的攻擊者和政壇上的萬人迷之間，我不可能來去自如，即便我知道如此轉換角色會很有助益；雖然我不認爲我的個性和作決策的天性會有大幅改變，但是它會慢慢根據我新身分的需求進行調整，這種改變十分自然，不過，若能意識到這種需求會有很大的助益，如此一來才能制定計畫，並在必要時修正方法。

雖然我的棋風具有侵略性，但我從不覺得自己需要改變，這是因爲我一直贏棋，我的下法向來行得通，只要視情況需求稍做調整即可。我依照自己的喜好下棋，我的喜好也很管用，所以我可以相信我的直覺。我們要盡可能調整自己天生的風格，使其符合實際可行的風格（反之亦然），因爲到頭來，現實的目標——勝利、成功——才是最重要。

現在，在政壇上，我必須做的事不像西洋棋那樣契合我的個性，這是我從西洋棋學到的另一個教訓：保持彈性重於一切。你必須爲了贏棋而改變，激烈的攻擊無法助你贏得每一盤棋，你必須作好準備，順應局勢，有時也要下下乏味無趣的殘局。我目前在政壇上的任務需要我努力把其他人聯合起來，把眼光放遠，我必須改變下棋時的決策風格，才能符合我生命的新階段，保持決策方法的彈性與過程本身同樣重要。

過多的資訊究竟是指多少？

我們要如何檢視自己的決策過程，並在必要時加以調整？首先要區分資訊與處理的過程。我們可能過度重視數據的蒐集與分析，一個聰明人即使掌握了好資訊，仍有可能得到錯誤的結論，這就要歸咎於處理資訊的過程過於拙劣。

蒐集數據時，愈多未必愈好，撒下太大的網，不僅資訊的品質可能下降，還可能浪費太多時間。在其他條件相同的情況下，大部分的決策是愈快作成愈好。

在西洋棋裡，撒下大網意指考量很多可能的棋著，而非從一開始就縮減選項。但是研究所有可能的棋著實在太過奢侈，即便在範圍有限的棋盤上也負擔不起，因爲一個特定的局勢通常有二、三個，至多可能有五、六種合理的下法。

限制搜尋的廣度是第一項任務，我們可以透過經驗和初步計算立即去蕪存菁，只有分析過最初一輪選擇，發現結果不如預期之後，才能回頭重新尋找新的選項。一家公司挑選新供應商時，也是要先從少數幾家著手，經過謹愼評估，可能繼續其中某個選擇，或是擴大搜索範圍，尋找替代方案。

重新開始顯然造成時間損失，在心理上也是很掙扎的決定，我們被迫承認自己一開始的假設也許有缺陷，而新的選擇也不保證會比第一次更好，這會導致兩種互爲相反、但同樣具毀滅性的決策模式：一、選擇過去曾經分析最深入的路徑，只因爲我們比較瞭解這條路；二、發現原來的選擇不合適，驚慌之下隨意挑了一個新的、未經分析的選擇。

第一種就像一則老笑話，說一個掉皮夾的人，不在皮夾掉的地方找，而是在光線比較亮的地方找。面對已知的惡魔會比面對未知的要自在一些，在某些情況下這也是唯一可能的選擇。如果沒有時間評估其他選擇，我們寧可踏入已知的歧途，也不願盲目走入無底深淵，只希望自己會降落在雲朵上。

後者就是第二種陷阱，在最後一刻把分析拋諸腦後，選擇未經探索的方案，這種行爲很常見，即使在紀律嚴謹、重視分析的西洋棋大師身上也屢見不鮮。很顯然的，如果你檢視過的方案會帶來大災難，嘗試沒有探索過的也不會有太大損失。即便經過分析的路徑根本沒那麼糟，每個人內心的樂觀天性卻可能受到這種盲目的信心所蠱惑。也正是這種樂觀天性讓我們屢屢遺忘這種行爲會導致災難，寧可記得少數幾次成功的經驗。

我自己也不例外，信手拈來就能想到我在最後一刻想法突然脫軌的例子，當然，我們用於分析其他著法的時間，也有助於對局勢的大致瞭解，這會讓我們更可能突然聯想到別的選擇，問題是接下來必須判斷這個新靈感是否比我們分析過的路線更好。

這便是何以一開始至少要考慮兩個選擇，並且要有足夠時間思考這兩個選擇的原因。只針對其中一個深入研究會造成沒有足夠時間考慮另外一個，如此你便會陷入上述兩種負面模式，至此田地，一切都已太遲，你已經沒有時間了。

你是否只選擇一種做事方法，然後無論如何都堅持到底？你是否大致考慮很多不同方案，然後依直覺作出選擇？你是否即使在必要時，也不願從頭開始？在過早作成決定與猶豫不決以致坐失良機之間，我們必須找到平衡。我們不可能徹底改變自己的思維模式，也無須這麼做。如果你生性保守，就會傾向於第一種情況；如果你容易衝動，你的決定便會傾向於後者。我們的目標是要牢記自己的傾向，才能加以掌控，如果你處事謹愼，就要提醒自己在採取行動前用點時間考慮一些新選項；如果你個性急躁，就要強迫自己從一開始就去蕪存菁、刪減評估的選項。請記得，這兩種情況都需要多花一些時間，至少直到你習以爲常、發展出較平衡的風格爲止。

當然我們可以在不同情況下以不同的風格行事，而究竟應該考慮多少選擇？分析要多深入？這些都沒有一定的標準，我們只能給自己時間和機會，盡可能作出最好的決策。

備選著法與修剪決策樹譜

幫助我們訓練思路的一種工具是西洋棋手所謂的「備選著法」（candidate move），如同先前所提，西洋棋裡所謂「決策樹譜」的這株樹生長快速，只消往前看幾步，就可能引出成千上萬種可能的局勢，每一系列因果關係的結局都必須詳加檢視，每一步棋都必須計算好幾種可能的應著，這些應著又各有若干應著，以此類推。

只有在很罕見的情況下，局面會因爲所謂「強迫棋步」（forced move）的出現而簡化。例如，對奕的一方將了對方的王，對手必須應對，這種情形會大幅限制應著的數量，因爲王不能一直處於被將的狀態。不過，即便在這種情況下也可能有幾種選擇：可以吃掉攻擊的子、在進攻的棋子和王中間插入防守的棋子，或者王也可以逃跑。

正因可能性如此之多、又會快速激增，所以才應該從一開始和每一步棋之間就限制需要考慮的著法數量。這株決策樹衍生的「如果如此便會這般」的樹枝必須積極加以修剪，否則我們永遠無法深入分析，以便得到有用的結論。通常，我們要在廣度和深度之間尋求平衡，計算兩著棋後五種不同的選擇，與計算五著棋後二種不同的選擇，這兩者之間並無好壞之別，端視手上的問題和局勢而定。

在沒有立即威脅的策略性局面下，可以容許我們作更廣泛的思考，考量更多變化。考慮要念哪一所大學的女學生不會只針對一、兩所學校做深度研究，對她來說，先挑選各式各樣的大學比較合理，接下來等到選擇範圍縮小之後，她就可以做更深入的比較。

但是在分秒必爭、務求精準的情況下，通常得針對少數選項深入研究，我們稱這種情況爲「尖銳局面」（sharp position），任何一點疏漏都會釀成大禍。關鍵是要先瞭解自己所處的情況，才能著手選擇：有多少時間可供分析？局勢有多危急？這是非贏即輸、非錯即對的局勢，還是有多種替代方案、可依據個人風格加以選擇的局勢？的確，有時分析深度不足時，不會知道這些問題的答案，但是只要我們肯花時間傾聽直覺，通常就能得到答案。

讓直覺能屈能伸

直覺和本能是決策的基礎，對於日常生活中迅速作出的決策尤然。我們無需分析上班途中爲何在此處左轉、在別處右轉，我們就是會這麼做。西洋棋手毫無猶豫便能發現簡單的「三步殺」❶，即使他之前從沒眞的見過這種局勢。我們仰賴這些決策模式，就像仰賴自主神經系統維持呼吸一樣，我們與鯨不同，毋需考慮每一次呼吸。

我們不想每一個決定都要經過思考，所以會依賴藉由經驗蒐集而來的模式，這些模式是很重要的捷徑，只要在使用上侷限於基本功能的事物便不致出錯。問題出在我們開始依賴這種模式處理生活中更爲複雜的決策，這會扼殺創造力，導致我們形成「以偏概全」的決策方式，企圖把相同的模式和解決方法強行運用在所有問題上。

❶三步殺：三步棋後的將軍。

面對重複性的工作，我們很難對可以發揮創意解決問題的機會保持敏感，如果每一次分析都出現相同的結果，直覺就會漸漸麻痺，原本應該追求卓越、找出最佳解決方案，最終變成「得過且過」的心態。我們必須努力維持工作的新鮮感，才能依賴並提升我們的直覺，而非落入一成不變的窠臼。奇異公司的威爾許曾經要一名表現不佳的資深經理人休假一個月，並且要他銷假上班時「就像是從未掌管過這個部門四年一樣」；很多公司會定期輪調經理人，或安排高階主管進入其他領域，能從新鮮的角度檢視問題。

這種從局外人角度看事情的需求也許聽起來很矛盾，因爲我們都知道知識與經驗有多重要，如同先前所述，我們要尋求其間難以捉摸的折衷點，同時也要確保此一折衷點符合我們直覺的天性；我們必須找出自己決策過程中的錯誤，在必要時改弦易轍。要是沒有保持警覺，邊界就會變得模糊，導致我們忽略那些在關鍵時刻極爲重要的微妙差別。

我們每天要作這麼多決定，所以即使只是稍微改善或改變決策過程都會有滴水穿石的效果，就像汽車廠裝配線只要稍作改善，就可以縮短生產每輛車子的寶貴時間。

面對決策樹的粗枝需要格外謹慎，因爲它們就像沒有回頭路的岔路口，西洋棋有句諺語：「兵不能後退。」這句話不只在陳述顯而易見的事實。如果我把相走到不好的位置，稍後若改變心意尚可將之移回，其他棋子亦然，但是兵只能朝一個方向——前方——移動。我們經常提到所謂「無回棋著」（committal move），通常是指吃子或其他會永遠改變局面的棋著，兵每次移動都是這種棋著，因此一定要更加謹慎考慮。

生活不像西洋棋有那麼清楚的規則，我們不是每一次都知道自己的決定是否會導致無法挽回的後果，如同偵測危機，有時很明顯，有時則必須憑直覺行動，所以，自問能否在發現決策不如預期時走回頭路，會有很大的幫助。如果出了差錯，我們的替代方案爲何？有沒有自己感到滿意的方式，能讓我們在作決定之前有多一些時間？

要做到這點，必須克服釋放壓力的欲望，很多不良決策只因爲敷衍了事的心態，以逃避必須作決定的壓力，這是倉促之下作決策的最糟典型，並非不得已的過失，我們一定要抗拒！如果當機立斷沒有特別的好處，延後決定也沒有壞處的話，就要運用這段時間改善評估，蒐集更多資訊，檢視其他選擇，正如柴契爾夫人所言：「我從政治中學到一件事，不到萬不得已的時候不要作決定。」

如同先前所述，我很容易過度相信直覺，也容易過度樂觀。經過正面思考得來的決定或許在準確度上比不上保守的決定，但我們從錯誤中能夠學到更多，日積月累下來，藉由不斷練習、磨練直覺，決策會因此變得更準確。大部分的人都比較喜歡行動、喜歡實現人類自我突破的需求，美國小說家費茲傑羅（F. Scott Fitzgerald, 1896~1940）寫道：「生命力的展現不僅在於堅忍不拔的能力，更在於東山再起的能力。」如果我們犯錯，必須從頭再來，就非得如此不可。這種生命力非僅關乎生活品質而已，要改善這種生命力，保持旺盛鬥志、密切參與決策過程也是關鍵。要做到這點，最好的方法是採取主動，這會讓你在挑戰對手之餘也給自己正面的壓力。我認爲，主動攻擊者永遠握有優勢。

尼姆佐維奇，一八八六～一九三五，拉脫維亞／丹麥人
塔塔科維，一八八七～一九五六，俄國／法國人
瑞提，一八八九～一九二九，捷克人

探索新領域的超現代主義者

討論西洋棋歷史時，我們一定會提到「西洋棋的學派」，每一個顯著影響西洋棋下法的時代都難免會被冠上引人注意的名稱，偶爾也會以那個時代最傑出棋手的名字來命名。其中一段時期就是一九二〇年代崛起的「超現代學派」。

超現代主義運動的創始人是尼姆佐維奇（Aaron Nimzowitsch），他的個性、棋風正如其名，實在難纏，大家通常將他的名字簡稱為「尼姆佐」。徹頭徹尾離經叛道的尼姆佐維奇，以其棋局及其素享盛名的著作扭轉西洋棋的正統學說，他對昔日的基本原則——兵必須占據並主導棋盤中心——提出質疑，此一傳統原則等同於說戰場必須由步兵占領。而尼姆佐維奇證明了棋手可以從遠處、從側翼攻擊棋盤中心，而非一定得部署這些中心目標，這就是超現代主義的中心原則。

尼姆佐很多非正統的另類觀點是衝著當時遵奉傳統教條的棋手而來，其中之一就是德國的特拉實。一個是教條主義者、一個是反叛者，這兩人在想法、言論和奕法上的戰爭持續了幾十年，特拉實稱尼姆佐維奇不尋常的走法「醜陋」，尼姆佐維奇則堅稱：「棋

著的美麗不在於它的外表，而在於其背後的思想。」

尼姆佐維奇許多經典著作至今仍在市面上發行，以他為名的防守體系也廣受各個層級棋手的歡迎，其中最重要的開局法就是「尼姆佐—印度防禦」。

棋手品評

特拉實：「他對醜陋的開局法有一股狂熱。」

本人自述

尼姆佐維奇：「為什麼我非得輸給這個白痴？」

這些新方法的成功與膽識很快便吸引其他勇於實驗的棋手，其中之一就是塔塔科維（Savielly Grigoryevich Tartakower）。他是富有原創精神的西洋棋大師，如今最為人津津樂道的便是他無數關於西洋棋的金玉良言（他的不朽名言「沒有人靠認輸贏棋」向來用於鼓勵棋手在絕望的局面下重拾鬥志）。在他精彩的一生中，他遨遊四海、著書無數，塔塔科維廣泛的貢獻包括他取名為「紅毛猩猩」的古怪側翼開局法，他在使用這個開局法前曾去了紐約市立動物園一趟。此外，西洋棋的「超現代主義」一詞也是塔塔科維所創。

塔塔科維有波蘭血統，雖然他從沒住過波蘭，也不會講波蘭話，不過他仍在一九三〇年代多次率領陣容堅強的波蘭代表隊參加奧林匹亞西洋棋賽，他在第二次世界大戰中加入法國反抗組織，之後便一直代表他的第二祖國——法國——出賽。

塔塔科維叛逆的天性在棋盤上顯露無遺，他不斷實驗一般人心目中較為拙劣的開局體系，這正是超現代主義的信念——挑戰傳統的智慧。同一時期內，崇尚實驗的藝術家如畢卡索和杜尚等人紛紛在藝術的最前線占有一席之地，若說這情形恐非巧合，是否太過武斷？

棋手品評

科繆茨（Hans Kmoch, 1894~1973）：「他與眾不同之處在於他迷人的個性，只要塔塔科維參賽，任何錦標賽就有了色彩和活力。」

本人自述

塔塔科維：「西洋棋局有三個階段。第一個階段是你希望自己取得優勢；第二個階段是你相信自己掌握優勢；第三個階段是你知道自己就要輸了！」

塔塔科維曾說瑞提（Richard Reti）「不是維也納人卻代表維也納；在舊匈牙利出生卻不諳匈牙利語。」瑞提是眾多無法精確說明其出生地的棋手之一，因為他們在第一次世界大戰後東歐版圖重新劃分之前出生。他發展超現代主義的概念，並將之運用於棋局，也曾著書記錄此一運動的發展歷程。

此外，瑞提十分擅於設計西洋棋的棋譜與棋題，其中好幾個還是西洋棋最廣為人知的教材。他和塔塔科維一樣，參加錦標賽的成績從未達到世界冠軍等級，但是他在一九二四年終結卡帕布蘭卡長達八年的不敗紀錄，因而名垂青史，非但如此，瑞提是用迄今仍以其為名的超現代主義下法達成此一壯舉。

棋手品評

塔塔科維：「瑞堤是才華洋溢的藝術家，他搏鬥的對象主要不是他的對手，而是他自己，是他自己的理念和懷疑。」

本人自述

瑞堤：「從西洋棋的觀念與西洋棋心智的發展，我們可以看到人類智能的奮鬥過程。」

第十三章　攻擊者的優勢

「以前我發動攻擊，因為那是我唯一會做的事；現在我發動攻擊，因為我知道這種方法最有效。」

——卡斯帕洛夫

將西洋棋與真實世界劃上等號有其風險，即使彼此之間有共通的語言，也能找到有用的對照，但是，在西洋棋裡行得通的事即便在棋盤以外同樣有效，到了其他地方可能不會被接受。我非常熟悉這種雙重標準的最佳範例——好勝的天性。

先前也曾提及，我在棋盤上的攻擊型棋風，使我轉換到政壇的能力備受質疑。如果好勝心是與生俱來，而非後天養成，我該如何適應這種不能靠攻擊取勝的環境？首先，人都有適應新環境的能力；其次，好強的天性果真有那麼不好嗎？它是真的無用？或者只因一般人不願接受好強的人在政壇、商場和各行各業也同樣有成？

我在棋壇嶄露頭角之際，也逐漸發現這種傳統觀念的矛盾，西洋棋雜誌讚賞我的「攻擊型棋風」和我「狂暴的攻擊」，在體育世界裡，這些名詞幾乎總是帶有正面的意義，我們都希望自己支持的球隊裡有侵略型的攻擊手，即使我們不會希望他們搬到隔壁作鄰居。

關於這一點，我在一九八〇年曾經聽過一句箴言。當年我十七歲，首次參加陣容堅強的蘇聯西洋棋奧林匹亞代表隊，我們在馬爾他與匈牙利代表隊激戰之後贏得金牌。回程時我們有兩天待在羅馬，隊友的平均年齡是我的兩倍，我們對閒暇時間的安排甚是不同，其他人趁機到處逛逛，包括到梵諦岡一遊，我則去看當時在蘇聯看不到的電影《帝國大反擊》（*The Empire Strikes Back*）。我不知道隊友在梵諦岡得到什麼宗教上的指引，總之我是在看尤達指導路克天行者「憤怒、恐懼、侵略，都是力量的黑暗面」，老實說，十七歲的我很能體會路克何以對這種消極的觀點感到不耐，他不是應該去追捕壞蛋，保護他的朋友嗎？

這種雙重標準有時會被分類，一般人能夠接受以正面的觀點看待企業執行長具有侵略性的管理風格，但是州官可以放火、百姓卻不能點燈，一般員工可不能太好強，甚至在某些行業裡，企圖心都可能遭人以懷疑的眼光看待，任何想爭取表現過於明顯的人都會被批評爲太愛現，更糟的是別人還會說他「不夠合群」。

同時，一些委婉的詞彙也愈來愈流行，例如「未雨綢繆」（proactive），這個形容詞至少在我聽來像是個醫學用語❶，是很不適合的替代詞；我的同義字辭典裡還有「正面」（positive）、「熱忱」（enthusiastic）、「強而有力」（forceful），以及比較不正式的「共好」（gung ho）（很諷刺的是，「共好」在中文裡其實是「同心協力」的意思）。

有誰參加賽跑只希望得第二名？誰未來的志願是當副總統？限制自己的企圖心就等於限

❶ Proactive 也是心理學名詞「順攝」，意指在學習一項新事物時，受到過去經驗的干擾。

制自己的成就，爭強好勝的哲學也適用於激勵自己，重點不在於要不要做好好先生，而是要不斷挑戰自我、挑戰周圍的環境和周遭的人，這和身心狀態上的自我滿足剛好相反。

運動員總說要挑戰自我、盡力而爲、不必擔心對手，這種說法雖然有道理，但我始終覺得言不由衷。雖然每個人都有獨特的自我激勵之道，然而「競爭」會激勵我們邁向成功，這代表我們擊敗他人，而不僅是打破自己的紀錄。去問那些打破自己紀錄、甚至打破世界紀錄，卻以些微之差屈居第二的奧運賽跑選手開不開心，你就知道了，毫無疑問，他絕對願意拿十分之一秒來交換金牌，而非只得銀牌。

假使我們知道有人緊追在後，一定會加倍努力、跑得更快。我有幾次最佳表現就得歸功於激烈的競爭，不過，有時候，對我的敵手而言，這些激烈競爭會造成在統計學上看來不太正常的副作用。我曾經贏得冠軍的許多場錦標賽中，其他頂尖棋手跟我對奕時，已經達到其個人職業生涯的最高峰，結果卻只拿到第二或第三名。就像追著「兔子」跑的賽狗跑得特別快，如果我們有競爭的目標，有旗鼓相當的對手，就會把自己推向新的境界。

從一九九九年到二〇〇一年，我連續三屆拿下維克安澤錦標賽冠軍，這三次錦標賽中，每次第二名都是阿南德（其中兩次阿南德和其他棋手並列第二）。一九九九年第一次奪得錦標，是我職業生涯中表現最佳的一次，十三盤中我贏了八盤，包括一開始連贏七盤，只輸了一盤，阿南德在比賽最後奮力一搏，最後只輸了我半分，讓我以最小的差距贏得冠軍。

如果只看輸贏而非名次的話，這場棋賽可能是阿南德職業生涯中的最佳表現，但我不認爲他會把這場棋賽視爲他最佳成就之一。阿南德贏過很多重要錦標賽，好勝心如此之強的人，看重這些勝利的程度當然遠超過任何第二名，無論他得到第二名的表現有多好。得到第二名絕對勝過第三名、更比最後一名好，所謂「贏是唯一」和「贏不贏不重要」的說法一樣陳腐，我們關心的是如何發展出一套控制好勝心的方法，可以讓我們有更好的表現。在這裡，所謂好勝是指活力、創新、進步、勇氣、冒險，以及採取行動的意願，我們必須瞭解打破均衡之勢的價值，並且主動出擊。石頭要互相撞擊才會產生火花。

主動權稍縱即逝

我們先前提過主動權的概念，主動權是攻擊致勝的關鍵。輪到我們走棋時，我們要創造行動而非回應，如此才能控制棋局的走勢。假設對手必須回應，就代表他的走法較受侷限，因此也更容易預測。從這種領先的局面，我們可以看得更遠，並且繼續掌控棋局，只要持續製造威脅、施加壓力，我們就能保有主動權。在西洋棋裡，這終究會引發決定性的攻擊；在商場上，能帶來更大的市場占有率；在談判時，可以得到更大的利益；在政治上，則會增加聲望。在所有領域中，都能創造眞正高品質的良性循環，加上地位的提升、即將到手的勝利，有形無形的收穫皆有，這就是攻擊者的優勢。

一旦掌握主動權，就要善加運用，持續增添力量。史坦尼茲提醒我們，掌握優勢的棋手有義務發動攻擊，因爲這種優勢是會瞬間消失的動態因素。掌握主動權的優勢可以轉化爲子力的增加，或是可以逐步強化此一優勢，直到對手無法跟上腳步，在你攻擊時應聲而倒。

這並不表示一定要集中火力，形成單一的壓倒性威脅，雖然這樣也許有用，但在現實生活中或西洋棋裡，沒有一樣東西相當於《星際大戰》裡可以摧毀任何抵抗的「死星」。對手會回應、會防衛，所以我們施展主動權時必須有創意，同時要對如何定義成功保持洞察力。攻擊時不需寧為玉碎，不為瓦全，也不用迅雷不及掩耳。持續向對手施加壓力會發揮很好的成效，從長遠來看，在對手的局面中創造長期的弱點最終必能替我們帶來勝利，偉大攻擊者的特質是能從局面中獲得最大利益，他們不會逾越規範，也不會不切實際。

領先一步代表可以讓對手失去平衡，透過改變、移動，進一步挑戰對手的弱點。防禦者必須四處奔走填補漏洞，但是在持續壓力下，這項工作會變成不可能的任務，填補了一個漏洞，又會引發另一個，直到某處的防禦工事開始瓦解，攻擊長驅直入。在西洋棋裡有所謂「雙弱點原則」，面對實力堅強的棋手，只有一個攻擊點很難贏棋，我們不能只專注於一點，而是要運用攻擊的壓力造成對手更多弱點。

所以，運用主動權很大一部分要靠行動力、彈性和迂迴戰術，動用所有子力攻擊單一弱點可能導致自己和防禦的一方同樣無法脫身。就連歷史上最大規模的海軍進攻行動——代號為「大君主行動」的諾曼地登陸中，同盟國都運用很多迂迴戰術，讓納粹茫無頭緒，無法準備防禦工事。除了使用傳統的軍事技巧，同盟國甚至還模仿好萊塢電影搭佈景的手法，創造一整個虛構的兵團，讓敵軍誤以為前來進攻的兵力有真實軍力的兩倍之多。

敵人在面對攻擊型棋手時很可能因為緊張而自亂陣腳，任何威脅或弱點都會讓他產生疑慮，即便他的局面看來很安全，他還是會把心思放在擔心可能失去子力、擔心會輸棋，這必然會導致他改變手段和思考方向，這時我們就能趁虛而入。

要不要當攻擊者，由自己決定

我在研究自己早期棋局的同時，也回顧自己職業棋手生涯的發展；朋友和家人回顧我的人生，也看到我整個人的成長。每位棋手和其棋風之間有這麼多明顯的對照，看到他們的生活和下棋的風格雙雙循著相似的路線發展，一點也不令人意外。

無論從任何定義來看，我在整個職業生涯裡一直是攻擊型的棋手，雖然如此，我的棋風的確也隨著時間而變得更踏實、更穩健。年過三十後，我成爲世界冠軍已經十載，此時的我下棋比較不會採用不確定的攻擊手法，也更有耐心。這樣的改變不只是反映年紀愈大愈趨保守的刻板模式，也反映出我多年來累積下來的經驗。我下棋的方法不只有所改變，也愈變愈好，我學會在面對具有強烈侵略性的對手時，在適當時機採取反制可能比硬碰硬更有用。

從心理層面來看，我不再覺得自己在每局棋裡都必須以迅雷般壓倒性的攻擊來證明自己的能力，我的手法變得更科學、更專業，我的目標是贏棋，而不是要發表聲明。周遭的人也告訴我，這種轉變同樣也反映在我面對媒體和處理生意的方式上，一九九三年和國際西洋棋總會的決裂、後來職業棋協的瓦解，這些事件都削減了我的銳氣，使我更加謹慎，這個時間點正好也是我遭逢第一次婚姻失敗的劇變，我與妻子和女兒竇琳娜分開的時候。

一九九五年後，我的工作和生活慢慢回到正軌。我組織新的家庭、小兒子瓦欽剛出生、威廉斯開始擔任我全職的商業經紀人，有了這兩位「家人」的加入，讓我更明瞭我的所作所爲會有更廣泛、更長久的影響。一九九九年，我以自己的名字創立一家網路公司，並將其打造爲全球知名的廠牌，自此我不能再假裝自己還是抵抗權威的離經叛道者，因爲在很多方面我自己已經是個當權者。在這種情況下，要讓鬥志維持在巔峰狀態非常困難，你必須時時刻刻提醒自己成功得來不易，並且要持續秉持這些基本原則。

儘管有了這些轉變，我在棋盤上和棋盤外最好的表現，仍然出現在我抱持攻擊者心態的時候，不同之處在於，我在二十二歲時覺得理所當然的事，到了三十五歲卻變成需要有意識的決定才會去做。知識的增加成了累贅，因爲考慮更多，懷疑就會趁虛而入；考慮太多也可能讓我們的直覺變得遲鈍，面對本該當機立斷的事，卻變得猶豫不決，我最不希望發生的事就是坐在棋盤前，或在開會時想：「年輕時的卡斯帕洛夫會怎麼做？」

以前我發動攻擊，因爲那是我唯一會做的事；現在我發動攻擊，因爲我知道這種方法最有效。踏入政壇以來的全新經驗，並沒有讓我改變這個結論。即便我已經瞭解，在某些時空環境下必須採取圓融的外交手腕，也未曾改變我要盡可能以優勢地位進行談判的信念。

威脅比實際行動更有力量

尼姆佐維奇對於主動權的概念有非常貼切的解釋，他寫道：「威脅的力量比採取實際行動更強」。攻擊不一定要付諸行動，便可能對敵人的局面造成毀滅性的傷害，如果對手必須花很多時間忙於防守某一個區域，我們就可能在另一個區域獲得致勝良機。諾曼地登陸前，同盟國的雙面間諜使納粹誤以爲主要的攻擊點會在加萊地區，導致希特勒把隆美爾將軍及其精銳部隊調派到離眞正進攻點很遠的地方。

尼姆佐維奇這句話也與認知有關，頗接近華爾街的一句俗話：「聽謠言買進、看新聞賣出。」期待某件事會發生，可能比這事件本身更強而有力，易言之，對事件的期待和事件本身密不可分。期待所造成的衝擊也是衝擊，例如在擁擠的電影院裡大叫「失火了」，無論有沒有眞的失火，至少在短時間內都會引發同樣的反應。

即便在棋盤上，主動權也並非零和的概念，一般而言，我們會說一方握有主動權或說雙方勢均力敵，但也可能雙方各自在棋盤的不同區域掌握主動權。有個常見的例子是白方在王翼的子力較爲活躍，而黑方在后翼發動猛烈的攻擊，在此情況下，防禦幾乎無關緊要，攻擊才有意義，雙方都會盡可能在最短時間內發揮其所掌握的優勢。

分割的優勢未必是指地理區域的劃分，例如在零售業，就可能是以市場區隔或產品類別來劃分。如果可以主導某個區域，無論這個區域規模多小，我們都能生根茁壯，甚至以一個小據點作爲擴展版圖的跳板。

想要有追求攻擊致勝的好勝心，需要有破壞現狀的心理準備，甚至要熱愛改變現狀。一馬當先意味著挺進未知的領域，而非等待、觀察、反應，這種不確定的感覺會讓很多人不自在，導致人們採取「觀望」心態，這會大大限制我們的潛能。

持平而論，在很多方面防禦要比攻擊來得理性，軍事上有一句古諺說道：「攻擊致勝所需的資源是防禦的三倍。」（一般在下西洋棋時，只要資源多於對方即可）。防禦牽涉的保存資源和減少曝露，皆爲人類的天性。防守的一方需要顧及的角度也較少，只要確定其弱點受到保護即可。像彼得羅辛這種少見的天才能以幾乎完全被動的風格致勝，不過那是因爲下西洋棋時棋手是輪流走棋，在真實世界中，各方皆同時採取主動，隨著世界的步調愈來愈快，發動攻擊的一方也愈來愈擁有優勢。

軍事防禦的藝術隨著科技的進步迅速式微，時至今日幾已過時。由於重型機動裝甲車問世，第一次世界大戰成了最後一次緩慢的消耗戰；第二次世界大戰初期，德軍坦克以閃電般的速度橫掃歐洲，德軍在一天之內占領的領土，往往比二十五年前以數個月的時間所征服的領土還多。科技迅速邁進，今日我們已有雷射導引炸彈，可以摧毀地底下一百公尺的水泥碉堡，靜態防禦已成過往雲煙，今日戰爭講求的是捷足先登、痛擊敵方。

這種趨勢也反映在社會中。一切事物的進展皆如此迅速，被動的策略在今日就像堡壘與壕溝戰一樣陳腐不堪，如果我們不能保持領先地位，很快就會落在人後。這種例子不必回溯太久就能找到。AltaVista 聽起來是否很耳熟？這是眾多一開始被雅虎，後來被 Google 巨輪邊緣化的搜尋引擎之一。雅虎領先潮流的幅度夠大，所以能拓展更多元化的業務。在 Google 出現、其他搜尋引擎幾乎消聲匿跡之際，雅虎已經把重心轉移到內容和服務。AltaVista 和其他搜尋引擎，像是「來科思」（Lycos）和 HotBot 都被大財團併購。

冒險求勝

防禦已逐漸過時，攻擊變得更有價值。以前，位居第一固然甚佳，但是屈居第二也沒那麼糟；然而現在位居第二可能代表完全沒有影響力。發動攻擊雖有風險，但在速度愈來愈快的高科技世界裡，攻擊的報酬變得更豐厚，不發動攻擊所受的懲罰也更大。如果回到以「物質、時間、品質」三要素而論，時間變得前所未見的重要，而攻擊的關鍵就是時間。

看看蘋果最新推出的 iPod Nano，蘋果用它來取代其有史以來最受歡迎的電子產品——iPod Mini，而且當時 iPod Mini 仍是最暢銷的產品。他們沒有坐待其他公司來分食利潤，或是等銷售量下跌，他們主動超越自我，推出更好的產品，這種風險並不小。相反的，如同先前所提，微軟等了兩年，直到市場占有率大幅下跌，才開始努力開發新的探險家瀏覽器。

我們大多數人不像微軟一樣能承擔得起這種錯誤，他們有足夠的資源可以吸收市場占有率下跌百分之十的虧損，並以發展新產品作為反擊。對大多數其他企業而言，犯下等同的錯誤可能會讓多數員工遭到解僱。假使枯坐空等注定失敗，那麼在優勢的情況下放膽一試不能算是眞正的冒險，寧可冒險一試，也好過別人因為你的裹足不前而成功。

唯有透過規律的練習，我們才會習慣接受更大程度的冒險。競爭愈激烈，賭注更大，就需要冒更多的險才能成功。有些西洋棋手，甚至包括幾位相當成功的棋手，傾向採取安全至上的手法，靜待對手出錯。西洋棋史上最偉大的攻擊型棋手塔爾就曾形容一九八〇年代一位迅速竄紅的年輕棋手：「他就像足球場上只想站在對方球門邊，等著把球踢進去的前鋒一樣。」創意十足、好勝心強的塔爾完全無法忍受這種投機者的心態。

掌握些微的優勢或領先，距離贏棋尚且遙遠，達到策略目標後卻發現只有所謂的「些許加分」也所在多有，這在西洋棋譜裡記做「+/=」，意思是只比均勢好一點點。這種情形當然優於均勢或劣勢，但是要將+/=轉化為決定性的優勢，在心理層面的障礙很難克服，部分原因要歸咎於我們所謂「愛上你的局面」的傾向，因為太滿意自己的優勢，以致不願意冒著失去它的風險，於是我們調動子力、盡可能不走重要棋步，以保住局面的優勢。在面對勁敵時，這種行爲很可能喪失主導權，如果沒有眞正冒險，幾乎不可能取得進展。

我們常以風險因素描述西洋棋的局面，例如，「現在白方在下三種結果。」意指棋手的計畫具有風險，其結果可能是輸、贏或和棋。當一位棋手下了一著朝向未知領域前進的棋，就等於是撤掉了保護網。「下兩種結果」代表只願意冒一點風險，或是根本不冒險，只願意接受贏棋，最糟的情況也就是和棋。這代表保護網還留著，如果事情的發展不如預期，還有脫身之道。不過，職業棋手要贏棋幾乎不可能不冒險，下兩種結果通常只會有一個結果：枯燥的均勢，也就是和棋。

這種過度謹愼是另一種形式的自滿，是稍有成就之後的副作用。假使遇到麻煩，我們的本能告訴自己必須冒險才能生存；然而，如果一切順利，我們就會猶豫不決，什麼也不想放棄。但是，若想擴大優勢往往必須改變。爲了獲得更大的優勢，一定要增加投資、派兵赴前線、甘冒喪失小優勢的風險。冒險求勝也代表有輸的風險，所以勇氣是最重要的因素。

勇氣的魔法

「如果你能做到、或自認為能做到，就放手去做。因為勇氣裡蘊含了魔法、力量和守護神。」

——歌德

攻擊需要完美的時機，也需要勇氣，找到正確的攻擊時機是一門藝術也是科學，甚至最好的方法往往是猜測。如同大部分動態的因素，機會之窗通常很小，不會有閃耀的霓虹招牌告訴你街角出現一個大機會。

西洋棋手增進基本攻擊和戰術技巧的常見方法是破解排局。排局可能取材自眞實棋局，也可能是專門設計的問題，近似於商學院的案例研究，解題人通常要找出某個局面的致勝棋著，這不但有趣，也對在短時間內學習各種戰術模式很有幫助。不過，這種方法不是很實際，因爲在眞實比賽裡，不會有人告訴你這裡即將出現致勝棋著，所以，在攻擊者的工具箱裡，警覺是另一種重要的配備。

若要發現機會必先拋棄各種成見。我們用以節省時間的模式和理所當然的假設都可能導致我們錯失良機，這在平靜的局面裡，也就是那種彷彿不會出現攻擊機會的穩定階段中尤其容易發生。我們也要避免對敵人做過多的揣測，雖然經常有人告誡我們不要低估對手，然而，高估對手也會導致錯失良機。

一九五三年在蘇黎世舉辦的世界冠軍資格賽就出現高段西洋棋賽史上最不尋常的雙重失誤。早年以神童聞名的美國棋手列舍夫斯基，當時是冠軍頭銜挑戰者，他的對手爲匈牙利的頂尖棋手薩柏（László Szabó, 1917~1998）。薩柏用馬將軍，讓列舍夫斯基只有兩種棋步可走——吃掉馬，或是移開王。即使選擇這麼少，列舍夫斯基仍作了錯誤的決定（平心而論，列舍夫斯基經常遇到時間緊迫的麻煩也是出了名的），他立刻吃掉馬，導致自己在兩步之後會被將死，那是連業餘棋手都會發現的局勢。

驚人的是，薩柏居然也錯失良機！他沒有將對手的王，而是吃回了子，棋局在幾步之後以和棋結束，這驚人的雙重失誤也被公諸於世。困惑不已的薩柏只能怪罪其對手，說他沒料到偉大的列舍夫斯基居然會犯這種錯。

對攻擊機會保持警覺需要評估局勢、環境、對手的所有變化，每一個都不能放過。一開始看似不重要的小改變，可能結合後來的變化而製造出弱點和機會。

即使在均衡的局面裡，防衛的一方也比較容易犯錯。採取主動讓我們有更多選擇，也更能控制自己的命運，從而產生正面的能量和信心，這種能量就是心理的腎上腺素，可別小看這種能量。塔爾曾說他一生中下過最糟的一步棋或許就是他沒下的那一步。那步棋他本想冒險一試，但在考慮了四十分鐘之後卻不尋常地沒出手。攻擊者有時也許後悔走了劣著，然而更糟的是對平白放過的機會抱憾終生。

塔塔科維替西洋棋壇貢獻了許多格言和精彩的故事，數量比得上他在棋賽上所獲的數百勝。我最鍾愛的「塔塔科維主義」是「發動攻擊的第一要素是攻擊的意願」，如果沒有執行的勇氣，以及機會來臨時奮力一搏的膽量，所有的計畫和評估技巧都只是紙上談兵，積極的作風有具體且實際的好處，如果你已經身處戰場，希望第一次出擊就是最後一擊的話，那麼最先發動攻擊的人最好是你。

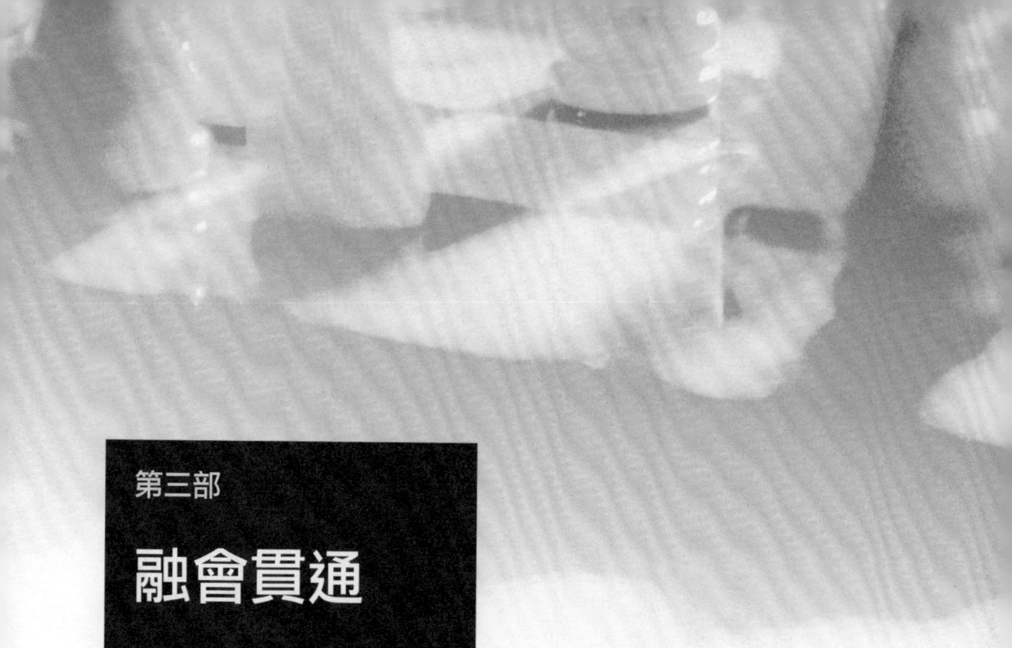

第三部

融會貫通

第十四章　成功的盲點

「勝利會讓人有萬事如意的錯覺，讓人只去想正面的結果，而不去思考已經出錯或可能出錯的環結。勝利之後，我們往往只想要大肆慶祝一番，而不是好好分析檢討。」

——卡斯帕洛夫

每個人都知道自滿很危險，可能導致我們缺乏警覺、犯下錯誤、錯失良機。一般而言，我們都希望能對症下藥，治本而非僅治標，但在這個情況裡，我們會碰到很矛盾的事，成功和滿足是我們追求的目標，但是它們也可能導致負面的行爲模式，阻礙更進一步的成功和滿足，甚至在關鍵時刻造成災難性的大失敗。

一九八五年十一月九日，我成爲世界冠軍，實現我畢生的目標（如果在二十二歲達到可稱爲「畢生的目標」的話）。前任世界冠軍的妻子羅娜·彼得羅辛在慶祝會上的一席話讓我大吃一驚，她說：「我替你感到難過，你一生中最棒的一天結束了。」誰會在勝利派對上講這種話！但在接下來的幾年裡，她說的話時常在我耳邊響起。

接下來的十五年裡，我持續努力擴展優勢、消除劣勢，我一直相信只要我準備時全力以赴、下棋時盡力而爲，就可以立於不敗之地，直到二〇〇五年二月我退休的那一天都一直如是想。那麼，我在二〇〇〇年的世界冠軍賽輸給同胞克拉姆尼克的事，又該如何解釋？在第三章裡，我們已經純粹從西洋棋的層面檢視過他成功的原因，包括他如何選擇我們交手的戰場，然而，我在策略上的失敗還有更深層的淵源。

我向來知道心理因素在西洋棋裡有一定程度的重要性，但我卻在付出失去冠軍頭銜的代價後，才體認到它有多重要。我下棋時最大的優勢一向在於能夠適應新的挑戰，克拉姆尼克的策略正是利用這點來對付我，雖然他引入的局面讓我感到不甚自在，但是我依然堅信自己能在棋賽過程中適時調整，進而反敗為勝。不過這場比賽一共只有十六局，我不可能有足夠時間進行調整。一九八四年到一九八五年我和卡波夫第一次對奕的世界冠軍賽並沒有局數限制，所以我有時間調適、恢復，但這次在倫敦的棋賽我沒機會這麼做。

當時我處於巔峰狀態，因而很難讓我對此有所領悟，二〇〇〇年十月比賽之前的兩年裡，我數度下出生平最佳對局，證實若干棋評家的預測錯誤，他們認為我當時已經三十五歲（比大部分對手年長十歲），等級分排名即將下滑。一九九九年，我的積分再創新高，並在一連串「大滿貫」錦標賽中奪魁，當時正開始為世界冠軍賽作準備的我，覺得自己彷彿能在棋盤上移山倒海。克拉姆尼克這種令人生氣的「柏林防禦法」怎麼可能讓我放緩腳步？

長年的成功使我很容易掉入這種陷阱，面對新的威脅，我總以為自己那套老方法可以讓我逃過一劫，我不能認清自己已然深陷麻煩、年輕的對手比我準備得更加充分。在這麼短暫的比賽裡，等到我終於大徹大悟，卻為時已晚。我從確信自己可以復原，到後來相信自己不可能做到。棋賽快結束時我雖然奮力抵抗，但依然於事無補。我輸了這場比賽，在十五局的棋賽裡我一局也沒贏，非但如此，還輸了兩局。

我失敗的根源來自於過度自信與自滿，即便在當時，我都難以承認自己曾經教過的學生在準備工作上比我更勝一籌，也許我太輕忽一個事實：他曾在一九九五年我與阿南德進行世界冠軍賽時擔任我的助手。二〇〇〇年世界冠軍賽賽前，我的狀況太好，贏了如此多場比賽之餘，我無法理解自己下棋時會有任何嚴重的弱點。

這正是我所謂「昔日的成功有不可承受之重」，勝利會讓人有萬事如意的錯覺，讓人只去想正面的結果，而不去思考已經出錯或可能出錯的環結。勝利之後，我們往往只想要大肆慶祝一番，而不是好好分析檢討，我們不斷回想勝利的時刻，直到勝利彷彿永遠順理成章。

我們在日常生活裡也會累積類似的罪過。俗話說：「東西如果沒壞，就別去修它。」這句話只能留給水管工人，我們無論於公於私都一定要遠離這句話。我們必須不斷質疑現狀，尤其是在諸事順遂的時候，如果遇到問題，我們自然會想辦法改進，但我們必須訓練自己在順境中也要精益求精，若不這麼做便會停滯不前，終究導致失敗。

防止自滿的戰術

自滿而導致的失敗會以多種形式出現，在軍事和商場之類競爭激烈的環境裡，失敗幾乎都可以歸咎為「墨守成規」，讓對手有機會急起直追，終究超越我們。苟安於昔日的信譽和過時的經驗，可能會有悲慘的下場。

一九四一年，在德國入侵蘇聯的前幾個月裡，蘇聯軍隊仍然由深信騎兵至上的紅軍老兵率領，這位史達林的愛將——最高指揮官伏羅希洛夫採用一九一九年成功擊退白黨的戰術，派遣大規模的騎兵隊上陣。不出所料，這些騎兵完全無法抵擋納粹的裝甲部隊，列寧格勒被納粹德軍團團包圍。更糟的是，俄軍指揮官早在第一次世界大戰初期就犯過同樣的錯，當時一名記者寫道：「今天我看到一波波俄國的血肉之軀衝撞德國的鋼鐵屏障。」

馬匹完全不是坦克和砲彈的對手。七〇年代，美國汽車製造商也完全不敵新興的日本汽車製造商及其管理技巧。在進展快速的領域裡，例如科技業，更須不斷研究發展。忽視對手在做什麼會讓我們看起來像是英國喬治三世，此人在一七七六年七月四日的日記裡很諷刺的寫下：「今天沒發生什麼大事。」❶

競爭應該是最能讓我們保持動力的方法，如果沒有卡波夫這種勁敵一步一步驅策我前進，我不可能發揮潛能。到了九〇年代，新一代的棋手出現，卡波夫不再是我優勢地位的主要威脅，我就必須重新聚焦，尋找激發動力的新來源。我的新目標是要擊退新一波才華洋溢的後起之秀，很少世界冠軍能長時間做到這點。

每一位棋手都有自我激勵之道。神奇的科奇諾伊到了古稀之年依然棋藝精湛、鬥志高昂。這位「可怕的維克特」棋盤內外的生活都同樣坎坷，卻也同樣精彩。他與蘇聯當局纏鬥了好幾年，後來在一九七六年逃離蘇聯，投奔西方，自此之後更成了他們的眼中釘。他先是

❶就在那一天，美國脫離英國喬治三世的統治，宣佈獨立。

到荷蘭，後來到了目前的居住地瑞士。蘇聯政府很難不讓這個投奔自由棋手的名字不出現在新聞上，因爲他贏了一場又一場錦標賽，擊敗蘇聯的頂尖棋手。他三度在世界冠軍賽裡和年紀小他很多的卡波夫交手，每一次都敗在卡波夫手下，他只好以「最強的棋手從未成爲世界冠軍」這句話來安慰自己。比他年輕二十歲的卡波夫退休之後就不曾參加正式的錦標賽，而科奇諾伊卻依然競爭力十足，這也算是某種程度的報復。他在我退休的年紀時（四十一歲），甚至還沒到達職業生涯的巔峰呢！

雖然科奇諾伊的職業生涯令人印象深刻，他下起棋來總是一副遊刃有餘的模樣，視年齡爲無物對他而言並不足夠，如果只是參加棋賽，把棋子移來移去，他不會覺得滿足，他喜歡讓年紀小他半世紀的對手知道，他們仍然可以從他身上學到東西。在二〇〇四年一場錦標賽裡，科奇諾伊擊敗挪威神童、特級大師卡爾森（Magnus Carlsen, 1990~），這是一場七十三歲擊敗十四歲的勝利。

科奇諾伊維持動力的方法，就是拒絕去回顧其昔日對任何人來說都算十分輝煌的成就。他仍然受到棋局、受到迫切想要擊敗對手的渴望所驅動，而非只求盡力而爲。生命裡有這種讓自己保持警覺的基準十分重要，在西洋棋和其他運動裡，有等級分、有對手，也有錦標賽，雖然這些基準看似明顯，不過仍然不夠。

我們必須自我驅策，替自己訂定判斷標準，並且不斷提高標準。一方面要相信自己是最好的，另一方面仍要抱持著自己處於劣勢、不被看好的心態去競爭，這似乎有些矛盾，而且就和改變工作模式一樣困難。但是任何想在職業生涯中有傑出表現的人，都會發現他們必須這麼做。美國田徑選手劉易士（Carl Lewis）曾在三屆奧運會中拿下八面金牌，但是他年屆三十五仍不自滿，爲了取得一九九六年亞特蘭大奧運的參賽資格，他捨棄從前所有讓他成功的模式，展開全新的訓練計畫，他非常清楚年齡和運動傷害會是新的挑戰。後來，他在亞特蘭大又奪下一面金牌和一面銀牌。他之所以成功，正是因爲勇於改變過去管用的方法。

尋找能夠維持專注力與動力的方法，是對抗自滿的關鍵，也許在你的工作和日常生活中沒有一套評量系統，但這並不代表我們不能自行設計一套標準。什麼樣的衡量標準可以用來評估自我表現？金錢絕對是其中之一，如果覺得錢太俗氣，那也可以用「快樂指數」，或是一張涵蓋面廣又實際的目標清單，就像很多人每年過新年時都會列的那種清單。雖然我也不相信胡亂列一大堆清單會幫助任何人功成名就，但是幾張清單，無論是放在心裡或是寫在紙上，列出哪些是能夠鼓舞我們的動力、哪些是我們眞正珍惜的東西，這樣的清單對我們絕對會有幫助。

上戰場前，我們要知道自己爲何而戰。每個人都說想要花更多時間陪孩子，但是有多少人知道自己每個禮拜或每個月陪伴孩子幾個小時？又，我們上班時，總共浪費多少時間玩接龍或上網？如果知道答案，我們便有了可以追求的目標，對於大多數不相信只要「做就對了！」（Just Do It）便足夠的人來說，這種技巧會有很大的幫助。歌德早在耐吉廣告出現的兩個世紀前便曾寫道：「知道還不夠，必須會運用；意志還不夠，必須有行動。」

尋找缺點，加以改正

除了維持動能，還要找出自己的缺點、檢視我們做事的方法與日常生活的習慣，假使能瞭解負面的因素、最壞的情況與潛藏的危機，我們就能盡量消除這些弱點，進而提升整體表現的品質。我們不能等到大禍臨頭才做改變，「尋找和改正」必須成爲我們的護身符。

這幾年來，自我批判在政壇已被奉爲圭臬，柯林頓競選團隊曾雇用私家偵探挖掘自己候選人的醜聞，如此一來他們才能先發制人，事先化解負面新聞的殺傷力，爲未來可能遭遇的指控預作準備。他們雖然無法避免醜聞發生，但至少可以預先處理，讓競選團隊的「戰情中心」能作出即時回應。

當然，要把注意力放在自己的缺點上十分困難，這就像檢視自己的失敗和失誤一樣痛苦，沒有人喜歡重新體驗失敗，但我們至少要瞭解分析失敗是不可或缺的工作。在成功之際要尋找錯誤更是困難，因爲我們的自我意識讓我們相信自己因爲排除萬難才獲得光輝的勝利，而不是因爲幸運、不是由於對手錯失良機因而結果大不相同。

我們已經討論過壞策略因爲好戰術而成功的例子，也看過好策略因爲壞戰術而失敗的例子，知道自己爲什麼贏與瞭解自己爲什麼輸一樣重要，不然就等於白白浪費寶貴的研究資料。質疑成功就是要不斷問自己：「爲什麼？」我們面對自己的成功時一定要客觀，不然必定會陷入泥沼，停滯不前。

我們常見的一種錯誤，叫做「以成敗論英雄」，意思是認爲既然白方獲勝，他就一定下得比較好，白方理當贏棋；而黑方的計畫必定出了差錯，畢竟他是輸家。這種錯誤的確難以避免，因爲我們坐下來分析時已經知道比賽結果，贏家的每一著棋看起來都略勝一籌，因爲我們知道這些棋著最後確實都發揮功效。即使是偉大的西洋棋作家，像是尼姆佐維奇和特拉實，也難免落入這個圈套，他們希望棋局能證明他們的理論、提供適切的例子，證實他們心中已有的定見。

客觀的電腦分析有助於這一代的棋手解決此一問題，不過在電腦出現前五十年，我的老師博特溫尼克爲了避開這個陷阱，建立了一套系統。他在深入分析自己的所有對局之後，就會對外發表他所有的分析，公開接受世人的檢視和批評。不想遭到公開指正的心理勝過想要看似完全沒有出錯的渴望，這讓他培養出以超然的態度分析自己對局的習慣。

九〇年代末期當我著手撰寫西洋棋叢書時，如果我能把博特溫尼克的教誨謹記在心，一定會有更好的表現。由於編輯時間十分緊湊，我們也認爲自己的分析優於任何前人的著作，種種因素導致我們在出版第一集《偉大的前輩》時，不夠重視此書在西洋棋壇可能受到的關注，以及受到關注所帶來的後果。

第一冊在二〇〇三年夏天問市，我對前四任世界冠軍與其勁敵的徹底分析，立即受到全世界成千上萬西洋棋手的徹底檢驗。在今天，這也表示有成千上萬台強大的西洋棋電腦深入檢視我對每一著棋、每一路變化的分析，網路又讓分析家和書評人得以搜羅各方所作的更正，並且呈現出驚人、令人慚愧的更正數量。

我盡了最大的努力來處理這次事件，我認爲這些作爲應該會令博特溫尼克以他的得意門生爲榮。在我的堅持之下，我們開始蒐集、著手分析這些更正，以便納入該書後來付梓的新版本。事實上，在翻譯成其他語言版本之前，已經做了很多修正，例如一年後出版的葡萄牙文版就比俄文的初版精確得多；同時在接下來出版的各冊書裡，我們採用更嚴謹的程序來檢驗分析和查證資料，因此一冊比一冊更好。二〇〇六年初，我們出版了主題爲卡波夫和科奇諾伊的第五冊，原本急著當書評人的廣大讀者都十分安靜，這點令我覺得非常欣慰。

如果缺乏願意接受指教與改善的決心，品質就永遠無法獲得提升。我把批評視爲挑戰，而非侮辱。當然，沒有人喜歡遭受指責。我站在棋壇頂端的二十年裡，不斷承受毀譽參半的評論，雖然我很想忽視批評、擁抱恭維，但是我們必須克制自大與防衛的本能，感謝那些應該的、有建設性的批評，把批評當成工具。我們不可能永遠在戰鬥中獲勝，重要的是明白這場戰爭會一直持續下去。

試圖迴避批評、保護自己不受批評打擊是很危險的心態。批評不只是對個人的挑戰，也是公司和政府必須面對的挑戰，無法回應顧客需求的公司注定失敗，評判一個政府好壞的關鍵就是觀察其接受、回應批評，以及改進其制度與因應措施的能力。

唯有內在的力量才能幫助我們質疑成功、面對失敗，以及接受必須改變的事實，而實踐這些改變又需要更大的力量。邱吉爾曾說：「成功不是終點，失敗並非致命，唯有堅持下去的勇氣才有意義。」競爭或任何外在因素都可以激發這種勇氣，但最終還是要發自內心。

克拉姆尼克，一九七五年生，蘇聯／俄羅斯人

我的剋星

關於這位從我手中奪走世界冠軍頭銜的人，或許留給下一代來論定比較適當。圍繞在我們二〇〇〇年倫敦世界冠軍賽的強烈情緒，以及後來我試圖和這位以前的弟子重賽，這些事都讓我很難保持客觀。無論如何，他對於我身為棋士和決策者的成長，都扮演相當重要的角色，因此我無法略過他不談。

我是最先發現這位青少年天賦異稟的人之一，當時他還是博特溫尼克－卡斯帕洛夫聯合學校的學生。他來自黑海的小鎮圖阿普謝，但無論是他本人或是他的棋藝都絲毫不容小覷。我力排眾議，支持他參加一九九二年聲譽卓著的奧林匹亞代表隊，無視媒體和部分隊員的反對，他們說克拉姆尼克太年輕，缺乏參與如此重要賽事的經驗。結果，他甚至超越我原本已經很高的期望，拿下八局勝棋，一局平手，一顆新星就此誕生。

他在職業棋壇的地位穩定爬升，很快就成為世界排名前三名的棋士，引領新一代的棋手，並擠掉我的宿敵卡波夫。一九九五年，我在紐約擊敗阿南德的那場世界冠軍賽中，我挑選他加入分析小組。克拉姆尼克在協助我備戰和分析的同時，也瞭解我的習慣和方法，五年後他就是運用這些知識將我擊敗。

二〇〇〇年十月，克拉姆尼克從我的助手搖身變成和我爭奪冠軍頭銜的對手。我們在倫敦交手，比賽預計進行十六局，他的準備非常詳盡，很快就取得掌控權，早在第二局

就以黑子摧毀我的主要防線。在他執黑子的棋局裡，克拉姆尼克擬定的概念十分卓絕，他針對我的弱點，運用歷史悠久、較不普遍的防衛手法，他對這種複雜的「柏林防禦法」已經研究透徹，最後他以二比○將我擊敗，其他十三盤皆為和棋。

克拉姆尼克從我手中奪得世界冠軍頭銜之後，下一個目標是要超越我的積分排名。但是他為了擊敗我而精通的保守棋風，在錦標賽中難以發揮作用，他的成績一直無法達到昔日的水準。他在這麼早就攀上峰頂之後，沒能維持動力。雖然克拉姆尼克仍然極具競爭力，在二○○四年也以平手保住他日益貶值的冠軍頭銜，但是比他更年輕的棋手以及與他同期的棋手已經紛紛超越了他。只有時間才能證明他能否恢復身體和心理的健康，讓他重登巔峰。

棋手品評

阿南德：「（在倫敦）克拉姆尼克用的策略甚佳，而且執行得很成功。他並非第一個想到用這種方法牽制卡斯帕洛夫的人，但是能做得到又是另一回事。」

本人自述

克拉姆尼克：「你要有健康的身體、堅強的神經系統，而且你一定要痛恨輸棋，唯有如此，你才有機會成為世界冠軍。」

第十五章　不戰而屈人之兵

「常有人抱怨自己擔負太多責任，但是責任太少反而更糟，別人幫我們作決定的輕鬆感不會持久，尤其是直接影響我們生活品質的事。」

——卡斯帕洛夫

「處於壓力之下時，感覺有些心神不寧是很正常的事，如果對新挑戰絲毫沒有感覺才是需要擔心的時候。」

——卡斯帕洛夫

南美洲的解放者保利瓦（Simón Bolívar, 1783~1830）曾說：「只有缺乏經驗的士兵才會以爲一戰而敗就等於全盤皆輸。」在倫敦慘敗之後的幾個月裡，我用許多時間細想克拉姆尼克成功的原因。我努力彌補自己被他挖掘到的弱點，進而找出他的缺失。在那場世界冠軍賽之後，我們又交手十餘次，除了其中一局棋之外，其餘皆以平手收場，而那次對局的勝利是我得到的。

很諷刺的是，那一次勝利是出現在超級錦標賽的最後一輪，當時我必須贏這局棋才能超越克拉姆尼克，拿下第一。而那局棋的開局法正是令我在倫敦那場賽事遭受挫敗的「柏林防禦法」，再加上我在積分排名上大幅領先，稍稍紓解了我在倫敦嚐到挫敗的鬱悶。

找出自己棋路的漏洞，只是我從痛失世界冠軍頭銜中復原的要素之一，同時我還經歷了一段心理復元期。慘敗之後重回戰場從來不是容易的事，尤其是在明知對手因爲掌握你的弱點而勇氣倍增的情況下。

很少事情對人的心理考驗之殘酷像西洋棋一樣。你要花五、六個小時全神貫注的與另一個人的心智短兵相接，身旁還有滴答作響的計時器，你無處可躲，沒有隊友可以幫你分憂解勞，也不能怪罪裁判、沒有害你倒楣的骰子，也沒有可以翻掉的牌，西洋棋是百分之百的資訊戰：棋盤上發生的一切雙方都一目了然。輸棋就是因爲你被對手擊敗，就這麼簡單。在這方面，西洋棋比其他任何運動都更近似於拳擊，而且你可能需要更長的時間才能從輸棋的傷痛裡復元。就像一九九三年我的世界冠軍頭銜挑戰者蕭特曾在接受採訪時提到：「西洋棋殘酷無情：你要有殺人的心理準備。」

雖然很多棋手對心理因素輕描淡寫，但在實際上，對西洋棋或對其他任何事情來說，心理因素的重要性不容置疑。我們擁有的所有技巧和天賦都必須憑著不屈不撓的精神去培養，同時也要有實踐的勇氣。即使像西洋棋這種看似數學問題的遊戲，如果以正確的心態去面對每一個階段，而不僅僅是在對奕的時候才認眞嚴肅，必然會有很大的幫助。

寧靜之前的暴風雨

爲棋局備戰時，需要能夠自我激勵，也要有辦法忍受長時間孤單的工作，持續的研究工作感覺像是永無休止的苦差事，而且你知道也許只有百分之十的分析會派上用場。我們都明白努力一定會帶來間接的收穫，但是知易行難，要將其轉化爲動力十分困難，就像我們在學校念書時看不出代數對我們會有什麼幫助一樣。

接下來是比賽之前的壓力，我們必須控制緊張、恐懼、興奮的情緒。有些棋手會失眠、食慾不振；有些人會臨時抱佛腳，把心思完全放在比賽上；有些則會藉由看電影或散步來保持頭腦清醒。如果我在比賽之前沒有感到緊張，那就一定是有什麼地方出了問題。在任何有關心智作戰的沙場上，緊張所產生的能量就是我們所攜帶的彈藥，如果能量不夠多，注意力便無法集中，如果能量充沛，無論是對自己或對手而言，都可能帶來爆炸性的結果。

在我的職業生涯中，我曾經好幾次在棋賽前有一種很奇妙的預感，也就是無論對手是誰、無論他要怎麼做，我都會把他殺得片甲不留。一九九三年在西班牙利納雷斯舉行的超級錦標賽（等同於網球的大滿貫和高爾夫球的四大賽），我在即將與卡波夫對奕之前便有這種預感，儘管那局棋我是執黑子，但我仍然滿心期待，我有很奇妙的感覺：神奇的事就要發生了。

長久以來我和卡波夫競爭之激烈在這個例子裡益發鮮明，棋局只剩下四回合，我倆戰成平手。我當時的教練馬卡里契夫可以爲證，當時我在賽前極度樂觀，還誇下海口，說我這次一定會大勝卡波夫，事實也正是如此，雖然比賽快結束時，出現一個令人始料未及、十分滑稽的轉折。

我爲了掌握主動權而犧牲一個兵，此時已擁有壓倒性的優勢，卡波夫的棋子迅速回到底線，這是很不尋常的情況。第二十四回合我升變一個兵，我說：「后」，並請裁判給我第二個后，那個后早該在桌上的，但是在裁判作出回應之前，卡波夫就走了一步棋，這是犯規！他聲稱既然我還沒有把新的后置於棋盤上，他便可以自行決定那顆棋是什麼，而且他決定那是相，相可比后弱很多。這場小鬧劇很快就獲得解決，我拿到新的后，雖然在卡波夫的要求下，裁判在他的計時器上多給他幾分鐘，以補償他所謂的混亂，他還是在三步之後認輸。那是我有生以來參加錦標賽表現最好的一次，那次贏棋是連續五局中的一局，最後我以四局勝棋、一局和棋，在高手雲集的錦標賽裡拿下冠軍。

這種預感和結果所發揮的力量甚至大於正面思考的力量，創造力和競爭能量是明確而實質的東西，如果我們感覺得到，對手也能感覺到。我們的信心反映於我們的一言一行，不只在於我們說什麼，還在於我們怎麼說。

要別人看重你，就要先看重自己

我在棋盤上常給對手很強的威懾感，外界對我這種風格褒貶參半；費雪也會使對手產生「費雪恐懼症」；在巔峰時期的塔爾，據說會瞪視對手、催眠對方，他把目光從棋盤上緩緩移開，然後直視對手的眼睛。原籍匈牙利的美國棋手班庫，爲了保護自己免受這位拉脫維亞人的炯炯目光所傷，還在對局時戴上太陽眼鏡。向來反應靈敏的塔爾也跟彼得羅辛借了一副大大的太陽眼鏡戴上，在場觀眾和其他棋手都覺得很好笑，就連班庫——至少在認輸之前——也忍不住笑了一下。

成就有限的棋手從來不會被指控給人帶來威懾感或是會催眠對手，所以我把旁人對我的這種評論當作恭維。如果我讓坐在棋盤對面的棋手備感壓力，那是因爲他們瞭解我的棋局和名聲，隨著我的對手愈來愈年輕，這個層面的影響也愈大。在我退休前，曾有機會和幾位在我贏得世界冠軍頭銜時還未出生的棋手對奕，我不知是該高興還是該難過。對他們而言我是活生生的歷史，但是這並沒有阻礙一位來自我家鄉巴庫的天才少年拉札波夫（Teimour Radjabov, 1987~）於二〇〇三年在利納雷斯擊敗我。儘管部分棋評說我的對手會因爲我的名聲而表現不如預期，但是我相信，至少有相同數量的棋手因此得到動力，反而有最精彩的表現。

如果我下棋時帶給對手威懾感，那是因爲我認爲西洋棋是很嚴肅的東西。我認爲我有責任讓對手知道我會全力以赴、將之擊敗，無論是面對高手雲集的錦標賽、與業餘棋手對奕的練習賽，或是在觀眾會鼓勵我下棋時對著鏡頭微笑的表演賽，我都會如此。雖然有時我的確會刻意讓重要政治人物或知名人士與我下成和棋，但是大體而言，我覺得如果我不全力以赴，讓對方知道我在認眞下棋，就等於是欺騙對手。

當我在打所謂的「車輪戰」時——通常是一種表演賽，比方說二十五盤的同步對奕棋賽——我認爲我的責任是取得完勝，也就是二十五比零。我一旦面對棋盤，就會換上我的「下棋表情」，這是我心理準備很重要的一個部分，我不要破壞自己認眞面對棋局的習慣。

我參加表演賽時展現的強硬作風還有其他原因。面對強勁的對手，同時和很多棋手對奕是發揮創意的良機，不像一對一比賽有那麼多限制。有些西洋棋大師把這種表演賽當成娛樂，但是我可不想錯失任何能夠讓我從中學習、又能拓展新視野的機會。下車輪戰棋賽還需要作出很複雜的決策，因爲你必須考量整體的分數，以及棋局之間的相互影響。

一九九五年五月，我在曾經發生許多傳奇故事的莫斯科中央西洋棋俱樂部參加一場同步對奕的車輪戰棋賽，當天是歐戰勝利五十週年紀念日[1]，我的對手是三十位蘇聯的二次世界大戰退伍老兵，其中最年輕的是七十三歲！但他們並不是省油的燈，很多人的棋藝還算不錯，有些人在三〇、四〇年代曾在西洋棋俱樂部裡下棋。這個隊伍讓人印象深刻，有些人身上還掛著勛章，甚至有位全副戎裝的將軍。

我和這位將軍的對局下得不是很順，導致我無法專心於其他棋局，雖然我可以繼續和他對奕，但是局面已經變得很複雜，所以當我發現一個逼和的機會，當下就作了一個務實的決定，好讓我能夠專心下其他二十九盤棋。那盤棋是第一個結束的對局，我馬上感受到其他棋手憤慨的情緒，他們以爲我是因爲將軍的軍階才拱手讓他和棋，其實根本不是這麼一回事。

我沒有讓那盤棘手的對局影響整場賽事，設法以很小的代價迅速擺脫壓力，那是純粹出於實際需要的決定，如果繼續與他對奕，最後也許我能贏棋，但也會使我無法專注於其他棋局。我們時常遇到這種情形，可能是在日常生活中，也可能是在工作領域，某個棘手的問題開始左右我們的思緒，使我們無法專注於其他事情，如果可能的話，我們應該以快刀斬亂麻的方式解決這個問題，即使解決方法不盡然對我們有利。就像在賠錢的股票下跌更多之前，認賠賣出。

當天那場車輪戰的結局很有意思，我在奮戰將近五個小時之後，又多了幾盤和棋。在最後一盤對局裡，到殘局時我比對手多一個兵，我有很大的勝算，不過還要再下好一陣子，我的對手也已筋疲力竭，我想這樣已經夠了，便提議和棋，他也接受了。我在他的計分紙上簽名時他非常興奮，說他一輩子都會記得這局和棋，就像記得他在一九三七年和拉斯克下車輪戰時的和棋一樣！

好勝心極強的科奇諾伊甚至比我更看重他的表演賽，至少從他的棋局集裡的一則小故事看來確是如此。一九六三年，他和一群蘇聯特級大師到古巴參加一場錦標賽，其中一部分棋手出席參加者眾多的車輪賽，科奇諾伊的對手之一不是別人，正是切．格瓦拉❷。比賽前，一位政府官員建議科奇諾伊可以考慮送格瓦拉一局和棋。眾人返回旅館後，塔爾問他車輪賽情形如何，科奇諾伊說他每一盤都贏，塔爾一聽之下必定有點吃驚，他問：「對格瓦拉也是？」科奇諾伊回道：「是啊，他對於如何對付『加泰隆開局法』一點概念也沒有！」

從內到外皆維持合宜的態度，必然對成功大有助益。這不是天真的以為自己是天才或相信自己戰無不勝，我們必須把無時無刻不全力以赴當成目標，並瞭解如果不這麼做便是真正的失敗。辦公室常常見到一個標語：「盡百分之一百一十的努力。」如果我們一開始便無法激勵自己盡百分之百的努力，這種陳腔濫調又如何能激勵我們？這句話裡多出來的百分之十

❶英文 V-E Day 全名為 Victory in Europe Day：中文譯為「歐戰勝利紀念日」或「第二次世界大戰歐戰勝利紀念日」。定於每年的五月八日，以紀念一九四五年五月七日納粹德國宣佈無條件投降。

❷切．格拉瓦（Ernesto Che Guevara, 1928~1967），古巴社會主義的革命領袖。

源自於瞭解自己已經準備好、而且有能力全力以赴。當我們盡己所能之後，往往會驚喜的發現自己的潛能比想像中還要大。

如何看待自己也是影響別人如何看待我們的重要因素，高級的西裝和堅定的握手還必須輔以眼神和嗓音，社會學家說女人可能下意識地覺得已婚男人更有魅力，因爲他們會散發出某種安全感和自信心，這是很多單身漢所缺乏的（所以假裝已婚並不管用）；在公司裡負責與員工面談、在大學裡負責面試的人，對應徵者行爲舉止所得到的印象，比對他們所說的話更加深刻。

你在別人心目中留下什麼印象？每個人或多或少都會在意別人的看法，馬克吐溫曾寫道：「虛榮心沒有不同程度之分，只有隱藏虛榮心的功力才有不同的程度。」悲哀的是，我們愈擔心別人對我們的想法，我們的表現就愈糟，如果馬克吐溫所言屬實，那我們最好的「隱藏」方法就是專注於自己的品質、準備和成就。榮耀是來自於努力爭取而來的成功，以及眞心相信更多成功會隨之而來，這是健康的榮耀。

干擾對手時，自己別受到干擾

如同世界上所有的人，眞實世界裡的西洋棋手介於龐德電影裡異常理性的反派角色和納博科夫小說裡精神錯亂的主角之間。在我的印象裡，西洋棋手多半很理性，不過也有很出名的例外，一九七八年在菲律賓舉行的世界冠軍賽，發生在科奇諾伊和卡波夫之間的奇妙故事，足以讓任何人懷疑西洋棋手是否眞的有點瘋狂。

比賽時雙方緊張的氣氛已升至頂點，「可惡的叛國賊」科奇諾伊挑戰的是蘇聯國家機器的強大勢力及其國家冠軍卡波夫。比賽還沒開始，雙方人馬已經發動無數次零星的抗議，爲了桌上的旗子、椅子的高度和樣式，甚至還有卡波夫帶到賽場的優格顏色而爭吵不休，不過這些事的怪異程度都遠不及祖卡爾博士（Dr Vladimir Zukhar）的故事。祖卡爾是心理學教授，也是陪同卡波夫到碧瑤的隨行人員之一。

比賽期間，祖卡爾博士坐在觀眾席裡，兩眼直盯著科奇諾伊，他和卡波夫的關係以及他令人不安的明顯舉止，使迷信的科奇諾伊和過度保護他的團隊懷疑對方借助某種超自然力量犯規，他們指控祖卡爾博士有超能力，企圖擾亂科奇諾伊的思緒。科奇諾伊的團隊要求祖卡爾博士不能坐得離舞台太近，蘇聯也以提出他們的要求作爲反制，怪誕的情節就此展開：祖卡爾博士每天都在換位子，通常被科奇諾伊的代表團成員團團包圍。第十七局棋賽開始前，科奇諾伊甚至以拒絕出賽作爲要脅，要求祖卡爾博士改坐到後排。這個抗議動作浪費掉挑戰者十一分鐘，科奇諾伊原本可以用這些時間來挽救失著，結果他錯失許多次取勝的機會，同時時間也嚴重不足，最後終於輸掉這盤棋。後來，科奇諾伊也帶著自己的「超能力大師、神經學家和催眠師」進場，用以抵抗祖卡爾博士的超能力。

整場比賽期間，相似的怪誕情節持續出現，他們完全是在故作姿態？還是世界上最偉大的兩位西洋棋手及其最親近的夥伴眞的在其職業生涯中最重要的比賽裡，被這種無關緊要的問題干擾？卡波夫贏了第三十二局棋（那局棋祖卡爾博士又坐回前座），以一分之差獲勝。如果科奇諾伊沒有浪費這麼多精力回應卡波夫的挑釁，懷疑卡波夫是否從他的優格裡頭得到秘密訊息，他會不會有更好的表現？巧的是，卡波夫的第一局勝棋出現在第八局，那局棋開始前，他拒絕和科奇諾伊握手，讓對手和觀眾都大吃一驚。

控制的重要性

在心理上喪失能量也會反映在身體上，反之亦然。沮喪與失去生活重心都會讓我們變得衰弱，這種感覺就和跑了一英里一樣眞實。在今日，「授權、賦予能力」（empowerment）一詞也許已被濫用，但是這個概念對我們而言於公於私都很重要，如果覺得自己有掌控權，就會變得更強壯。我曾讀過一個令人毛骨悚然的實驗，正可作爲例證：在實驗中，研究人員把兩隻老鼠放在相鄰的籠子裡，籠子底部會隨機釋放電流，兩隻老鼠都有可能受電擊影響，不過其中一個籠子裡有一根桿子，只要一壓桿子，電流就會停止。兩隻老鼠同樣遭受電擊，但是籠子裡有桿子的老鼠比沒有桿子的老鼠活得久多了。面對捉摸不定又無法控制的事，即使老鼠也會失去求生意志，沒有求生意志，生命就無法延續。

今天我們可以看到「壓力所引發的化學激素」以及其他有關「想法會左右命運」這類向來令人起疑的相關報導。如果在棋盤上、在家裡、在學校、在工作中，你覺得能控制自己的命運，這對心理和身體的健康都有很大的幫助，也會讓你在各方面都有更好的表現。一九七〇年代開始出現的管理革命強調減少管理層級、分散決策權，愈接近資訊來源的小單位愈能明快作出決定，且作成的決定也更好，工作士氣也更高。

常有人抱怨自己擔負太多責任，但是責任太少反而更糟，別人幫我們作決定的輕鬆感不會持久，尤其是直接影響我們生活品質的事（不一定是電擊）。我們太常憑直覺讓事情自然而然發生，而非自己去掌控，這就是選擇「不為」的途徑，頂多是問自己：「如果我什麼也不做，會發生什麼事？」而不願積極參與。避重就輕在一開始會是省力的方式，但到頭來必然會讓我們離目標愈來愈遠。

破除壓力的魔咒

多年來的競爭，使我對於伴隨所有比賽而來的緊張情緒已經感到習慣，然而這在一開始的時候絕非易事。一九七八年一月，我年方十四（已經算是老神童），參加在明斯克舉辦的索克斯基紀念賽，希望能贏得足夠的績分，以便獲得晉升為大師的資格；此外，我之前連續兩年奪得全國青少年冠軍之後，沒能贏得一九七六年和一九七七年十六歲以下棋手的世界冠軍，在此同時，當時與我競爭最激烈的對手尤蘇波（Artur Jussupow, 1960~）甫摘下二十歲以下棋手的世界冠軍頭銜。以我當時小小的年紀，能夠獲邀至另一個蘇聯的加盟共和國（從亞塞拜然到白俄羅斯）參加如此高規格的比賽是很不尋常的事，我得以參賽完全是出自於恩師博特溫尼克的堅持，所以成功與否對於我們兩人的聲譽都很重要。種種原因讓我對失敗的可能性感到異常緊張，而且那些經驗豐富的對手也讓我感到畏懼。

這時家母想到一個辦法，她在第一輪比賽前告訴我：「蓋瑞，你沒問題的，但是每一局棋賽前，我要你回想普希金的韻文小說──《尤根・奧尼金》（*Eugene Onegin*）的其中幾句，這會讓你的感官變得更敏銳。」我依照她的指示去做，這個神奇的方法緩解了我的焦慮，讓我贏了第一局棋，重拾信心。在我們「國寶詩人」的從旁協助下，我不但得到足夠的分數，有資格取得大師頭銜，也贏了這場棋賽。

處於壓力之下時，感覺有些心神不寧是很正常的事，如果對新挑戰絲毫沒有感覺才是需要擔心的時候。如果一切看似容易，那是因爲我們缺少自我磨練，或是我們遭遇的挑戰不夠多。如果沒有鍛鍊心理的力量，碰到挫折時就無法回應，心理的肌肉會因爲缺乏使用而退化，就像身體和智力的肌肉。如果你已經好一陣子不曾經歷嘗試未知事物的緊張感覺，也許是因爲你一直在逃避。我們需要不時的改變，也需要良性的緊張能量，才能維持我們的防衛機制。

失敗降臨時，我們必須讓這些防禦機制發揮作用。能夠從慘痛的失敗中學習，一覺睡醒仍然相信自己最強，這是很難做到的事，想要在這種矛盾中找到平衡，需要很強的意志力，在經歷格外慘痛的失敗時尤然。如果認爲自己不可能辦到，我們內心「意志左右命運」的理論反而會造成不利的影響，一次挫敗很快導致一個又一個的挫敗，這種事可能發生在一次錦標賽裡，甚至可能發生在整個職業生涯裡，最後落入失敗的窠臼。

在關鍵時刻保持客觀

一九八六年我在列寧格勒舉行的世界冠軍賽中和卡波夫交手，原本我一直保持領先，後來突然連輸三局，和他戰成平手，此時比賽只剩下五局。第十九局，也就是在我連輸了第三局之後，我和教練召開緊急會議，討論第二十局我執白子該怎麼做，是要快速求和，穩住陣腳，還是要如常奮戰？我說：「何不放手一搏？我已經連輸三局，怎麼可能連輸四局？」西洋棋賽和賭場經驗同樣豐富的特級大師古列維奇（Mikhail Gurevich, 1959~）回答：「機率不是這種賭法，賭輪盤的時候，就算你每次都押黑色，還是可能連續輸錢。」這很悲哀，但卻是事實，你沒有理由相信現在的結果很糟代表將來一定會好轉，宇宙間沒有天秤會幫你自動平衡。我接受他的建議，在第二十局快速求和，第二十一局亦同，後來，在我完全恢復之後，我在第二十二局大勝卡波夫，重新獲得領先優勢，也保住了我的冠軍頭銜。

賭場常在輪盤旁邊擺放一個電子告示板，顯示前十二盤獲勝的數字，鼓勵人們相信自己可以運用這個資訊取得優勢，事實上這些數字完全沒有幫助，輪盤根本不知道上一次轉出什麼結果。在過去和現在沒有關連的時候，欺騙自己，要自己相信某件事應該發生，這實在是非常危險。如果我們不能擺脫錯誤的思考模式，就和迷信幾無兩樣。

西洋棋世界時常討論關於「剋星」的概念，在此處「遞移律」❸幾乎不能成立。甲棋手老是擊敗乙棋手，乙棋手老是擊敗丙棋手，而丙棋手卻總是擊敗甲棋手。有些棋手是我們所謂的「優良顧客」，彷彿無論他們做什麼我們都能將之擊敗。我和很多頂尖的競爭對手對奕都有不錯的成績，但是毫無疑問，席洛夫就是我的「最佳顧客」，在我們交手的十二年期

❸遞移律：數學與邏輯學定律，也就是假設 A 與 B 具有某種關係，而 B 與 C 具有同樣關係，則 A 與 C 亦具有相同關係。

間、將近三十局比賽裡，他輸我十五局，除了和棋之外，他一局都沒有贏過我（席洛夫和我的剋星克拉姆尼克交手的成績卻很不錯）。

這種在最頂尖棋手之間一面倒的優勢，原因一定在棋盤之外。輸了這麼多局棋後，我們會開始懷疑自己是否連作夢都贏不了對方，如此一來我們就注定會再度輸棋。席洛夫在輸了第十三次之後，很勇敢的開玩笑說：「既然十三是我的幸運數字，顯然這連連霉運就要結束了。」這種心理策略是很不錯的點子，可惜結果仍然未如他所願。

全力以赴仍功敗垂成

我們覺得自己已經盡了全力，卻仍然失敗，可能會是更大的打擊。這正好違背所有父母在孩子球隊輸球時安慰孩子的話：「你已經盡力了。」當我們明知結果並非正面，但是也無能爲力，照理說應該會覺得好過一些。可是立志要成爲世界冠軍的人，可不希望聽到自己已經盡了全力，卻仍然被打得落花流水。的確，還有比這更糟的事嗎？

蘇聯的索科洛夫（Andrei Sokolov, 1963~）以及出生於俄國、後來歸化美國籍的肯姆斯基（Gata Kamsky, 1974~）兩人在與卡波夫交手之後，都必須面對這個殘酷的現實，而且這個現實對他們兩人皆造成毀滅性的影響。從一九八五年到一九八六年，時年二十三歲的索科洛夫表現得如日中天，他以優異的成績晉級世界冠軍賽，贏了兩場資格賽之後，他在一九八七年的挑戰者決賽裡和卡波夫對奕，勝出的一方可以在世界冠軍賽中與我交手。但是索科洛夫完全不是卡波夫的對手，連一局都贏不了，卡波夫則贏了四局。經過那次慘敗之後，索科洛夫整個人變得全然不同，太陽融化了他的翅膀，他墜落到凡間。爾後的好幾年裡，他的成績幾乎連二流棋手都稱不上，不僅從此不曾再接近冠軍頭銜，也未能在高規格的棋賽中獲得佳績。堪稱欣慰的是，索科洛夫現在住在愜意的法國，至今仍下得一手好棋。

肯姆斯基是美國近年來最接近世界冠軍程度的棋手，他的故事比較悲哀，不過，從另一個角度來看卻可以說是比較幸運。肯姆斯基的成就更高，但是他的潛能和輝煌的紀錄也讓他跌得更慘。一九八九年，他的父親帶他到美國，當時還是青少年的肯姆斯基在棋壇迅速竄升。一九九六年，他打入國際西洋棋總會的世界冠軍賽決賽，對手就是卡波夫（先前曾經提及，一九九三年我和挑戰者蕭特脫離西洋棋總會，從此出現兩個世界冠軍頭銜：我所擁有的「古典」頭銜，和西洋棋總會支持的「官方」頭銜，也就是卡波夫曾經短暫保有的頭銜）。

我們永遠不會知道，假如當時年僅二十二歲的肯姆斯基被卡波夫打得落花流水之後仍然留在棋壇的話，他會達到什麼樣的成就。但是他（或是他那位以暴躁出名的父親）認爲他如果在棋壇拿不到第一，就該試試其他行業。於是他很快就退出棋壇，後來追隨前輩莫爾菲的腳步，成爲律師。

而巔峰時期的卡波夫是能在比賽進行中以及在棋局之間完全保持客觀的典範，他秉持著冷靜的實用主義，走每一步棋都彷彿是第一次看到棋盤，他從不讓自己被一著劣著、一盤輸棋，或是未如預期的結果干擾。對卡波夫而言，明天永遠是新的一天。

相較之下，我情緒化的棋風使我從來無法如此理性。我全心投入每一局棋，一旦失敗便得付出很大的心理代價。我必須儲存大量能量，才能重振旗鼓、面對下一次比賽，在重新充電之前我會先一口氣趕走心中的憤怒和遺憾。我們都要找出最適合自己的方法來面對失敗，並從失敗中學習，捲土重來時更要加倍努力。把失敗完全拋諸腦後只會造成我們重蹈覆轍，因爲我們拒絕從失敗中汲取教訓。

偉大棋手的致命弱點

西洋棋俱樂部（或是今天網路上的西洋棋討論區）最熱門的話題，除了爭論不休的「誰是有史以來最偉大的棋手」，另一個就是「誰是沒成爲世界冠軍的最偉大棋手」。在西洋棋歷史裡，有許許多多十分接近但從未能征服西洋棋最高峰的偉大棋手。這些傳奇人物並非棋藝不夠精湛，事實上，他們創造了許多不朽的著名對局。

在討論這些偉大棋手爲何沒能登峰造極之際，我們不能只是聳聳肩，將之歸咎於命運。每一個例子皆不相同，儘管我們永遠無法確切指出問題的根源，但是我們可以透過分析每一個例子，進一步瞭解失敗的心理。

推崇俄國棋手齊哥林（Mikhail Chigorin, 1850~1908）的人不能說他不曾有過機會。十九世紀末期，活力充沛的齊哥林兩度與史坦尼茲對奕，角逐世界冠軍頭銜，不過兩次都不幸敗北。在他的職業生涯裡，齊哥林一直致力於反抗舊式的觀念，有時流於偏激，他無法駕馭自己狂野的創造力，並將之引導至實用的方向。在他的心目中，證明自己的論點比贏棋重要，這種不切實際的想法導致他無法攀上巔峰。

從齊哥林身上我們學到，不能因爲盲目相信自己的方法而犧牲結果，無論這些方法是多麼創新。遇到失敗時，我們會很想告訴自己，我們之所以失敗是由於沒有貫徹到底，如果朝著同樣方向堅定走下去，就會有比較好的結果，這種想法不盡然負面。我們必須冷靜的反省、客觀的分析結果，質疑自己的方法時要先把面子丟在一旁。如果齊哥林能在幾次棋賽裡控制一下他的想像力，也許早在阿廖欣之前好幾十年就已經出現第一位俄國籍的世界冠軍了。

如果有任何棋手可以怪罪於命運，那應該是魯賓斯坦（Akiba Rubinstein, 1882~1961）。距離他躋身頂尖棋手之列迄今已一個世紀，魯賓斯坦的棋藝仍然無可挑剔。由於某種程度的不切實際，使他不只一次付出高昂的代價，魯賓斯坦不願意（或是沒能力）考慮棋賽整體的狀況，也不顧眼前正在下的棋局，他既看不清全局，又甘冒不必要的風險。不過，對他影響最大的失敗不是在棋盤上——二十世紀初的世界冠軍挑戰者不只得棋藝出眾，還要有吸引贊助人的魅力和技巧。

雖然魯賓斯坦贏了很多錦標賽，但是他從未籌措到足夠資金來挑戰拉斯克，這位害羞的波蘭棋手完全不擅長談判必備的故作姿態和針鋒相對的公開議價，卡帕布蘭卡很快就超越了他，而且這位大膽的古巴棋手馬上就宣佈自己是拉斯克的頭號挑戰者。

若說在完美的西洋棋世界裡，籌措資金或政治運作皆非緊要，只有棋藝最重要，就好像說最有資格的候選人永遠會贏得選戰、最精密的軟體永遠會最暢銷，這類說法實在過於膚淺。這種只存在於夢想世界裡的假想客觀忽略了競爭環境的複雜性，當我們相信自己有權得到某樣東西之時，便會輸給更努力爭取此物之人。

在西洋棋頂尖高手中，連角逐世界冠軍機會都沒有的人，魯賓斯坦並非唯一。凱里斯（Paul Keres, 1916~1975）在第二次世界大戰前後的數十年間，一直都是世界級的頂尖棋手，他是出生於愛沙尼亞的蘇聯人，政治和歷史的因素（廣義、狹義皆有）阻礙了他的發展，他最有希望挑戰冠軍頭銜的機會因戰爭爆發而被迫終止，後來，「優秀的俄羅斯人」博特溫尼克比他更受到蘇聯政府青睞。

不過，姑且撇開命運不談，凱里斯也曾有好幾次機會進入世界冠軍資格賽決賽，但總是只差臨門一腳，我不願斷言他失敗的原因究竟為何，但是即便他獲得挑戰資格，我還是很懷疑他在世界冠軍舞台的鎂光燈下，能不能成得了博特溫尼克的對手。

布隆斯坦就有機會和博特溫尼克交手，他們一九五一年的棋賽最後打成平手，代表博特溫尼克可以保有冠軍頭銜（依照傳統，現任棋王有「平手優勢」，挑戰者必須眞正擊敗世界冠軍才能摘下頭銜），布隆斯坦很喜歡對學生說，如果他沒輸了那倒數第二局棋，學生們聽他說話會更畢恭畢敬，「就像在聽德爾菲神諭一樣❹！」

年輕的布隆斯坦能打入世界冠軍賽，和在世的傳奇人物博特溫尼克面對面下棋，對他而言已經是很大的勝利，他的目標設定在打進這場冠軍賽，而他也發現自己不可能把標準再提高至贏得冠軍。以自己的成就為榮不能干擾我們追求最終的目標，馬拉松選手即使在前二十六英里跑出佳績，卻沒跑完最後三百八十五碼，還是不會獲得任何實質成就。

所謂「反精神科醫師」的湯瑪斯．薩斯❺寫道：「世界上沒有心理學，只有傳記和自傳。」我們不能靠自我激勵的花招和伎倆過日子，我們不能永遠欺騙自己。在生命裡，我們不能把自己貶爲配角，拒絕尋求新挑戰、逃避責任，心理戰就是心法的對局，它不是心理學，而是我們應該過的生活，是我們正在撰寫的自傳。

覬覦王位的棋手

齊哥林，一八五〇～一九〇八，俄國人

俄羅斯西洋棋之父齊哥林，一直到二十世紀初期都是世界級的頂尖棋手，他曾在一八八九年和一八九二年兩度挑戰史坦尼茲的冠軍頭銜，都沒有成功。他下起棋來充滿活力和創意，但是不夠穩定。相對於嚴謹的棋賽，他的個性太欠缺紀律。齊哥林很反對史坦尼茲教條式的理論，他堅信豐富的西洋棋不能由明確的規範予以概括。

齊哥林除了在國內和國際比賽中屢獲佳績，他也是促成西洋棋在俄國風行的大功臣，他在家鄉聖彼得堡成立了西洋棋俱樂部，足跡遍及全國，並持續寫作。

史坦尼茲談齊哥林：「他是經驗豐富的天才棋手，只要一有機會就會去挑戰當代的

❹德爾菲為希臘神廟所在地，也是希臘神話中阿波羅神諭的發佈地點。
❺湯瑪斯．薩斯（Thomas Szasz, 1920～）：出生於匈牙利布達佩斯，紐約州立大學雪城健康科學中心精神病學榮譽教授，一九六九年協同山達基教會創立公民人權委員會，致力於調查和揭露精神病學違反人權的情況。

西洋棋理論，他認為這是他的特權。」

魯賓斯坦，一八八二～一九六一，波蘭人

魯賓斯坦出生於當時隸屬俄國的波蘭小鎮，為十二個手足中最小的一個，長達十五年的時間，他一直是世界棋壇的頂尖棋手，他的棋藝似乎完美無缺，許多對局至今仍代表西洋棋藝術的最高境界。

在一九四八年國際西洋棋總會掌控世界冠軍賽之前，這些冠軍賽都是由棋王和挑戰者自行籌資舉辦，為此他們必須籌措大量資金。魯賓斯坦雖然多年來一直戰績顯赫，但是他始終籌募不到和拉斯克比賽的資金。第一次世界大戰爆發後，魯賓斯坦的巔峰時期因而被迫中斷，等到他重返棋壇，又得面對許多其他的挑戰者，包括偉大的卡帕布蘭卡。

魯賓斯坦是很脆弱且情緒化的人，到後來這種傾向形成很大的障礙，有一陣子他在對局時，每下完一著棋，就會站到角落等待對手回應。

魯賓斯坦自述：「一年當中我只有六十天在參加比賽，五天用來休息，其他三百天都在研究棋局。」

凱里斯，一九一六～一九七五，蘇聯人

凱里斯也許是波羅的海小國愛沙尼亞有史以來全球知名度最高的人，他被冠上「保羅二世」這個悲哀的頭銜，也是唯一被印在鈔票上的棋手，愛沙尼亞的五克朗紙鈔印有他的肖像。凱里斯又是另一個表現已臻巔峰卻因世界大戰而中斷的人，他數度幾乎取得角逐世界冠軍頭銜的資格，連續四次在資格賽中拿到第二名，他唯一得到第一名的一次，是一九三八年在荷蘭舉行、發生諸多傳奇故事的AVRO大賽，他和阿廖欣對奕的賽前諮商因歐戰爆發而被迫中斷。

愛沙尼亞的命運一如其他波羅的海諸國，都被大國當成交易的籌碼，愛沙尼亞先是被蘇聯占領，然後落入納粹手中；一九四四年，愛沙尼亞最後一次被蘇聯占領時，凱里斯曾受到蘇聯政府懲戒，蘇聯政府認為他在戰時參加德國的比賽，代表他圖謀不軌。政府當局要求他不得干擾博特溫尼克和阿廖欣的世界冠軍賽。一九四八年，阿廖欣帶著冠軍頭銜辭世，西洋棋總會舉辦一場世界冠軍錦標賽，凱里斯是五名參賽者之一，他和博特溫尼克對奕時的糟糕表現令一些人相信他是迫於官方壓力，刻意幫助博特溫尼克得到頭銜。

布隆斯坦，一九二四年生，蘇聯人

魯賓斯坦和凱里斯從來沒有機會爭奪世界冠軍頭銜，但是布隆斯坦距離世界冠軍已經近到只有咫尺之差。他不但在一九五一年獲得與博特溫尼克交手的機會，還與這位「長老」打成平手，雙方皆贏五局、十四局和棋，只差一局勝棋，或說只差一著棋，就能得到棋王頭銜。布隆斯坦在比賽最後的關鍵棋局中，因為粗心的一步棋輸掉比賽，他後來再也沒有機會角逐棋王頭銜。

布隆斯坦向來創意十足，他與博特溫尼克對局時經常占上風，不過，欠缺技巧讓他付出很大的代價，心理因素也可能同樣影響頗鉅。他後來曾寫道，單單是能和「棋神」博特溫尼克對奕已是一大勝利，他很難再保持動力。博特溫尼克首次贏得蘇聯全國冠軍時，布隆斯坦還只是個七歲小孩，而且博特溫尼克從一九三一到一九五一年就像國王一般統治棋壇，和孩提時期的英雄對奕，在心態上必然很難調適。

布隆斯坦自述：「把對手和自己帶到未知的領域是我的風格，西洋棋局不是知識的檢驗，而是勇氣的較量。」

科奇諾伊，一九三一年生，蘇聯/瑞典人

一位棋手如何能馳騁棋壇三十年，卻從未成為世界冠軍？「可怕的維克特」一生都在反抗極權，他經歷了「列寧格勒圍城之役」，不斷與蘇聯當局纏鬥，直到一九七六年投奔自由為止。他到了七十五歲仍不服老，依然活躍於西洋棋壇。

科奇諾伊與上述其他人不同，他曾有多次機會爭奪冠軍頭銜，包括連續三次在世界冠軍賽中與卡波夫交手（分別是一九七四、一九七八和一九八一年，其中第一次比賽之後事實上成為了世界冠軍賽，因為費雪拒絕和卡波夫對奕、放棄保衛其冠軍頭銜）；他以一局之差輸掉一九七八年的比賽，這場比賽以氣氛緊張與各式各樣棋盤外的干擾而聞名於世，蘇聯盡其所能確保「可恨的叛國賊」無法取得棋王頭銜，而科奇諾伊對這種挑釁行為，也不能做到不為所動。

科奇諾伊數十年來卓越的表現，讓他成為貨真價實的「從未取得世界冠軍頭銜的最偉大棋手」，他運氣不佳（如果這樣形容正確的話），其巔峰時期剛好和新秀卡波夫登上舞台的時間重疊。

科奇諾伊自述：「我不研究，我創造。」

第十六章　男人、女人、電腦

「有教養的人推翻別人的想法；有智慧的人推翻自己的想法。」

——王爾德（Oscar Wilde）

雖有所謂「對立的吸引力」，但只出現在少數例子裡。吸引力通常來自於相似和共鳴，撇開頑固的悲觀主義者不談，其他人都必須愛自己才能夠生存，當我們喜歡自己時，就會傾向於喜歡別人身上與我們相同的特質。害羞的男生如果和外向的女孩約會當然對他有利，但是到頭來我們都會和個性相似的伴侶在一起，也許「物以類聚」才是常態。

不只是談戀愛時會有這種傾向，我們都會和觀念相近的人交朋友、當同事，很少老闆的周遭不會圍繞一群和他想法一致的人。不過，有些老闆反而重用思考方式不同，而且勇於挑戰權威的人，這種領導人才有潛力獲得更大的成就。

這種人之所以罕見，是因爲沒人喜歡被人反駁或是糾正，要有很強的意志力和自信心才會願意讓自己身邊圍繞一些明知會直言不諱的人，如果處理不當，很可能因而失去威信，或是導致訊息的紊亂。我們必須相信自己能運用相反的力量強化自我、獲得更完整的訊息，害怕遭人挑戰與孩子氣地害怕犯錯有密不可分的關係，都是我們成長和成功的阻力。

愛默森❶說：「請讓我永遠不要犯這種庸俗的錯，一旦被人反駁，就幻想自己正受到迫害。」如果沒有定期接受新挑戰、接收與自己背道而馳的觀念和訊息，我們就會過度自信和健忘，就像一個長期缺少競爭對手的獨占企業一樣，效率愈來愈低落、反應愈來愈遲鈍。

如果有人同意我們、支持我們的觀點，會助長我們的信心，這並非壞事；沒有人受得了每天被貶得一文不值，即便貶抑可以作爲建立人格的方法，也不該每天遭人貶抑。此處又是另一種關鍵性的平衡與融合，這種混合的平衡對於我們獲得最高成就至關緊要。從挫敗中雖比從勝利中學到更多，但並不表示永遠失敗對我們會有助益。

封建和種姓制度也許在大部分地方都已漸漸絕跡，但在西洋棋世界裡卻是大行其道，國內棋協和國際西洋棋總會都以棋手得到多少等級分來設立等級和類別，讓棋手與實力相當的對手比賽。一級棋手不能參與二級比賽，就像二十歲的棋手不能參加十二歲以下組的冠軍賽一樣，當然反過來就沒有限制了。野心勃勃的新手如果想被等級分最高的棋手在「公開組」裡痛宰，絕對悉聽尊便。我十二歲拿下蘇聯的十八歲組冠軍時，沒人抱怨比賽不公。

如果挑戰能幫助我們成長，那麼除了獎金的因素之外，理當每個人都想參加錦標賽的公開組吧？相較於和實力相當的棋手對局，拿到六勝三敗，我們豈不是能從輸給頂尖棋手的九局棋中學到更多？因爲西洋棋軟體的發明，現在從沒參加過錦標賽的棋手也要面對這個問

❶愛默生（Ralph Waldo Emerson, 1803~1882）：美國作家、詩人、演說家。

題，以最強實力下棋的電腦軟體會徹底擊潰所有業餘棋手，毫不留情。很諷刺的是，今天西洋棋軟體公司主要的任務是找出讓程式變弱的辦法，而非變強，使用者可以自行選擇不同的難度，電腦犯的錯誤足夠讓你有機會贏棋，然而，這樣的贏棋機會又該有多大？

信心的培養和從失敗中自我修正這兩者之間，如何找出適當的平衡要視個人情況而定，「輸到可以忍受的程度」是很好的指標，如果在公開組下棋，每一次都九局全輸，那麼在棋藝提升至尚佳的程度之前，我們的士氣早已瓦解。除非我們有超乎尋常的自信心，或是完全沒有自尊心，持續遭受打擊會導致我們過度沮喪怨懟，因而無法做出必要的改變。

人人都喜歡贏棋，如果每一次都贏當然很理想，但是我們也要瞭解，如果想進步，挫折不僅在所難免，也是必備的經驗，訣竅是避免在關鍵戰役中慘敗。在眞實世界裡能夠察覺到這點甚至更加重要，如果被擁護者隔離得太周全，我們可能以爲自己永遠都是對的。不只獨裁者或暴君會認爲自己永遠是對的，政治家和企業總裁吸引、雇用與其想法相近的人，也是自然而然的事，他們藉由與這些熱忱擁護者交談而獲得能量，同時指責批評他們的人沒有展現足夠的支持，一旦事情出了差錯，就輕易歸咎於他人。我們很容易從自己判斷正確而成功，淪落到因爲自己的身分，別人才誇我們的判斷正確，這種傾向極其危險。

更好和不同的差別

如果能夠學會接受批評，並且了解相反的訊息，我們就能吸收到新的做事方法。我們先前的討論中，很大一部分是強調每個人在面對問題時都有其獨特的解決方案。我們的方法是經驗的產物，並且透過留意什麼方法行得通、什麼方法行不通而予以強化，如果過度拘泥於自己的方法，不惜犧牲不同卻同樣有效的方法，就會阻礙自己進步。如果我們能看到不同方法的價值，就能從中擷取所需，進而改善——而非取代——我們原來的方法。

二〇〇五年五月，我在哥倫比亞波哥大的一場會議裡發表關於商業策略的演說。早我一天發表演說的是另一位在這類場合很受歡迎的貴賓——知名的商業顧問兼作家湯姆．畢德士（Tom Peters）。畢德士以幾張投影片爲輔，講了一個有關男人與女人買褲子時有何不同的趣事，第一張圖是商店的平面圖，標出男人會走的路線，那張圖顯示男人走進店裡，直接走到放褲子的地方，然後走向收銀台，接著就離開。

下一張投影片顯示同一家店的「女人路線」，那條路線就像蜘蛛網一樣綿密，顯示女人走到商店的每一個角落，最後買了一堆各式各樣的東西。在此我不強調這則故事是否政治正確或帶有性別歧視，我感興趣的是爲何男人的方法明顯被視爲略勝一籌。

爲了延伸畢德士這個故事的原意，我仔細思考這個故事，試想買東西的人離開商店後發生了什麼事。隔天面對同一群聽眾演講時，我開玩笑地說，也許男人離開商店後，就馬上呼朋引伴上酒吧，把剩下的錢都押注在當天的足球賽上，至少女人是把錢花在有用的東西上。先撇開幽默的部分不談，眞正的問題在於，前述的「男人的方法」眞的比較好嗎？也許女人一次買很多東西可以省下時間，而不用爲了買一件東西出門，稍後還得再上街買其他東西；或者女人不會只想快點把事情做完，而是四處看看，結果以更便宜的價錢買到褲子。

爲了稍稍迎合在場聽眾中爲數眾多的女性企業家，我問台下的波哥大聽眾，畢德士的故事是否證明女性比較宏觀？女性並非狹隘的專注於一件事——買褲子，而是將這個任務視為一天活動的一部分。在二十世紀，有四個國家在危機和轉變的時刻選擇了女性領導人：英國的柴契爾夫人（Margaret Thatcher, 1925~）、以色列的梅爾夫人（Golda Meir, 1898~1978）、印度的甘地夫人（Indira Gandhi, 1917~1984）和菲律賓的艾奎諾夫人（Corazon Aquino, 1933~），在創造力和適應力至為關鍵之時，她們帶領國家走過動盪和改革。畢德士所形容嚴謹的、直線思考的「男性」模式未必永遠最好，就像某種行為模式未必永遠最適宜。

在二十一世紀，針對女性風格的討論就像對女性領導人感到新奇一樣，很快就會落伍。解決問題時沒有固定不變的規則，就像對性別而言也沒有一成不變的規則。亟需改革的德國剛剛選出第一任女性總理——以作風直率又實際而聞名的梅克爾女士（Angela Merkel, 1954~）；我們也別忘了，有人曾說柴契爾夫人是「內閣裡唯一的男子漢！」

創造全能的風格

在西洋棋裡，我們時常說要成為「面面俱到的棋手」，或是有所謂「全能的棋風」，這不是指處理棋局的每個層面都完全平衡、同樣稱職。如同先前所提，每位棋手都有相對的優點和缺點，所以這裡的「全能」，指的是根據局面去偵測、運用適當方法的能力，知道何時應該攻擊、何時應該防禦。

擁有全能的風格會讓對手難以針對我們的偏好進行心理戰術，如果一位棋手以攻擊而聞名，他也許會避開客觀上較優越的變化，選擇更能讓自己得心應手的局面，這種傾向就會被對手利用。對於任何局面都如魚得水的棋手會更客觀，也讓對手難以掌握。

我當然一向偏愛瘋狂複雜的局面，長年指導我的教練尼基丁總會阻止我一有機會就把局面弄得複雜。十幾歲時他告訴我：「蓋瑞，你要比別人擅長下單純的局面，如果你對單純的局面很有自信，對手就會把局面複雜化，這正好落入你最擅長的領域。」藉由不硬把局面導向自己的偏好，不但給對手設下陷阱，同時也強化自己較弱的環節。

專精領域僅僅橫跨一、兩個階段即躋身菁英階級的棋手多得驚人，其中包括很多西洋棋史上最擅長製造娛樂效果的棋手。精通棋局的一、兩個階段足可超越群倫，但想要登峰造極還不夠。奧地利棋手斯皮爾曼把西洋棋帶回浪漫時期，他因爲熱愛昔日最浪漫的瘋狂棄子開局法，人們稱其爲「棄子護王的最後騎士」。斯皮爾曼是很傑出的攻擊型棋手，巔峰時期正好介於兩次世界大戰之間，在他最輝煌的日子裡——也只有在這種日子裡——他可以擊敗世界上任何棋手。他對自己也極富洞察力，曾感嘆道，他可以下出和當時世界冠軍阿廖欣一樣精彩的攻擊組合，但是不同於阿廖欣，他無法把棋局導入能夠施展攻擊的局面。這就是問題所在，如果沒有可以持續到最後的東西，那麼擅於做最後的潤飾又有何用。

即使在平衡與彈性至上的現代棋賽中，還是容得下很多個人風格。像是席洛夫和茱蒂特．波爾加（Judit Polgar, 1976~）一類的棋手，主要是靠卓越的正面攻擊打入世界前十強，雖然他們必定是每一種層面都很優秀才能達到如此成就，但是他們下棋時的偏好向來十分明顯。

尤其是以活躍的攻擊型棋風而聞名的茱蒂特。在西洋棋這種很少女性棋手的運動裡，如果從茱蒂特的棋局來判斷，那麼「下棋像女孩一樣」就是意味毫不留情的積極攻勢（在等級分排名前三百名的棋手中，茱蒂特是唯一的女性，大體反應出女性在競爭激烈的西洋棋壇裡微小、但也許正逐漸增加的比例），以她這種偏愛掌控權的棋風，如果沒能取得掌控權就會不自在，這種偏好很可能讓棋手付出很大的代價。茱蒂特攻擊時很少出錯，但是如果分析她輸掉的棋局，可以發現她爲了避免讓自己處於守勢，會不惜代價，包括作出拙劣的決定。如果爲了偏好而忽略客觀，便會侷限我們的成長。

當然，茱蒂特的棋局和棋風備受矚目，是因爲她是頂尖棋手中唯一的女性，也是唯一打入前十強的女性棋手，如果你覺得這點已經很了不起，那麼想像一下她十歲時第一次站上國際舞台的樣子；她十二歲就贏得國際公開錦標賽冠軍，一九九一年，她打破費雪保持了三十年的紀錄，以十五歲之齡晉升爲有史以來最年輕的特級大師。

附帶一提，由於此紀錄已成爲廣受歡迎的目標，再加上以往珍貴的特級大師頭銜愈來愈氾濫，所以這項紀錄頻頻被打破，目前紀錄保持人是烏克蘭的卡雅金（Sergey Karjakin, 1990~），他在二〇〇二年以十二歲又七個月之齡成爲特級大師。身經百戰的特級大師、六任美國冠軍布朗（Walter Browne, 1949~）喜歡開玩笑說，一九七〇年，他在西洋棋總會年度大會上依規定獲頒特級大師頭銜之際，「只有兩個人獲得頭銜，而且大會還有點不太確定該不該頒發頭銜給另外這個人，這個人就是卡波夫！」現在，每年都有十幾名棋手獲得特級大師稱號，其中很少有人打入排名前一百名。

偉大是天生還是後天培養？

茱蒂特躍升世界頂尖棋手之列只是精彩故事的一小部分，她還有兩個姐姐，蘇珊和蘇菲亞，兩位都是西洋棋手。大姐蘇珊是第一位定期參加高段「男子」錦標賽的棋手，也是最先獲得「男子」特級大師頭銜的女性棋手之一，她是世界上等級分第二高的女性棋手，僅次於她的小妹；二姐蘇菲亞多年來也是實力堅強的世界級棋手，十四歲時在羅馬擊敗在場所有特級大師，得到有史以來最驚人的錦標賽成績。她們的父親在家裡進行實驗性的教學，他想藉由教導三位女兒來證明「天才可以創造」。此一實驗著重於西洋棋，成果也的確毋庸置疑。

與生俱來和後天教養的爭議在西洋棋界一直是很熱門的話題，我想三位波爾加姐妹的基因差異不大，因此也無助於解決此一爭議，但是她們的成長環境和發展過程絕對可以支持「後天教養」理論。在西洋棋歷史裡，少數棋藝精湛的女棋手被視為奇葩。部分小國家，例如前蘇聯的喬治亞共和國，有女性下棋的傳統，這些國家培養出許多優秀的女棋手，六〇年代和七〇年代最早打入國際棋壇的兩名女性都是喬治亞人：加普林達什維利（Nona Gaprindashvili, 1941～）和齊布爾達尼茲（Maya Chiburdanidze, 1961～）。不過她們主要是參加女子棋賽，尤其是在她們早年的關鍵發展時期，這雖然能夠保護她們，卻也限制了她們的成長。

波爾加姐妹改變了上述一切。蘇珊在青少年時期就被推進競爭激烈的國際賽場，她們刻意避開女性專屬的比賽，尋求最激烈的競爭，只有少數正式比賽除外，例如三姐妹曾兩度率領匈牙利奧林匹亞代表隊出賽，獲得女子西洋棋團體賽冠軍。目前定居紐約的蘇珊曾在一九八六年匈牙利「男子」錦標賽中與其他棋手並列第二，茱蒂特後來在同一項錦標賽中獲得冠軍；一九九一年，十五歲的茱蒂特在贏得全國冠軍後，說她以後只考慮參加「男子」西洋棋奧林匹亞代表隊，匈牙利政府又能拿她如何？在波爾加姐妹的努力下，冠在棋賽名稱之前的「男子」一詞以及「扶弱政策」之下的女性頭銜，例如「女子特級大師」，都已經成了不合時宜的字眼（雖然至今仍然沿用）。茱蒂特曾說，她和姐姐引發的另一個改變，就是比賽時男棋手再也不能用女廁了。

波爾加姐妹在棋壇迅速竄升，幾乎完全消弭了對女性棋手殘存的迷思。無論是靠天生還是後天培養，很少女性會對正式的西洋棋感興趣，但是波爾加姐妹證明她們沒有先天上的限制——很多棋手一直抱持著女性天生對西洋棋不感興趣的錯誤觀念，直到他們得擔心自己可能被紮著馬尾的十二歲小女生擊敗。也許最後的迷思在二〇〇五年正式宣告終結。茱蒂特懷孕生子，休息一年之後於是年重返棋壇，她復出後的第一場錦標賽是在荷蘭舉辦的克魯斯超級錦標賽，她在那場競爭激烈的比賽中勝率超過百分之五十，也提高了自己的等級分。二〇〇五年十月時，二十九歲的茱蒂特等級分排名世界第八，差克拉姆尼克僅僅四分。不過，由於茱蒂特的棋風無法面面俱到，不太可能再創巔峰、獲得世界冠軍頭銜。

不過我們也不能單單以特定一人的成功——無論其成就有多驚人——就完全消除諸多關於性別與西洋棋的有趣疑問，如此不免失之草率。男人和女人從很小開始，解決問題的方法就大相逕庭，男女之間有這麼多明顯的生理差異，我們不可能肯定的說，各種領域的不平等，包括西洋棋在內，單純是因爲後天環境和傳統習慣所造成。

我承認，在很多場合裡，當記者問到爲何女性的優秀棋手這麼少時，我有時處理得不夠敏銳。我很希望自己能用更細膩貼切的方式表達，不過我的想法始終如一，無論是因爲生理、心理還是教育，很明顯的事實是——很少女性具有成爲頂尖棋手必須具備的執著戰鬥衝勁，其實，就是需要有這種強烈的衝勁，一開始才會被西洋棋深深吸引。話雖如此，我只能說女性或許也找到更務實的方法來運用她們的精力！

進入電腦世界

在諸多例子裡，很少能比「人類對抗電腦」的爭議更引人注目。我在一九九六和一九九七年與ＩＢＭ超級電腦「深藍」對奕的六局棋賽，在全球受到前所未有的矚目，一九九七年第二次對抗賽的官方網站所吸引的點閱量與亞特蘭大奧運網站不相上下，而且亞特蘭大奧運進行的時間還多了三倍；《時代》雜誌和《新聞周刊》皆以封面故事報導這場賽事，並且發展出成百上千的次要情節。「深藍」眞的是人工智慧嗎？我是人類文明的捍衛者嗎？一九九六年我在費城獲得勝利，一九九七年在紐約輸給深藍，此後ＩＢＭ拒絕舉辦第三場決定性的比賽，這蘊藏什麼意義？

身爲人類，我無法忽視這些干擾，但這是我這位電腦對手毋需擔心的事。比起我一九九七年輸掉最後一盤決定性的棋局更糟的是，ＩＢＭ突然決定終止「深藍」計畫，此一決定震撼了科學界和棋壇。半個世紀以來，西洋棋被視爲比較人類和電腦、直覺與計算的獨特領域，時至今日，這場棋賽唯一對外公開的部分，就只有我和這台數百萬美元電腦對奕的六盤棋局，這就像登上了月球，卻沒有拍下任何照片一樣。

ＩＢＭ倉促撤消「深藍」計畫，使他們在比賽中令人失望且令人質疑的行爲相形見絀。在一九九七年的賽事裡，ＩＢＭ不只是我的對手，也是比賽的主辦者，整件事裡面有如此深層的敵意，關於幕後情況也有如此多尚未解答的問題，很容易讓人懷疑他們爲了贏棋會不擇手段到什麼程度。

在被人指控輸不起之前，我乾脆自己先承認，我討厭輸棋，尤其在不瞭解我爲何輸棋的時候。我們今天分析這六盤棋局，發現「深藍」並沒有比其他程式優異，只有在幾次關鍵時刻，ＩＢＭ電腦下出不符其本性的妙棋，這點不免讓人迄今仍然感到懷疑，這些棋著是如何從輸了第一局比賽的同一台機器裡冒出來。

這場比賽的封閉性導致人爲干擾的可能，雖然在安隆（Enron）弊案爆發前，如果指控「企業巨人可能爲了價值數十億美元的免費廣告和股價飆升而操弄逃避法規手段」，人們會認爲這種想法十分荒唐而多疑。但儘管這些不愉快的插曲仍然揮之不去，我還是很意外一般人對這場比賽如此感到興趣，我知道我很想繼續這個冒險，不過將來比賽的環境應該更透明、也更科學。

沒辦法打敗它們，就加入它們吧

雖然ＩＢＭ背叛其偉大的實驗，突然終止「深藍」計畫，但是對於尋找運用電腦推展西洋棋的新方法，我的熱情並未因而消退。如同先前所提，一九九八年我轉向新的實驗——人類在電腦的協助下對戰，而非對抗電腦。

特級大師下棋是融合經驗與直覺，並以計算與研究爲後盾；電腦下棋則是靠強力計算法，以及龐大的開局資料庫。目前這兩種方法是勢均力敵，最強大的電腦和最厲害的人類棋手約略旗鼓相當，不過，即使微處理器的速度愈來愈快，人類同時也學會打擊電腦弱點的新招術，雖然電腦終究會超越人類，但是要到人類在最佳狀態下無法擊敗電腦的程度，還有很長一段路要走。

我在第五章所提「高等西洋棋」的概念，即有效彰顯了人腦加電腦的成本效益，人類的直覺加上電腦的運算能力會產生什麼效果？這種組合會成爲戰無不勝的半人馬，還是無法協調的科學怪人？高等西洋棋賽是由二位特級大師對奕，對局時身旁各有一台強大的電腦。一九九八年六月，第一場高等西洋棋賽在西班牙舉行，由我和托帕洛夫對奕。

雖然我已事先就新的比賽形式反覆演練，不過這場六局的比賽仍然充滿奇妙的感覺。我們都用電腦程式來分析棋局、接受訓練，所以很清楚電腦的能力和弱點，但是眞正上場比賽時，手邊有這麼一台電腦還是會讓人覺得既興奮又困擾。首先，能夠使用內含幾百萬盤對局的資料庫，代表我們開局時不用絞盡腦汁，但是，既然我們都使用相同的資料庫，所以仍然要有創新的棋著才能取得優勢，而且新棋著一定得比既有的棋著更好才行。

進入中局之後，身邊有電腦程式可資運用等於永遠不必擔心犯下戰術上的錯誤，如此一來，我們便能專注於深度的計畫，不用擔心計算是否精確，這在一般比賽中會用掉我們絕大多數的時間；同樣的，既然我們都使用電腦程式，重點就在於如何運用電腦來檢視我們的計畫，以及誰的計畫比較有效？如同在和「深藍」對奕時，萬一我犯了錯，絕對無法挽回，電腦不會為了原諒任何錯誤而回報你一著錯棋。

要找到使電腦發揮最大效益的方法十分困難，對我而言，檢驗電腦評估的可行性是很大的挑戰，電腦會立即給你建議，但是隨著電腦的分析愈深入，它提出的建議也會隨之改變。你必須瞭解電腦的運作方式，就像一級方程式賽車手充分瞭解自己的車一樣，如果電腦給你的建議看來很像它平常擅長的妙著，你會有一股衝動，想要機械化地按照電腦的評估下棋，這是十分危險的習慣；如果電腦的評估違背傳統的觀念，我就比較可能會挑戰它。

這種心態可以延伸到我們所做的任何事情，今天幾乎日常生活中所有事物都會用到愈來愈尖端精密的工具，大多數人只會使用這些工具最基本的功能，也許稍微看一下使用說明書，或是遇到困難時問個問題。一般而言，這讓我們變得很沒效率，我們不是常說：「可能有更好的方法。」卻還是繼續用老方法做事？

雖然是人類加上電腦，我和托帕洛夫的棋賽仍然未臻完美，問題大都出在快棋賽嚴格的時間限制，導致我們快到結束時計時器上的時間所剩無幾，能查電腦的時間不過幾秒鐘而已。撇開這個缺點不談，這是一場很有趣的比賽，同年稍晚，我與其他棋手在里昂繼續進行這個實驗，結果也很值得注意，僅僅一個月前我在一般的快棋賽中以四比零擊敗托帕洛夫，而我們在高等西洋棋賽裡則以三比三打成平手。

這種比賽形式有另一個好處：電腦會記錄棋手在棋賽中查詢的所有變化，也就記錄了棋手在對局時的思考過程。這讓觀眾覺得很有趣，同時也是很有價值的訓練工具，一般的棋賽禁止棋手做任何紀錄，但在高等西洋棋賽裡，我們可以看到棋手心路歷程的完整地圖。

二〇〇五年，高等西洋棋的精神在網路上找到眞正的歸宿，線上西洋棋網站 Playchess.com 主辦一場名爲「自由式」的西洋棋錦標賽，棋手可以隨心所欲的找其他棋手或和電腦組隊參賽。由於受到巨額獎金吸引，成群的特級大師同時使用多台電腦也參加了比賽。

剛開始似乎不出所料，人類加電腦，對付即使最強的電腦，也完全占上風，和「深藍」一樣以硬體爲基礎的強大西洋棋電腦「九頭蛇」（Hydra），根本比不上優秀的人類棋手加上相對較弱的筆記型電腦。人類的策略引導與戰術敏銳的電腦相結合，簡直是所向披靡。

令人驚訝的是比賽的最後結果，勝利隊伍是同時使用三台電腦的兩名美國業餘棋手，他們熟練的操作電腦，加上「指導」電腦深入檢視局面，有效的抗衡特級大師對手優越的理解能力。換句話說，「棋藝較差的人類＋電腦＋卓越的操作能力」，打敗了超級電腦，也打敗「棋藝精湛的人類＋電腦＋較差的操作能力」。

「自由式」贏家的優勢在於他們能夠精準協調兩種相反的方法，他們瞭解自己的工具，也知道如何將其效能發揮到極致。經理人也許會說他們結合了一群專長各異的員工，建立高效率的團隊；軍隊指揮官也瞭解，有組織的軍隊，勝過在數量上占優勢卻組織散亂的敵人。

遠離舒適區

在改善決策過程時，時常看到對立的組合也能和諧運作的情形。計算與評估、耐心與投機、直覺與分析、風格與客觀，下一個層次是管理與視野、戰略與戰術、計劃與應變，我們不能讓它們互相對立，而是要求取其中平衡，讓它們合作無間。

達到這種平衡唯一不變的方法是不斷想辦法避免讓自己感到舒適，如果我們過度依賴某件事，通常是因爲它很管用，但這會引起負面的失衡，同時助長不良的習慣——堅持自己最熟悉的方法，而不尋求更好的方法。

當我們小心翼翼地嘗試新事物，也正是確知自己在學習成長的時候，即使只是嘗試用新的方法處理每天慣常的工作也非常管用。你可以試試看用左手刷牙，或是穿褲子時先穿左腳，就可以知道自己平日有多依賴這些慣常的事。而思想上的慣性會更根深蒂固，也會造成更嚴重的後果。

針對自己的弱點下棋，是最有用也最快速的改善方法。努力使自己成爲全能型的棋手不一定能看到立竿見影的成效，尤其是在如此專業的領域裡，但是根據我個人的經驗，這種情形大部分會有「水漲船高」的效果，在一個領域裡得到的經驗往往會以出乎意料、無法解釋的方式提升我們的整體能力。

很幸運的是，我幾乎是被卡波夫逼著成爲更重視局面與戰略的棋手，因爲我別無選擇：如果不拓展自己的棋風和理解能力，就無法贏過他。對於大部分人而言，情勢不會那麼明顯，即使不用改變自己的習慣也能如常度日，不太可能發生什麼事，問題在於很可能什麼事也不會發生，成功迴避挑戰並非值得驕傲的成就。

藝術能打破僵化模式

在我小學五年級時，學校課業當中最令我百思不解的就是畫畫課，畫圖對我而言就像科學一樣奧妙，我實在不會畫畫，至今依然如此。我也沒有像對其他科目一樣在畫圖上下功夫，我說服母親幫我完成畫畫作業，還沾沾自喜。事實上家母很會畫畫，她曾畫過一隻站在樹上的鳥，好到引起老師注意，若換成是我，畫那隻鳥絕對不比畫蒙娜麗莎容易；老師問我有沒有興趣參加畫畫比賽，比賽規則是我必須在評審面前當場作畫，而不是在家裡畫，如果你認爲故事應該就此結束的話，那你實在錯估了當時的我自尊心和好勝心有多強。

我沒對老師說出實情，而是在接下來的幾個禮拜裡，拚命在家裡練習畫那隻鳥，我花了好多時間，完全按照母親畫的鳥一筆一劃臨摹，就像在背誦化學方程式一樣；雖然這無法取代眞正學會繪畫，但是到最後我模仿得還算不錯。

比賽時我緊張得滿頭大汗，終於畫出和母親所畫幾乎一模一樣的鳥。我一點也不懷疑，那隻鳥應該是我這輩子唯一畫得出來的東西。

現在的我當然希望當時是自己完成畫畫作業，眞正學會理解繪畫所需的技巧。今日，關於左腦和右腦的功能、甚至左腦發達還是右腦發達的討論早已蔚爲時尚，不過，我們不需要透過生物學，就能看出發揮創意的一面，讓心靈徜徉於藝術的追求，會非常有助於我們在處理問題時不再拘泥於僵化的模式。

偉大的物理學家費曼（Richard Feynman, 1918~1988）就是一個拒絕受限於自身成就的完美典範，歐本海默（Robert Oppenheimer, 1904~1967）在主持研發原子彈的「曼哈坦計畫」時，就曾經形容費曼是「此處最傑出的年輕物理學家」。但是費曼也是最會製造麻煩的人，他把每件事都視爲挑戰、尚待解決的謎團，他喜歡破解洛沙拉摩斯❷最高機密辦公室的鎖，只爲證實自己能夠辦到。他熱衷於畫畫，也是業餘音樂家，喜歡在巴西嘉年華會裡表演打鼓。

毫無疑問，費曼自由的靈魂和活潑的心智對他的科學研究而言是一項資產，而非累贅。在他暢銷的著作裡，費曼強調，科學是活生生的科目，而非只是冷冰冰的程式，他擅長結合各種技巧，將難題轉化爲相似但更容易解開的問題，這種技巧與他對生活中每個層面的新觀念都能保持開放的心胸有很直接的關係。

現在我們很強調「術業有專攻」的觀念，以往學生在進入大學時都懷著拓展視野的想法，而今天幾乎已變成學習一技之長的經驗，我們太強調要專精於自己的工作，以至於沒有發現，其他事能做得更好，也許是推動我們做好本業最好的方法。

如果說成爲更好的藝術家能幫助我成爲更強的棋手，或者說聽古典樂能讓你變成更有效率的經理人，這種說法聽起來也許很古怪，但費曼正是這麼認爲，他說當鼓手讓他變成更好的物理學家。如果我們經常用新事物挑戰自己，就能鍛鍊認知和情緒的「肌肉」，讓我們在各方面都變得更有效率。如果我們能克服自己對於公開演說、寫詩投稿或學習新語言的恐懼，這種自信就會注入生活中的每一個層面。

我們不能受困於「我們的工作」而失去了好奇心。我們最大的優勢是吸收並結合模式、方法和資訊的能力。以專注於狹隘的範圍來刻意限制這種能力，不只是一種罪惡，更不會帶給我們什麼回報。

電腦西洋棋

一旦人類發明出一種新機器，彷彿下一步就是把這種機器設計成西洋棋手。縱觀機械學和數位計算學的歷史，西洋棋始終位居最前線，很多傳奇的發明家也喜歡下棋，雖然未必下得很好，但他們喜歡下棋這件事無疑是原因之一；另一個原因是，西洋棋在人們心目中向來保有一種地位，套用歌德的話，就是所謂「才智的試金石」，只要有人發明出「會思考的機器」，幾乎都會立即測試這機器能否精通這種世界上最受推崇的遊戲。

除了應用科學家以外，一般人也把西洋棋視為人類智慧的巔峰，這也使得歷史上第一台西洋棋奕棋機器「土耳其人」（The Turk）聲名遠播。一七六九年，匈牙利工程師肯普倫為了取悅泰瑞莎女王，製造了一台奕棋機器。這台奕棋機是純粹的機械裝置，藏在一個打扮成土耳其人模樣的假人裡，當然，這台奕棋機之所以下得一手好棋，其實是因為一位真正的西洋棋大師巧妙的藏在機器裡。那台機器是騙人的。

❷ Los Alamos：美國新墨西哥州中北部城市，國家實驗室所在地。

西洋棋程式遭遇的主要問題是棋步的可能性太多，一般局面大約會有四十種可行的走法，所以如果考慮每一種走法衍生出來所有可能的回應，就會出現一千六百種可能的局面，這還只走了兩層，也就是一步棋（白方、黑方各走一步）；而兩步棋之後就會有二百五十萬種可能的局面；三步棋之後有四十一億種，一局棋大約會走四十步，可能的局面加總起來簡直是天文數字。

值得一提的是，第一個西洋棋程式在電腦尚未存在之前便已寫出來了，程式的作者是英國數學家亞蘭．圖林（Alan Turing, 1912~1954），他是許多人公認的現代電腦科學之父，也是第二次世界大戰期間破解德國通訊密碼機「謎」（Enigma）的科學團隊領導人。他寫了一系列自動西洋棋程式，但是當時尚未出現能夠執行這有史以來第一個西洋棋編碼的電腦，於是他只好在紙上演練；大約同時，另一位偉大的美國數學家夏農也列出幾種可能運用電腦下棋的策略。

一九五〇年，洛沙拉摩斯的核子實驗室意外成為推動西洋棋電腦下一步重要研發的地點。龐大的「機械數位式積分器暨計算機」❸誕生時，科學家寫了一個西洋棋程式來測試這台電腦，剛開始是電腦與自己對奕，隨後輸給一位實力堅強的棋手（這棋手甚至讓了電腦一個后），後來這台機器擊敗了一位剛學會下棋的年輕女孩，那是人類第一次在智力競爭的遊戲中輸給電腦。

接下來出現更聰明的程式，這些程式教導電腦在選擇棋著時如何避免浪費時間檢視劣著的可能選項，「阿爾發—貝塔」（alpha-beta）西洋棋演算法讓程式能迅速剔除較差的走法，進而計算更多棋步。這種「強力計算法」是用程式計算所有棋步，並且放棄任何分數低於目前選項的棋步，所有程式皆以這種搜尋法為基礎，程式設計師也運用這種方法建立西洋棋的評估功能，在當時運算最快的電腦上執行的第一代西洋棋程式，已經達到很不錯的水準；到了一九七〇年代，早期的個人電腦便已經能擊敗大部分業餘棋手。

下一個大幅度的發展是發生在著名的貝爾實驗室，設計 Unix 作業系統的湯普森用數百個晶片打造一台專門用來下棋的西洋棋電腦，他的電腦「美人」（Belle）每秒能搜尋大約十八萬種局面，而當時的超級電腦每秒只能搜尋五千種。美人可以預先算出九著棋，棋藝到達西洋棋大師級的水準，遠遠超越其他西洋棋電腦。從一九八〇年到一九八三年，它幾乎贏得所有西洋棋電腦比賽的冠軍，最後終於敗給超級電腦「克雷」（Cray）。

「薩爾貢」（Sargon）、「西洋棋大師」（ChessMaster）和「菲利茲」這類一般消費者使用的西洋棋程式，其性能也不斷提升，並因英特爾處理器速度大增而進一步改良。爾後，專門的奕棋電腦捲土重來，這都要歸功於卡內基美隆大學設計的新一代西洋棋機器。柏林納教授（Hans Berliner）是電腦科學家，也是通訊西洋棋（透過信件下棋）的世界冠軍，他發明的電腦「高科技」（HiTech）後來被他的研究生弟子——坎貝爾（Murray Campbell）和許峰雄的聯手創作擊敗。坎貝爾和許峰雄帶著冠軍電腦「深思」

❸機械數位式積分器暨計算機（MANIAC，為 Mathematical Analyzer, Numerical Integrator, and Computer 的縮寫）。

（Deep Thought）加入ＩＢＭ，並將深思更名為「深藍」。

在一九九六年和一九九七年與我對奕的「深藍」電腦是由 IBM SP/2 伺服器組成，內建大量特殊的西洋棋晶片。這樣的組合每秒能搜尋兩億種局面；如同現今所有西洋棋電腦，「深藍」也擁有預先安裝的龐大資料庫，裡頭的資料是擷取自人類特級大師在對局中使用過的開局局面，這些資料庫包含數百萬種局面，能夠模仿且超越人類對於開局的知識和記憶。通常電腦下了十幾步棋之後才會開始計算，假使沒有人類的開局知識，程式會變得弱很多。

也有只在棋賽最後階段才開始運作的資料庫，這些「殘局庫」是湯普森的另一項發明，它記錄所有六個以下棋子可能的殘局局面（七子以下的殘局庫目前已經問市），容量高達數千億位元，讓電腦能夠完美地運用這些局面，在這些絕對可靠的資料庫協助之下，我們找出需要超過兩百步準確走法才能取勝的局面，這種複雜程度是從前無法想像的，至今仍是任何人類都無法達到的境界。

幸好，開局研究和殘局庫不會結合在一起，我們不太可能看到電腦下出第一步棋 1.e4 之後，就宣佈它會在三萬三千五百二十著棋之後把對手將死。

茱蒂特・波爾加自述：「百分之三十到四十的西洋棋是心理學，與電腦對奕時就用不上心理學了，我沒辦法讓電腦感到迷惑。」

許峰雄和深思／深藍小組其他成員的聲明：「當兩種信念在棋盤上互相衝撞之際，

擁有至高天賦的個人，將以其聰明才智對抗數個世代的數學家、電腦科學家和工程師共同努力的成果。我們相信這個結果所要顯示的不是電腦究竟會不會思考，而是人類集體努力的心血能否超越最強人類的最高成就。」

《新聞周刊》報導一九九七年卡斯帕洛夫與「深藍」比賽的封面文章標題：「人腦的終極捍衛。」

第十七章　創造連結，掌握全局

「無論分析多深入，我們都無法光靠分析來理解全局。只有經驗和直覺才能幫助我們融會貫通，擁有完整的視野。直覺代表瞭解，而非僅止於知道而已。」

——卡斯帕洛夫

俗諺謂「細節裡藏著魔鬼」，但愛因斯坦年輕時就流露出強烈的企圖心，說他要忽略單純的細節，只想瞭解「上帝的想法」。其實知識愈廣博，理解的潛能也愈廣泛，我們開始看到原本看不到的連結，一切事物都變得益發清晰。想像一下，在一個六十四格的棋盤上，如果企圖只從其中只占四格的某一角去瞭解棋局的全貌，這會是什麼感覺；如果想要成功，甚至知道如何定義成功，我們就必須著眼全局。

幾乎所有人都列過「待辦事項」清單。這種清單通常很短，裡頭包含基本工作，或是不經提醒就會忘記的事。每一天都可以列一張新清單，只要做完一件事，就心滿意足地將之劃除，例如上超市的購物清單；工作上的清單則會列出明確的雜務和任務；經理人的清單也許列有要打的電話和待簽的文件；高階經理人也許會列出必須在一定時限內做出的決策。清單裡很少會列入重大事件，比方說沒有人會把「評估策略」列在裡面，影響深遠的決策或無法確定要花多少時間完成的事也不會出現；你不會看到單子上提醒你考慮決策的長遠影響，你自己就要記得「檢視更廣泛的影響」。

我們一般會作一陣子計畫，接著就進入執行階段，彷彿計畫與執行兩者完全沒有關連。即使有一定程度的策略規畫和長期評估，通常在跨出第一步之後就對其失去興趣，這會導致我們很容易偏離目標，打造鐵達尼號時付出的所有謹慎小心，在它行駛到大海之後就全然無用了。

宏觀與微觀

視野宏觀、掌握全局不僅在於取得更多資訊，我們還必須明白這些資訊彼此之間如何產生關連，同時也要清楚我們每一個行動之間的關連。在今天，提高決策效率是前所未有的重要，我們被愈來愈多的資訊淹沒，資訊供給的速度遠遠超過我們吸收的能力。青少年可以憑直覺以超過眼球轉動的速度點選成千上萬的網頁和頻道，選擇性的資料漫遊是他們的母語，這種能力很快變成了共通語言，我們只能像學習新語言一樣的去學習這種能力，這需要很大的決心才能辦到。

在高速公路上開車只需要具備不錯的駕駛技術，但是到了十字路口，你需要的是指引以及方向。注重細節的經理人在大部分情況下都不會有問題，但是有時候我們必須脫離細節和日常事務，把眼光放得既廣且深，以確保我們的策略沒有偏離目標，或者及早發現航道上的冰山。我們不能只專心培養雷射般的專注力，卻忘了確定自己是否專注在對的事情上，否則處理小事可能正確無誤，碰到大事卻出亂子了。

察覺事情出差錯的時候，如果視野太狹隘，也會導致無法正確的診斷問題，我們的所作所為幾乎都互為關連，要想成功解決問題，就必須具備宏觀的視野、銳利的眼光。我們往往急於解決眼前的問題，卻沒有考慮到這個問題是不是僅為冰山一角。

這就像是運用相機的變焦鏡頭，廣角和微焦鏡頭必須交替使用，移近拉遠。由於沒有完美的距離或理想的角度，我們必須不斷調整。宏觀的視野不是指遠離前線、呆坐在椅子上檢視地圖，我們必須一邊站在最前線，一邊察看衛星影像。一如我們進行評估時必須考量物質、時間、品質三要素，我們的視野範圍必須能針對「什麼？」、「為什麼？」和「如何？」等所有問題提出答案。

今天有關相互連結和全球化的討論已是稀鬆平常，其中對於經濟和商業的層面的討論尤然。我們的電腦有來自數十個國家的零件；佛羅里達州穀物的蟲害不單單會影響銷售佛州柳橙的地方，其他地區的柑橘價格也會受到影響；福特汽車最近被迫延後一款主力產品在美國上市的時間，原因是位於墨西哥的一個工廠出了問題。

專業化的優點和缺點

隨著科技在各個領域的重要性日增，從醫藥、銀行一直到投資業，我們對於專注和細節的依賴也愈來愈強烈。引導這種趨勢的理論是：一個關鍵的細節、一丁點的資訊，都可以讓我們知道還有更大的事情，並引導我們瞭解這些更大的議題。

有一則經常用於商業比喻的古老寓言，描述六個盲人各自摸到大象的不同部位，一個摸到象牙，便說大象像魚叉；一個摸到象鼻，就說大象像蛇，其他人摸到大象其他部位便說大象像其他東西等等。這則寓言告訴我們，我們必須看到全貌，才能對事情有眞正的瞭解，不過「瞎子摸象」這則寓言已經有點過時了，畢竟現在我們只需要幾個細胞，就能經由DNA鑑定，辨識出這隻動物是頭大象。

由於資訊俯拾皆是，社會上出現過度重視資訊的趨勢，誤以爲資訊只要存在即有其意義。微觀的分析必然會帶來正面的結果，不過往往僅限於專業領域。這種趨勢引發的問題在於，無論在董事會還是總裁辦公室，愈來愈多人採用這種聚焦的分析方式，我們很可能因此再也看不到擁有宏觀視野的眞正領導人。數學家兼哲學家懷海德（Alfread North Whitehead, 1861~1947）便曾針對人們愈來愈重視細節，導致專家之間無法協調的危險提出警告，一九二五年懷海德在哈佛發表一系列演說，他提到新專才教育的風險。他頗具遠見地預測：「這種專才主義論點所引發的危險甚鉅，這在我們的民主社會中尤其嚴重。合理邏輯的指導力量逐漸式微，領頭的知識分子缺乏平衡，他們看到某一組情況，或看到另一組情況，卻沒有兩組情況兼顧，而協調工作則留給那些不是欠缺力量就是缺乏特質的人，這些人無法在特定工作生涯中有所成就。」

針對當今政客及企業執行長的最惡劣行徑，懷海德所言可以視爲是對其罪行的直接宣判——最有智慧的人成爲專家，卻把協調工作留給能力較差的人。但是在他說這段話八十年後的今天，這正是我們所面臨的狀況，成爲偉大領導人的那些有智慧的人在哪裡？領導不是一門專業，而是協調與整合，我們今天卻必須依賴一百個不同領域的專家創造、吸收大量的資訊。

過度依賴資訊的數量，也會導致我們太容易相信隨著每件事實而出現的偏見，我們必須瞭解資訊的來源以及潛在的結果。針對同樣的事件，福斯新聞台和CNN的報導聽起來可能截然不同，不過，正因爲知道外頭有這麼多資訊，我們會想等待、進而蒐集更多資訊，試圖達到完美、客觀、不可能達到的境界。我們有各式各樣的新工具，可以用來蒐集、分析資訊，可是這些工具無法替我們作決定，手段並非解決方案，事實上反而可能成爲阻礙，使我們看不到更廣的模式，無法培養我們的直覺。

全球化思考和全球化戰爭

時事可以作爲很有價值的研究案例，有助於瞭解宏觀的思維。如果全球經濟網絡已是既定事實，你或許認爲政策決定會造成全球性的影響是極其明顯的事。二〇〇三年美國進攻伊拉克，全世界立刻感受到後果，這個情形顯然讓很多政治人物大吃一驚，如果美國事前先向境內有大量回教徒的國家提出警告，並且與這些國家政府共同合作，情況又會如何？美國卻只在深陷伊拉克戰爭泥淖之後，才試圖躲開全世界的憤慨不平。

任何改變現狀的決定都會引起漣漪，丟進池子的石頭愈大，漣漪就愈大。透過即時的電視和網路報導，現在這池子的大小就跟地球一樣大，攻打伊拉克這件事就是一顆巨石，雖然美國在事前考量過鄰近國家人民可能產生的憤怒回應，但是世界上回教徒最多的印尼呢？即便印尼與波斯灣在地理上有段距離，仍然不能避免大規模抗議、暴力事件與恐怖攻擊的爆發。

僅僅解決問題的一角，而沒有通盤處理，反而會導致情況惡化。消弭恐怖組織網絡的一個關鍵要素，在於恐怖組織多半依靠石油收入資助的事實；雖然未必所有石油收入都用來資助恐怖分子，但是幾乎所有恐怖組織的財源都來自於石油。全世界獨裁政權的收入皆來自於世人對石油的依賴，但是一般國家在提倡能源獨立時很少說明這一層關係，因爲此舉會惹惱太多能源公司和產油國家的重要朋友。世人不會在一夕之間停止使用石油，但是西方世界的消費者在資助反民主勢力的同時，又試圖把民主帶到這些國家，實在是既虛僞又徒勞。

一旦我們接受這個事實，減少對石油的依賴就成了關鍵，這不僅有利於金融穩定與環境保護，也保障了國土安全。一九一九年，列寧和托洛斯基創立了「共產國際」，而事實證明今日的「石油國際」和「天然氣國際」與過去的共產國際同樣瘋狂，這些國家包括伊朗、沙烏地阿拉伯、蘇丹、委內瑞拉、阿爾及利亞……以及令我感到悲哀的俄羅斯。

在游擊戰裡，你不是正在贏，就是正在輸，維持現狀不會是皆大歡喜的局面。反恐戰爭現在已經演變成消耗戰，我們的敵人目前擁有幾無窮盡的資源，如果沒有石油的收益，恐怖組織就會衰竭而死。地處偏遠的小國冰島雖非位居所謂「反恐戰爭」的最前線，但冰島也許是反恐最佳典範，讓我們知道如何打這場長期的戰略戰爭。冰島最近宣佈全國將在二〇五〇年之前完全停用石油，瑞典也起而響應，發表類似聲明，瑞典計畫在二〇二〇以前徹底擺脫對石油的依賴。想像一下，如果美國總統提出將類似計畫列爲全國最優先要務，並且獲得國會通過，這樣的聲明，再加上政治力量和財務承諾爲後盾，對於恐怖分子和其資助者的威脅，會遠遠超過世界各地所有的美軍。

即使在最理想的情況下——油錢不會用於直接資助恐怖主義、助長不穩定，但是石油收入還是有可能妨礙創新，如果國家的財政收入主要來自於天然資源，例如石油和天然氣，那麼把重心放在教育和科技上就看不出明顯的好處。石油資源豐富的挪威就是最好的例子，它也絕對沒有缺乏民主的問題，挪威是全世界平均每人國內生產毛額第三高的國家，這全要歸功於挪威國家石油公司，但是和缺乏石油的北歐鄰國相比，挪威就不曾出現諾基亞，也沒有易利信這種企業。

我們可以把較爲混沌艱澀的「蝴蝶效應」留給大學經濟教授討論，有太多確鑿的全球化因果關係，可以作爲證明全盤思考十分重要的實例，我們必須向前觀、朝外看，看看自己到目前爲止表現如何；我們有時也必須回頭看，看看我們最近的決定結果好不好？評估有多準確？事後諸葛不能只是遺憾，還要有建設性。

全盤布局

有將近三十年的時間，我的工作就是參加棋賽。錦標賽、對抗賽、賽前備戰……，一切都是關於下一場棋賽、下一個對手、下一步棋。棋盤上的六十四格組成一個簡單的平面，一個有十六顆子和十六個兵的二度空間戰場，西洋棋沒有空中武力，所以沒有第三度空間，不過我們可以把時間因素當成另一個必須納入考量的重要因素。

但是西洋棋對於視野宏觀、掌握全貌也有另一番詮釋，我們稱之爲「看全盤棋」，前面我們討論過在棋盤一邊的一步棋可能影響到另一邊，不過當時討論的重心是放在如何具體製造弱點，以及如何將子力從棋盤的一翼迅速移到另一翼，這絕對是全盤考量的一部分，而且所有偉大的棋手都精於此道，事實上，我認爲這就是世界冠軍必備的特質。

阿廖欣是我最早的西洋棋偶像，他的對局集始終陪伴著我，我夢想自己有朝一日能像他一樣下出漂亮的戰術組合和壓倒性的攻擊，他原創的概念和凌厲的棋路爲世人留下傳世遺產，同輩棋手把他視爲超人，其中包括出生於愛沙尼亞的蘇聯特級大師凱里斯，他說：「對於卡帕布蘭卡，你不可能贏他；對於阿廖欣，你根本不可能跟他下棋。」

阿廖欣的對局常被形容爲富有原創性和出人意料，這在歷史悠久的西洋棋裡可謂極高的讚譽。原創的設計通常必須透過深厚的準備工夫才能達成，你又如何能讓世界級的棋手感到吃驚？阿廖欣做到了，他從來不會忽略棋盤的任何一個角落，你也許以爲在棋盤上不可能暗藏伏兵，可是阿廖欣總是辦得到。他能夠把棋盤上的每一顆棋子視爲一個整體，且能發現別人看不到的潛力。

阿廖欣有兩盤棋局在這方面的表現尤其突出，一盤是在一九二一年，他在布達佩斯和默默無聞的匈牙利棋手斯特克（Karoly Sterk, 1881~1946）對奕，另一盤是在一九二二年，對手是德國棋手波哥留波，波哥留波後來分別在一九二九年和一九三四年兩度挑戰阿廖欣的棋王頭銜，不過兩次都鎩羽而歸。阿廖欣精於全盤思考的特長在這兩盤棋局裡顯露無遺，他先攻一翼，然後突然轉戰另一翼，給對手致命的打擊，可憐的斯特克發現自己所有棋子都聚集在棋盤的同一側，只能眼睜睜看著阿廖欣在另一側發動閃電攻擊，阿廖欣的棋子彷彿被施了魔法般突然出現在黑王面前，瞬息之間勝負已定。

如果說斯特克完全不是阿廖欣的對手，那麼再看阿廖欣與波哥留波的對局，阿廖欣可是以其職業生涯中最精彩的對局擊敗波哥留波。一九二二年，阿廖欣在海濱渡假勝地哈斯汀舉辦的錦標賽裡，兩度擊敗出生於俄國的德國人「波哥」（Bogo），阿廖欣執黑子獲勝的經典對局已成為西洋棋文獻的珍寶，他致勝的戰術組合帶有十分強烈的傳奇色彩，以致於大家時常忽略他在發動絕妙攻擊之前，幾乎在棋盤上的每一格都勝過對手。一開始時他在王翼的掌控權遭到阻礙，但是隨著迅速的調兵遣將，阿廖欣攻破后翼，此時波哥的子力都還圍繞著王，與新陣線相隔遙遠，等波哥的子力抵達后翼時，只來得及參與西洋棋史上最永垂不朽的結束。

比賽接近尾聲時，白方已經無路可走，沒有一種著法不會導致局面崩潰，這種耐人尋味的情況叫做「迫移」（zugzwang），此一術語源自於德文，可以約略解釋為「不想動卻由不得己」。時間通常是優勢，但在很罕見的特殊情況下，輪到走棋反而更糟。

大多數棋手很難捨棄棋盤某個區域的微小優勢，尤其是在採取攻勢時，阿廖欣轉換子力能量的能力，如行雲流水般順暢，他從不固守一次行動或一個區域。阿廖欣在變化多端的全盤棋法上具備與生俱來的獨特天賦，即便是他最強的對手也無法抵禦。雖然所有成功的棋手都有著眼全盤的功力，但是有一派棋手又替這種能力挹注了更多活力，其中包括我本人在內（阿廖欣的對局集使我獲益良多），彼得羅辛與卡波夫之類的局面型棋手能夠縱觀全局，偵測到弱點和未來運用這些弱點的潛在機會，而阿廖欣、塔爾和我這類型的棋手則對眼前的機會較感興趣。

要想培養這種視野必須透過練習，還要擁有某種程度的超然態度。當我們太執著於一個問題時，頭一個拋開的就是洞察能力，我們不應過度注意細節，以致於無法在必要時轉換看事情的角度，如果老是擔心一棵樹倒下會砸到自己，就會見樹不見林。

犧牲近利完成長遠目標

眞實世界裡的全盤思考包含瞭解事情的因素、這些因素有什麼關連、這些關連又如何隨著時間而改變。能夠接受短期的損失，換取長期的收穫，便是成熟的象徵。今天的政治環境幾乎已經完全遺忘這一點，在電視上曝光十秒鐘和短暫的民調數字，勝過可能要花時間完成、甚至必須犧牲才能達成的重要目標。

有史以來最精明的英國政治家狄斯雷利（Benjamin Disraeli, 1804~1881）瞭解「因贏而輸」和「輸才能贏」的差別。在他巧妙的運籌帷幄之下，狄斯雷利在推動國家社稷福祉的同時，也替他所屬的保守黨帶來利益，雖然短期內必須付出失敗的代價，但往往能獲得長遠的成功。也許他對於挫敗宿敵格萊斯頓（William Gladstone, 1809~1898）有種不健康的偏執，但是狄斯雷利通常能成功融合這些目標。有長達好幾年的時間，這兩位重量級政治人物在現代政治裡首次出現的大對決中互相餵養對方的能量。

一八六六年，由於狄斯雷利的暗中作梗，導致維新黨政府因無法通過第二次改革法案而總辭，保守黨開始掌權，狄斯雷利上台後立即提出自己的改革法案，甚至還比先前未獲通過的法案更為激進。此一法案要求賦予一百五十萬人投票權，使選民幾乎增加一倍，此一舉動撼動保守黨陣營的根基，後來保守黨在一八六八年的選舉中大敗，政權移交給格萊斯頓及其陣營。

可是狄斯雷利看得更遠，他瞭解如果沒有這一批新選民的加入，保守黨會永遠只是專屬於上流社會和貴族的在野黨，雖然一八六七年的改革法案讓保守黨付出一次敗選的代價，卻使此一政黨能夠生存下去；一八七四年的選舉，甫獲選舉權的工人階級第一次獲得投票權，狄斯雷利預測這些人會基於感激而投票給保守黨，而且這種感激之心會延續下去，進而在傳統保守的上流階級和工人階級、商會之間搭起橋樑，事實證明他的預測是正確的。一八七四年他在新選民的支持下，以高票當選，重掌權力；重新執政之後，狄斯雷利政府迅速通過大量有關勞工與健康的改革法案，改造了整個英國。不過狄斯雷利較不擅於管理海外殖民地，至少他不擅於處理國內人民對此議題之觀感，在阿富汗和南非的挫敗是保守黨一八八〇年下台的主因。

現在的政壇已經看不到狄斯雷利這種政治人物了，當今政客的心靈被短期目標和興趣所主導，他們把預算耗費在取悅少數支持者的計畫，付出導致未來經濟崩解的代價；企業也只關心公司今天的股價，而不管明天的收益狀況，無疑的，這種心態也滲透到個人層次，這是我們最感關切的部分，因為這種情形我們可以予以改變。

僅僅專注於短期的滿意與問題的症狀，會讓我們走在荊棘遍佈的小徑上，難以從中得到眞正的快樂；我們必須有意識地制止自己，退後一步，拓展自己的感官；我們要把眼光放遠，不能只擔心眼前的事物。只有偶爾強迫自己不要收集太多資訊、放下計算和分析，才能發現事情的導因和關連，並培養我們的直覺。

然而，無論分析多深入，我們都無法光靠分析來理解全局。只有經驗和直覺才能幫助我們融會貫通，擁有完整的視野，除了知其然，還要知其所以然。直覺代表瞭解，而非僅止於知道而已。將我們所有的記憶、天賦與技巧合而爲一，就產生字典裡所定義的「不經推理便能理解」。名推理小說家克莉斯蒂說，直覺是「你無法忽略、也無法解釋的東西」；不過，明白直覺的重要性，並且瞭解自己該如何發揮直覺的最大功效，永遠不可能足夠。

俄羅斯的情勢

二〇〇五年三月十日，我結束最後一場職業棋賽，在四十一歲宣告退休，此時距離我第一次參加國家級比賽已經三十年、成為世界冠軍以來已近二十年。我在利納雷斯贏了最後一場錦標賽，離開棋壇時，我仍是全世界等級分最高的棋手，因此我退休之舉無可避免的招來四面八方的無數個「為什麼？」

為了忠於自己在書中所提的建言，我深入探討自己所踏出的這重要一步，答案中最重要的一部分是——我的這一步，並非隨興所至的一步，而是順理成章的一步。我全心投身於俄國反對運動，這不僅反映出國家的需求，也反映出我希望對世界有所貢獻的需求。我有幸能在西洋棋世界裡實現我絕大多數的雄心壯志，在政壇（希望也在文壇），新挑戰與施展抱負的新方法也正等著我。

貫穿本書的一個主題，就是不斷挑戰自我的重要性。探索未知的領域，並從冒險中學習，才能使自己不斷進步。我們必須強迫自己離開舒適區，相信自己有能力適應環境，進而茁壯成長。我在這本書裡寫下的一字一句都引領我離開棋壇，我渴望新的挑戰，我要到需要我的地方。在為俄羅斯脆弱的民主奮戰之際，我也找到崇高的目標、有意義的挑戰，同時也替自己的能量開闢新的發揮頻道。

我作出這個決定並非為了競選高官大位，也不是我個人與普丁或任何人之間有什麼恩怨，我的目標是尋求正面的改變，普丁只是我們當前奮戰對象的象徵。我不希望十歲的兒子將來要擔心自己服兵役時必須參與不合法的戰爭，例如車臣戰爭，或是懼怕獨裁政權的壓制，我希望能貢獻自己的視野、策略思考和奮戰不懈的精神，防止這些事發生。

很多人問及對抗當今俄羅斯政權所牽涉的危險，我是否在逞匹夫之勇？畢竟，父親遭受攻擊或入獄對兒子而言絕非好事，關於這點，我只能說有些事就是得去做，無論成敗，這就是必須打的仗。如同蘇聯時期的異議分子所言：「做你該做的，然後順其自然。」俄羅斯有好幾百萬人和我一樣希望擁有自由的媒體、法治、社會公義和公平自由的選舉，我的新目標是為這些人而戰，為這些基本權利而戰。

為了達成這些目標，我和同伴召集真正的反對團體和社運人士，組成一個非意識形態性質的廣泛聯盟。我努力在國內外喚起世人對俄國民主制度幾乎被摧殘殆盡的重視。事實證明西洋棋替我帶來的名聲，以及我在棋壇培養出來的技巧，對於進行這項任務的重要性都不可或缺。

根據自由之家〈二〇〇五年世界自由度報告〉，俄羅斯的現狀是「不自由」。

馬丁路德在一五一九年「伏姆斯會審」上對查理五世說：「我站在此地，我別無選擇，願上帝幫助我，阿門。」

以下是一九四六年三月五日邱吉爾在密蘇里州富爾頓市所發表的偉大演說中較不為人知的一段，雖然他提到的鐵幕今日已經不復存在，但是他所描述的使命依然至關重要：「美國軍人碰到危急情勢時，習慣在所下指令的信頭寫下『整體戰略概念』這幾個字，這裡頭蘊含了智慧，因為它能引導出思緒的清晰。那麼，今日我們該寫下的『整體戰略概念』是什麼？那就是——所有土地上的所有男男女女、他們的家庭和家人的安全與福祉、自由與進步。」

第十八章　鍛鍊你的直覺

「直覺是融合經驗、知識和意志而來。對於我們幾乎沒有實際經驗的領域，我們不可能產生直覺，這與一般人的認知剛好相反。」

——卡斯帕洛夫

儘管心理學家和神經學家已竭盡所能探討人類的思想，我們還是只能以隱喻、詩句和其他修辭法來表達自己一知半解的事物。我不是詩人，所以我打算從比較實際的角度探討，也就是我們所謂的大腦指揮區的研究。

赫胥黎（Aldous Huxley, 1894~1963）無視佛洛依德的學說，早在腦部掃描發明之前便曾撰文替這個方法背書，他將經驗定義為「關於敏感與直覺、看到和聽見有意義的事情、在對的時間集中注意力、瞭解與協調。經驗不是發生在一個人身上的事，而是一個人如何因應在他身上發生的事。」

我們絕對要扮演主動的角色，我們不能枯坐空等，期待智慧會隨著白髮自動累積，從失敗的經驗中汲取教訓是我們起碼該做的事，如果想得到更多，就必須提出要求、努力培養，並且主動尋找。

直覺是融合經驗、知識和意志而來。對於我們幾乎沒有實際經驗的領域，我們不可能產生直覺，即使最模糊的直覺都要以實質的事物為基礎，這與一般人的認知剛好相反。新同事給你良好的印象，可能源自於記憶深處另一個人的聲音、臉孔或名字。

討論人類直覺的困難之處，可以用曾任西班牙王室總管的坎波（Sabino Fernández Campo）所說的一句話來形容：「我能告訴你的一點也不有趣，而有趣的事我無法告訴你。」雖然如此，我最好還是舉實例說明，也許能幫助你對自己的直覺更有信心，這是無法以任何分析或儀器測量的重要元素。

直覺與分析

在撰寫《偉大的前輩》的過程中，我除了對世界冠軍的成就有更深的敬意，也更欽佩所有西洋棋手，以及棋局能夠導引出人類智慧精華的方式，幾乎沒有什麼活動像職業西洋棋錦標賽如此耗費心思。記憶力超速運轉、迅速計算不可或缺、輸贏繫於每一步棋，這些都要持續好幾個小時、好幾天，而且全世界都在看，完全是要讓一個人身心崩潰的理想腳本。

因此在分析世界冠軍前輩的對局時，我更能包容他們犯下的錯誤。我身處於二十一世紀，站在巨人的肩膀上，功能強大的西洋棋電腦程式唾手可得，既然擁有這些優勢，又有後見之明的客觀，我告訴自己，我不應該太嚴厲的批判前輩，正如我也會希望別人對我在激烈比賽中所犯錯誤抱持更寬容的態度一樣。

這套書一個很重要的部分是蒐集與這些棋局有關的所有分析，尤其是棋手本人以及同時代棋手公開發表的分析資料。因為這套書的主題是要說明西洋棋的演進，所以當時的棋評在很多方面都與棋局本身同樣珍貴，它們能夠透露出棋手的想法。

一般人會認爲，棋評家在平靜的書房裡工作，移動棋子的時間毫無限制，他們一定比棋手輕鬆很多，畢竟後見之明總是看得最清楚。不過，我發現在電腦尚未出現前的那段時間裡（約莫在一九九五年以前），後見之明非常需要好好配副眼鏡。

很矛盾的是，當其他頂尖棋手在報章雜誌的專欄上發表關於棋局的文章時，他們的評註往往比棋手在對局時出現更多錯誤，即使棋手發表自己棋局的賽後分析，通常也比他們實際下棋時較缺乏說服力。

一八九四年世界冠軍賽的第七局比賽是決定性的一役，當時是由二十五歲的德國棋手拉斯克挑戰時年五十七歲的冠軍史坦尼茲。第一階段的棋賽在紐約舉行，後來移師費城，最後是蒙特婁，前四盤比賽中雙方各獲兩勝，接下來是兩局平手，再來就是當時棋評所謂的「幸運的第七局」，可是在這場關鍵對局裡，運氣所扮演的角色究竟有多重要？

對局一開始，執白子的拉斯克就走了錯著，史坦尼茲適時抓住機會。如果今天的特級大師在這種局面下認輸，觀眾也不會覺得驚訝，不過一世紀前的棋賽比較不科學，而且拉斯克繼續下也不會有任何損失，只會讓年長的對手到了下一局時更爲疲累，此外，拉斯克當時已經很擅長運用心理戰術，他也許認爲虛張聲勢會令一板一眼的老將感到不安。

接下來發生的標準版故事約略如下：執黑子的史坦尼茲明顯占上風，拉斯克棄掉一子，對黑王發動孤注一擲的攻擊；史坦尼茲感受到些許壓力，不過仍然握有優勢，接著，他犯下一個自我毀滅的錯誤，最後輸掉這局棋。這個失誤令史坦尼茲在驚嚇之餘，又連輸四局棋，也輸掉世界冠軍頭銜。

大部分十九世紀的棋評都是這麼說的，後人也大致同意這種說法，不過，修正後的版本應該如下：史坦尼茲握有客觀上的致勝局面，但是他犯了幾個小錯，讓拉斯克有機會發動危險的攻擊，局面因此變得複雜；挑戰者的後續走法和棄子讓黑方面臨很多實際的問題，史坦尼茲沒能在持續的壓力下準確防禦，最後輸掉了棋局。史坦尼茲在落後的局面下又犯了最後的錯誤，由於在看似簡單的致勝局面下遭受挫敗，心理上的打擊讓史坦尼茲驚愕不已，他無法在後來的比賽中復元，這次失敗除了打垮他的自信心，他向來篤信的理性西洋棋原則似乎也背叛了他，他相信自己會贏，並且按照他的哲學下棋，最後卻輸掉比賽。

這麼多棋藝精湛的棋手怎麼可能錯過拉斯克在對局時感覺到的事？連拉斯克本人在事後的觀察裡也從沒質疑過這個官方版本，但是，事實上他在對局時，給他正確指引的正是他的直覺！結果我發現這種事一點也不稀奇，即便在一個世紀後也會發生相同的事，包括我自己的棋局和我自己所作的分析在內。第一個原因是，你不可能複製比賽時的專心程度；再來，把棋子移來移去可能導致我們用眼睛，而非用腦袋來下棋，而比賽時我們別無選擇。

這些傳奇人物一次又一次在職業生涯最關鍵的時刻，憑著直覺走出最佳棋著，競爭的壓力迫使他們把直覺推向更深的層次；如果沒有壓力，我們有一部分的感官會是關閉的，分析就像明眼人學習盲人點字法，我們自以爲是的優勢——時間和資訊，可能會讓能發揮更大功用的直覺發生短路。

多久才算夠久？

舉這個例子並非要鼓勵你完全依賴直覺而不動腦筋，而是要強調專注與直覺的力量，我們最大的問題是對這些直覺的信任不足，過於依賴掌握所有資訊，並完全依照資訊的指示而行動，這會讓自己退化成微處理器，直覺也將愈來愈遲鈍。

做任何事都必須付出代價。自我挑戰、嘗試新方法必然會帶來失敗，我們的直覺不只一次指向某個方向，結果是死路一條；所以我們犯錯、學習，然後犯更少錯，更有信心，更願意信任自己的直覺，隨後又周而復始的循環下去。嘗試任何事情的結果若非失敗便是成功，這兩者無法分割，如果希望成功，就必須甘冒失敗的風險。

一九九〇年代網路公司造成的股市泡沫開始膨脹時，幾乎所有「舊經濟」的分析師都十分警覺。他們知道這當然不可能是眞的，沒有營收的公司不可能市値高達幾十億美元。五年後，股價暴跌，成千上萬的公司宣告破產，此時我們可以很輕鬆的說這些頭腦清醒的分析師判斷正確。事實上他們是相信自己的直覺，遠離科技市場的瘋狂面，其他人雖然明瞭網路股價的趨勢違反其經驗法則，但還是一股腦的往下跳，結果損失慘重。

可是這些預言股市在劫難逃的保守分析師眞的是對的嗎？當所有小孩都往池子裡跳，你很難不跟著跳，但是過一陣子之後這事變成了嗜好，結果你卻再也不跳了。我們應該把更多讚美之詞留給那些操盤有術的少數人，他們的直覺要他們跳進去，並告訴他們可以待在裡頭多久。無論是多麼令人耳熟能詳的災難故事裡（包括我自己的網路冒險事業），都可以看到投資人跑進正在燃燒的大樓裡，口袋塞滿網路黃金，然後在大樓崩塌之前及時逃出。

在任何數據有限、時間至上的行業裡，直覺都是很重要的因素，股票分析師尋找股價走勢圖裡的模式，例如「茶杯」和「上升楔形」，就像西洋棋手尋找將軍的模式一樣，直覺不僅告訴我們「有什麼」和「怎麼做」，它也會告訴我們「什麼時候要去做」。經過培養的直覺，就會成爲省時又省力的工具，減少做出正確評估所需的時間、縮短採取行動的時間。我們可以永遠不作決定，不停蒐集、分析新資訊，我們要靠直覺告訴我們，什麼時候報酬率遞減法則開始生效，此時亦即立刻展開行動之時。

一步棋可以思考十秒鐘、十分鐘，或是一個鐘頭，到底該想多久？培養良好的直覺可以讓我們保持務實，也會告訴我們需要投注更多時間和注意力的關鍵點何在，這種西洋棋手所依賴的模式辨識功能對於每一種行業都很重要，我們無論遇到什麼情況，都必須思考我們是在面對趨勢，還是某種獨特的東西。偵測趨勢通常要以直覺和無形的元素爲基礎，而且最好要掌握先機。這種情況以前是否發生過？這次是否會以同樣的方式發展？

忽視趨勢的危險

判斷某一事件是偶發、新趨勢，還是仍爲舊趨勢只不過舊瓶新裝，這非常重要。根據媒體和競選陣營的說法，每次選舉季節都會帶來半打「新範例」，不過後來證明其中很少是新趨勢，而且大部分根本無關緊要。二〇〇四年美國總統大選期間，民主黨在選擇凱瑞的競選搭檔時，回顧二〇〇〇年高爾敗選的經驗，卻在這個關鍵的選擇中作了錯誤的決定。

也許凱瑞的競選總部認爲選擇愛德華茲是很合理的事，但是事實證明，就選舉人票分佈的地圖來看，此一人選完全不合情理。布希在二〇〇〇年的大選中主宰整個南方，他們沒有理由相信愛德華茲可以爲民主黨拿下南方的任何一州。在二〇〇四年選舉中，「藍色」❶民主黨再度輸掉整個南方，就連在愛德華茲的家鄉北卡羅萊納州，也和二〇〇〇年的高爾一樣輸掉十三個百分點，令他們更沒面子的是，民主黨爲了確保愛德華茲不會輸得太難看，還曾在北卡砸下重金。

民主黨希望高爾在南方的大敗只是反常現象，從「物質、時間、品質」三要素的分析來看，他們是走向萬劫不復之路。他們選錯戰場、資源管理不當，也沒能認清趨勢，民主黨爲此付出代價。如果民主黨能認清二〇〇〇年輸掉整個南方是一個趨勢，他們就很可能以蓋哈特取代愛德華茲作爲副總統候選人，如果加入這位長期耕耘中西部的生力軍，民主黨很有機會反轉愛荷華州和密蘇里州，使這兩州十八張選舉人票由紅翻藍，如此一來，即使凱瑞輸掉俄亥俄州，也會以二百六十九票對二百六十八票擊敗布希。

我們不能光憑民意調查和數據來區分反常現象和趨勢，我們要專注於所有新事件，擴展我們的判斷能力。新事件爲何而新？它在哪一方面近似於我們曾經看過的事件？環境有何改變？如果能夠回答這些問題，我們就很可能知道一片小雪花是否就要變成暴風雪。

❶美國總統大選時，共和黨支持率較高的州以紅色標示，而民主黨支持率較高的州則以藍色標示。

第十九章　察覺危機

「一切事物皆濃縮成一個時間點，而這個時間點決定了我們的生命。」

——卡夫卡（Franz Kafka）

「只憑著直覺魯莽行動，沒有作必要的分析，這已經跨越了直覺思維的界線，而可說是精神上的懶散。」

——卡斯帕洛夫

哪一種情況會讓你覺得比較害怕，是要你「解決這個問題」，還是「找找看有沒有問題」？相較於找找看有沒有問題，解決問題幾乎可以用簡單來形容，雖然面對危機很難算得上幸運，但是，確知必須採取行動反而令人安心。一切看似風平浪靜，我們不知道要做什麼或是根本不知道究竟該不該做些什麼的時候，才是對技巧和直覺眞正的試煉。

任何人做過選擇題的人都知道，最可怕的選項就是「以上皆非」，突然間問題變成開放式，也許根本就沒有答案，誰知道呢？我們可以做做看以下這個不需要用到計算機的簡短數學題。

13 × 63 = ?

(1) 109
(2) 819
(3) 8,109

當然沒問題，你只要運用簡單的刪除法就能找到答案，直覺馬上會告訴我們用不著做任何計算，但是如果選項中加上(4)以上皆非，那麼無論(1)、(3)錯得有多離譜，我們都必須把答案算出來才行。

我們在先前討論西洋棋排局時曾經提過這一點，假如給你一個局面，如果條件是「白方在三步後將軍」，那就很明確，若是「白方贏棋」，就較無限制，但在這兩種情況下，我們都是在著手前就知道要找到某一個東西，我們可以把問題交給大腦負責解決問題的區塊處理，而能安心的關閉更高層的評估和警覺功能。

在這種情況下，我們不會再被懷疑拖延，而能夠非常有效率的完成這些任務。一九八七年我受邀參加一場阿泰利公司在法蘭克福舉辦的宴會，該公司所有經理人都到場，宴會主持人是阿泰利德國分公司的總經理史頓夫（Alwin Stumpf）。那是一場非正式、帶有娛樂性質的晚宴，我們從政治、西洋棋一直談到電腦。事實上，從那天晚上開始，常有人提起我當天晚上說過的一席話，當時我預測，由於蘇聯的轉變，柏林圍牆不久後便會倒塌，或許短短五年後就會發生。幾乎所有聽到這句話的人都非常客氣的未置可否，也許他們的共識是：「很不錯的西洋棋手，可是他對政治根本一竅不通！」結果我所預測的時間點還晚了兩年。

晚宴結束後，史頓夫拿起麥克風鄭重宣佈：「我們即將看到一件神奇的事！」我完全不知道他指的是什麼，他繼續說，他在電視上看過我表演這個神奇的本領，現在我要來當場表演一下。他一邊指著會場另一端每位賓客進來時都會經過的一排長桌，一邊解釋道，桌子上的每一張棋盤都按照一盤歷史性的對局擺放，是由當地一位身兼棋手的記者從過去一百五十年的西洋棋比賽中挑選而來，每一張棋盤前都有一張正面朝下的卡片，上面寫有日期、地點和棋手的名字，他們想測試我能否從棋盤上的局面說出是哪一場比賽。接著史頓夫走到棋盤前，並邀請我加入他，以接受挑戰。

等他把話說完，我仍坐在椅子上，他開始有點不知所措，因爲他沒有事先告知我這個活動，很擔心我會被這個小小的意外安排激怒。我說：「我很榮幸你對於瞭解人類心智有興趣，但是我希望你不介意我坐在這裡。」史頓夫的臉頓時沉了下來，好像我就要毀掉他今晚最重要的一刻！我繼續說，我走進大廳的時候，忍不住看了一下棋盤，現在我要從房間的另一頭，就坐在這張椅子上，辨認出所有局面；然後我一個接著一個，說出十盤棋局的棋手名字和比賽名稱，甚至說出下一步是什麼。

當時來賓目瞪口呆的模樣的確讓人覺得心滿意足，回顧從前，我試著原諒自己年輕氣盛時這種愛現的行爲。當時我沒有解釋的原因，也很可能是當時連自己都沒注意到的原因，是他們所擺的陣對我而言等於把問題更簡單化。原因不在於棋局的選擇，因爲並非所有局面都選自於世界知名的對局；但是他們所選的每個局面都是對局中最關鍵的時刻，畢竟如果沒有這種關鍵時刻，這個對局就不會出名。世界上有這麼多有趣而知名的局面可供選擇，任何一個有自尊心的棋迷都不會從一個注定被遺忘的棋局裡選出一個平凡的局面。

當時我瞭解第一個局面來自於史上知名對局的關鍵時刻，便足以知道其他棋局應該也相去不遠。如果這些局面看起來並不特別有趣，或是看來平淡普通，我會假設參加宴會的賓客在我抵達之前在此隨興下棋。我瞄一眼棋盤，馬上知道我用不著評估這些局面，只需要從記憶裡搜尋。

如果知道可以發現解決的方法是很大的優勢，就像是選擇題沒有「以上皆非」的選項。任何人在這種情況下只要有一定的能力與足夠的資源，就可以把謎題解開。如此我們可以跳過精確的評估，直接尋找解決之道，直到找出有希望的解決方案。「不確定」才是更大的挑戰。

塞維爾危機

一九八五年我獲得世界冠軍頭銜之後，幾乎沒有時間品嘗勝利的滋味，傳統的頭銜保衛戰是三年舉辦一次，在這段時間裡，挑戰者會經歷嚴格的資格賽篩選程序，包括區賽、大型的「區際賽」以及一系列角逐者對抗賽，整個過程相當辛苦，因此能夠打入決賽的挑戰者無疑是值得尊敬的對手，事實上，自從一九五〇年開始採用這個資格賽制度之後（以往只有一場錦標賽），打入世界冠軍賽的選手只有兩位沒有成為世界冠軍。

不過，此一程序到了我這裡就中斷了，蘇聯為了幫助卡波夫，向國際西洋棋總會施壓，國際西洋棋總會迫於壓力，決定重新引用七〇年代的老規則：回敬賽條款。也就是如果世界冠軍輸掉比賽，他就有權在一年後不用參加資格賽，自動進入回敬賽，當年博特溫尼克就是充分運用這條規則，在一九五八年打敗史米斯洛夫、一九六一年打敗塔爾，自此之後此一規則便遭廢除。博特溫尼克在世界冠軍賽中戰績並不理想，在回敬賽裡卻勢如破竹，這個技巧讓他兩度捲土重來，使其征服者只能保有一年冠軍頭銜。

為了避免同樣的命運，我必須在一九八六年再次擊敗卡波夫。請注意，我在一九八五年贏了第二場冠軍賽、摘下世界冠軍頭銜之前，我與卡波夫已經從一九八四年到一九八五年下過有史以來最漫長的世界冠軍賽。一九八六年的回敬賽我以些微之差獲勝，但是嚴酷的考驗尚未結束，我們之間儘管有後來被取消的馬拉松棋賽、另訂時間舉行的世界冠軍賽以及回敬賽，新一屆資格賽的循環仍於一九八五年展開，意思是到了一九八七年——也就是我擊敗卡波夫的一年後，我又要和資格賽勝出的挑戰者對奕，而這一次的對手是誰？沒錯，又是卡波夫。

我的宿敵規避主要資格賽的程序，直接進入「超級決賽」，擊敗領先的挑戰者索科洛夫，於是一九八七年十月，我們在西班牙塞維爾進行三年以來的第四度世界冠軍對抗賽，若說我一九八四年就已經看夠了卡波夫，我現在是真的不想再見到他了，若能贏了這場比賽，我就有三年不用再見到他，也不用再見到任何挑戰者，這是我當時面對的危機。

在危機發生前就察覺到危機

察覺危機是另一種獨立的技巧，此處所稱危機非指毀滅性的大災難，萬一事情變得很糟，你毋需靠技巧或直覺便能察覺。一九五九年，甘迺迪（John F. Kennedy）在印第安拿波利斯發表的演說中提到，中文的「危機」（crisis）是由兩個字組成，一個字代表危險，另一個字代表機會，雖然事實上中文裡的意思並非全然如此，不過，用這個方法來闡述一個十分有用的概念，頗有詩意，也令人印象深刻。

令我感到有些意外的是，我發現這個字的英文定義已經十分完整。從一般用法來看，我們也許會以爲它代表某種「災難」，可是災難不需要同義辭。「危機」眞正的含義是轉捩點，是情勢急迫、結果不明確的關鍵時刻，它也帶有無法回頭的意思，同時意味著危險和機會，所以甘迺迪的說法就這個字的重點而言是正確的。

試圖完全避開危機通常會引發更大的危險，因爲這麼做往往只是延後危機出現的時間。永遠把船駛在平靜而筆直的溪流裡，所經之路從不會碰上急流和彎道，這樣雖然有點無趣，卻十分怡人。很多人希望在失敗風險極小的同時，獲得很大的成功，現今政壇和商業環境裡尤其如此。如果我們一開始便擁有諸多優勢，或許有可能達到這個願望，例如用繼承而來的大筆遺產投資做生意。但是對我們大多數人而言，成功必須依靠對風險的察覺、評估和控制，而三者當中最重要和最困難的往往是察覺危機。察覺危機之所以重要，是因爲如果無法做到，我們在危機出現時就無法控制風險，最後只能在掙扎中求生存；之所以困難，是因爲要察覺危機，必須要能對最微小的變化有所警覺。

世界冠軍史帕斯基曾說：「從棋手能否察覺棋賽的高潮，最能看出他的狀況。」我們不可能永遠下出最佳棋著，因爲精確需要付出時間的代價，反之亦然。但是如果我們可以察覺到關鍵時刻爲何，就能在最重要的時刻作出最佳決策。每一步棋的重要性都不同，我們必須依賴直覺來告訴我們——就在這裡、就是此刻，我們需要花更多時間來考慮，因爲輸贏也許就取決於這個決定。

察覺危機除了能夠反映出棋手的狀況，這種能力也是棋手和決策者整體能力的衡量標準。最頂尖棋手的過人之處就在於其辨識特定因素和整體關鍵因素的能力，經由分析過去的棋賽最能看出這一點。儘管在今天，要瞭解百年前某個人在想些什麼，的確十分困難，不過，以西洋棋本身就是一個認知的實驗室而言，其絕妙之處就是能讓我們瞭解前人的想法。我們無法確定拉斯克是否知道某一步特定的棋著是棋局的關鍵，但是經由分析他的對局，我們能看出他何時找到最佳棋著、何時沒找到，我們通常還能知道棋手在一步棋上花了多少時間。

必勝戰略

也許是我急於確保往後三年內不必再和卡波夫對奕，導致我們在賽維爾的棋賽剛開始時波折連連，前八局中的四局十分關鍵，我們分別贏了兩局，其他四局都是和棋，我對自己不穩定的表現以及無法拉大差距頗感失望；接下來卡波夫在第十一局犯下大錯，我在情勢不明確的局面下獲勝，並在預訂進行二十四局的比賽中首度取得領先；接著在連續四局和棋之後，卡波夫贏了第十六局，將比分扳平，此時我滿腦子都是我的冠軍頭銜以及我必須以十二比十二保住頭銜的事，因此我開始採取守勢，不再對他施壓，畢竟只要打成平手我就能獲得三年的平靜；接下來又經過六局平淡無事的和棋之後，來到一決勝負的最後兩局。

如果比賽以平手結束，我就能保住頭銜，這樣的結果雖然不如我理想中以理直氣壯的勝利結束我們漫長的比賽，但是饑者不得擇食，我不想發動攻擊，卡波夫也沒有精力這麼做，再兩局和棋似乎是最合理的結果。事後我才知道我的分析團隊也是這麼想，比賽結束後他們才告訴我他們打賭的事，特級大師阿茲馬帕拉什維利（Zurab Azmaiparashvili, 1960~）和朵夫曼（Josef Dorfman, 1952~）以比賽結果下注，朵夫曼押的賭是兩局和棋之外任何一種結果。

如果朵夫曼賭輸了，我會覺得很開心，可是很不幸的，一連串和棋只持續了六局。經過艱難漫長的防守，我因爲出現職業生涯中最糟糕的幻覺而犯錯，輸掉第二十三局，突然間卡波夫領先了一分，只要再一盤和棋他就能奪回兩年前被我摘下的冠軍頭銜。這場慘劇發生後的翌日，我得執白子下非贏不可的第二十四局，彷彿西洋棋女神凱薩懲罰我採取悖於本性的保守下法，我必須贏棋，才能保住我的頭銜。

在此之前的西洋棋歷史上，僅僅出現一次棋王贏了最後一局才保住頭銜的紀錄，那次是發生在一九一〇年的世界冠軍賽，拉斯克背水一戰，在最後一局執黑子擊敗對手施勒希特，比賽以平手結束，拉斯克在接下來的十一年裡都一直保有世界冠軍頭銜。奧地利的施勒希特和卡波夫一樣，都是出了名的防衛奇才，事實上，他在最後一局棋賽是以頗不同於其本性的激進下法與拉斯克對奕，讓一些歷史學家以爲當時比賽的規定是挑戰者必須贏兩分才能奪取冠軍頭銜。

一九八五年的情況正好相反，進入最後一局時我領先一分，卡波夫必須贏棋才能保住他從一九七五年以來一直保有的頭銜。如同在第三章所述，在那局關鍵性的棋局裡，卡波夫一開始就採用孤注一擲的進攻策略，他的直覺卻在關鍵時刻背叛了他，他沒有找到最佳著法。卡波夫以我所擅長的直接進攻棋風開局，卻在中途放慢腳步，改回採用自己本性所喜的謹愼下法，可以預見必然不會有好結果。

再回到這次捍衛我自己頭銜的棋局，我在備戰時，想起那次關鍵性的對局，在這場非贏不可的對局裡，執白子的我應該採用什麼策略？這不僅是這場棋賽的第二十三局和第二十四局，也是我們之間的第一百一十九局和第一百二十局，這在頂級棋手之間是超乎尋常的數字，而且這些對局全部是在三十九個月當中進行，感覺就像是一場漫長的棋賽，而一九八七年十二月的最後一局棋，就是這場始自一九八四年九月以來漫長棋賽的關鍵，在計畫這最後一局棋時，我除了要考慮自己的偏好，還必須選擇對手最窮於應付的變化。還有什麼比得上我反過頭來用卡波夫的下法來對付他，更能激怒卡波夫？

複雜、叉路、模糊、賭注

在其他領域裡，歷史上的高瞻遠矚都變成了個人觀點，近代歷史受到不同黨派人士的扭曲，也因而飽受爭論；而遠古的歷史則是一張由傳說編織而成的網，眞實事件僅僅零星點綴其中，這些傳說被放在教科書裡，一代傳給一代，直到我們信以爲眞。更具殺傷力的迷思，就是相信龐大複雜的問題存在著單一客觀的答案，例如認爲第一次世界大戰的起因是由於某位大公遭到暗殺，彷彿歷史和生命本身可以被拆解成試卷上的選擇題。

法國小說家維尼（Alfred de Vigny, 1797~1863）曾寫道：「歷史是人類所寫的小說。」而一部小說裡沒有危機和衝突是令人難以想像的事，歷史就是許多危機點所構成的故事，一個接一個。我認爲對於「危機」最簡潔有力的定義，就是「問題無法回答的時刻」。危機是充滿不確定性以及注定要犧牲的時期，隨著時間的累積，我們的直覺會把經驗轉化成更能察覺到危機時刻的觀察力，我們也可以假設，可以用來分析西洋棋局面的指南，也同樣適用於談生意以及締約談判。

如同本書討論過的許多主題，我們能憑藉直覺感受到危機的來臨，但往往無法以理性的態度去預測和處理，如果我們保持警覺，就能辨別危機來臨的預兆，進而即時採取行動，把損失減到最小，並把危機中的機會擴增到最大。

衡量一件事的複雜程度，可以依據其所包含要素的數量，以及更重要的——要素之間交互影響的可能次數。對局剛開始時，棋盤上有三十二個棋子，但是沒有人會用「複雜」來形容最初的排列，因爲此時棋子在棋盤上沒有任何交集。一旦要素融合在一起，就好比無法預測的化學反應，情勢開始變得複雜，當複雜度和交互影響的程度達到頂點，我們就處於危機時刻了。我們必須對決策的重要程度和決策的相對難度保持警覺。另一個要注意的徵兆是當選擇的路徑愈來愈分歧，每個人都會想要盡量延長考慮的時間，這種人類的天性並非完全無益，但是切忌讓延長考慮時間變成拖延無可避免的決定，我們必須辨識在什麼時間點拖延決策不會爲我們帶來任何好處。

一轉出死角就突然出現寬闊的岔路，這種情況非常罕見。明顯擺在眼前的抉擇往往是在有充分心理預期之下才會出現，如果遇到明顯必須作出抉擇時卻無法當機立斷，就是白白浪費了看到這些時間點出現的優勢。我們必須利用時間優勢，做好準備，如果可以提早看到危機形成，就能把力量用在正確的地方。

所有危機在定義上都包含時間因素，即使像全球暖化這種發生速度和冰河融化一樣緩慢的議題，都會有一系列的時限，不過，反之未必亦然，我們可能在沒有危機的情況下出現時間問題，如果風險極小或不可能出現負面結果，那就是單純的焦慮問題。

西洋棋手在走棋時間只剩下最後幾秒的時候，走起棋來和敲計時器的速度幾乎就是他雙手能夠移動的最快速度，此時的西洋棋反而更像任天堂遊戲。所以千萬別讓時間變成這種壓倒性的因素，完全無暇兼顧其他因素。

一直繞圈開車的賽車選手不需要太多的心理預期時間，當然駕駛其他車子就另當別論。在眞實世界裡，我們就像在高速公路上奔馳的車子，途中會遇到無數個交流道，幾乎一秒鐘就會出現一個，每個交流道都是抉擇，而且上面幾乎都沒有清楚的標示，當標示變得模糊，或是完全消失，就是另一次危機的到來。

換句話說，假如各個選項之間品質的差異愈難辨別，情勢就愈可能失控。可能失控與複雜的情況，是可以區分出來的，因為即使只有兩條路可選，失控的情況也可能發生。美國的羅斯福總統曾說，他在第二次世界大戰期間所作最困難的決定，便是選擇領導諾曼地登陸的指揮官，很多人認為這項任務應該交給馬歇爾，因為他是羅斯福最信任的指揮官，然而羅斯福最後選擇了艾森豪，其中的理由十分感人——羅斯福無法忍受他最親近的助手（也是最有效率的計畫者）在戰爭最關鍵的時刻離開他的身邊。

諾曼地登陸除了具備複雜和無路可退的特性，它同時也是一個危機點，其理由再明顯不過——資源的投資。如果風險很高，而且一旦失敗就會有嚴重的後果，那麼無論成功機率多大，都會是至關重要的轉捩點。

倫理學家、心理學家和邏輯學家喜歡設計一些題目，強迫我們去平衡危機的各種要素。想像你率領的一千名士兵被困在暴風雪中，眼前有兩條路可走，一條是要長途跋涉，走過滿佈積雪的山谷；另一條是捷徑，但要通過搖搖欲墜的山壁。如果經過山谷，你會失去百分之四十的士兵，如果走峭壁，你會有一半的機率可以救出所有士兵，但也有一半的機率會導致全軍覆沒。你會選擇哪一條路？此外，其中的百分比如何調整，會促使你改變決定？

公司總裁必須決定是要裁減百分之四十的人力，還是甘冒整個公司垮掉的風險而堅持不裁員。我們處理任何事，從投資儲蓄到規劃假期，都必須決定何時該放手一搏、何時該小心為上。我們的決定最終會取決於個性和承擔風險的程度，但計算永遠必須是因素之一，因為有些路徑確實比較優越。只憑著直覺魯莽行動，沒有作必要的分析，這已經跨越了直覺思維的界線，而可說是精神上的懶散。

俄羅斯神話裡有一個很經典的場景：一個英雄看到一顆神奇的石頭，石頭上刻有碑文，碑文給了他三個選擇，不過每一個選擇都伴隨著嚴重的不利條件；危險迫在眉睫，問題在於要冒哪一種險。現實生活中的抉擇鮮少如此明確，我們的決定永遠要在機會和犧牲之間求取平衡，我們不能被可能的收穫所蒙蔽，而完全忽略可能的損失。

在這種情況下，我們應該有什麼反應？一般人往往傾向於把這種難解的結一刀切斷，而非嘗試去解開，雖然傳說中的亞歷山大在戈爾迪烏姆城用這個方法十分管用❶，可是我們不能把劍帶到棋盤、試算表和商業計畫上，有時簡單明瞭的解決方案根本不存在，有時我們寧可解開繩結，才能把繩子保留起來，另做他用。逃避繁瑣微細的決定，用一個大決定來取而代之，這的確很吸引人，不過這通常意味燒掉一座原本只要我們更小心努力維護就能保住的橋。

雙方都犯錯

如果沒有和卡波夫下過先前的一百一十九局棋，我就不可能贏得了那盤關鍵的第一百二

❶相傳亞歷山大大帝率軍進入戈爾迪烏姆城（Gordium）時，聽到一個著名的預言：誰要能解開城中複雜的戈爾迪安結，誰就會成為亞細亞王。好大喜功的亞歷山大對這個預言非常感興趣，便請人帶他去看那個複雜的繩結，並試圖解開它。但嘗試了幾個月，都無法找到結的兩端。他茫無頭緒，一邊踱步一邊自問：「我要用什麼方法解開這個結呢？」突然間，他「靈光乍現」想到一個辦法，那就是「自己制定解開此結的規則」，於是就拔劍一揮，把繩結砍成兩半。

十局。輸掉第二十三局本身就有毀滅性的影響，我只剩下不到二十四小時的時間可以用來準備可能是我身爲世界冠軍的最後一局棋，而我的「秘訣」是什麼呢？就是和研究團隊的成員玩撲克牌，然後睡五到六個小時的好覺。

我們這場馬拉松式的世界冠軍棋賽的總成績爲雙方各贏十六盤，另外八十七盤皆爲和棋，贏了第一百二十局不只代表打贏這場比賽，也代表在我們交手的總成績中獲勝。所以我爲何並未好好研究開局，而只是玩撲克牌和睡覺？因爲，在與卡波夫交手過一百一十九次之後，我和研究團隊即使再焦慮不安地分析幾個小時，也不太可能有什麼新發現，我們訂定基本戰略之後，便不再多費神，剩下來的時間最好是用來讓我恢復心情和體力。這聽來有點奇怪，尤其我一向相當執著於準備工作，但這純粹是資源分配的問題，我選擇的策略不需要爆炸性的能量，而是要經得起慢慢燃燒。

第二十四局比賽當天，宏偉的羅貝維加劇院座無虛席，整場比賽透過西班牙電視台現場轉播，平常賽前觀眾的輕聲交談被低沉的吼叫聲取代，後來有人告訴我，興奮的西班牙廣播電台和電視台播報員聽起來像在轉播重量級拳擊賽的總決賽。事實上的確也相去不遠。

裁判按下我的計時器，我把 c 兵往前走了兩格，在前面的對局中我曾經八次如此開局，差別在於接下來的幾著棋，我讓中心的兵保持不動，開始部署側翼，我刻意避開在開局時就出現「不成功便成仁」的局面，我以緩慢的手法開局，甚至有些被動，目的是盡可能讓更多棋子留在棋盤上。這種走法會帶給卡波夫心理上的壓力，雖然他很擅長運用這種操盤法，但由於沒有明顯的強制性續著，他會一直試圖以兌子來簡化盤面，即使要付出稍微處於劣勢的代價也在所不惜。棋盤上棋子愈少，複雜度也愈低，同時也會降低出現決定性結果的可能性，但是只要我替這些兌子標上夠高的「品質標價」，我就覺得夠划算。

事實證明我這種慢條斯理的下法還有額外的好處，卡波夫陷入嚴重的時間問題。這盤棋關係重大，令他格外小心，他耗費寶貴的時間再三確認他通常可以迅速決定的棋著。隨著棋局的進行，卡波夫成功兌掉半數棋子，但是他的局面仍然給他帶來很不舒服的壓力，每一著棋幾乎都快要讓他扳回劣勢，但總是無法使他扭轉情勢，此時，時間漸漸成了影響他的重大因素。

我發現一個進攻機會，便把馬移到中心的e5，打算棄掉一隻兵，卡波夫上鉤了，他吃掉這個兵，吃掉這個可能導致災難的誘餌。他現在必須下得很快，因爲他離第四十回合還很遠，當時的規定是到了第四十回合才能暫停比賽，隔天繼續對奕（今天由於棋手會用電腦進行分析，此一規定已經廢止）。

我棄車之後，只剩下一后、一馬和一相，他則有一后雙馬，他雖然多了一兵，但是我看到大有可爲的戰術攻法，他的子力很不協調，王也岌岌可危，如果我可以用后潛入他的陣地，就能同時利用這兩個弱點。問題在於我第三十三回合要把后移到哪裡？卡波夫只能等待，他知道他必須迅速回應，不然就沒有足夠的時間走接下來的八步棋，他會因爲超過時間而被判輸棋。

正當我陷入沉思，突然有人拍我的肩膀，嚇了我一跳。荷蘭籍的裁判俯身對我說：「卡斯帕洛夫先生，你要記譜喔。」原來是因爲我全神貫注於對局，忘了依規定在記分單上記下我之前走的兩步棋，裁判提醒我要遵守規定當然無可厚非，但是他挑選的時機還眞妙！如果後來的結果剛好相反，這麼一拍可能就成了命運之手。

我忽略了一個很細微的差別而把后移到錯誤的格子，沒有發現在同樣的概念下走另一步棋會更有力。卡波夫利用我的失誤走了一著聰明的防守棋步，突然間，此時的他距離奪回頭銜僅僅一步之遙，但是他在倉促之下走出的應著也並非最佳著法，雖然我們在比賽結束後才發現我們雙雙犯下的錯誤。

卡波夫失去防守的最佳時機，我的棋子圍繞著黑王，我連本帶利取回棄兵，當我們下到第四十回合時，時間在混亂中告終，此時我明顯占上風，比賽暫時結束，隔天繼續再戰，頭銜歸誰仍懸而未決，今晚將是漫長的一夜。

從危機中學習

危機是我們接受試煉以及鍛鍊技巧和感官的時候，爲了尋求衝突而不斷把自己和身旁的人推向臨界點的人，並不是純粹在逞匹夫之勇。夏多布里昂[2]寫道：「危機時刻讓人類的生命變得更有意義。」我們應該把這種時刻視爲挑戰，乘機檢視自己的表現，回顧上一次我們是如何處理危機。如果你記不得最近遇到什麼危機，即使連成功化解的危機也想不起來，那你要不是非常幸運，就是非常無趣，或者兩者皆是。

如果我們希望自己能從危機中安然脫身，那麼就要選擇最好的時機來挑起危機。因爲，你可能擁有一切：物質、時間、品質，卻仍因錯估大環境的趨勢而陷入絕境。

保利瓦是南美獨立運動領袖，他成功的把西班牙殖民政權逐出他的故鄉委內瑞拉，以及哥倫比亞、秘魯，與後來以他命名的玻利維亞（Bolivia）。他的成就，以及後來美洲大陸南方的阿根廷將軍聖馬丁（San Martín, 1778~1850）的功勳，都直接受惠於當時全球發生的情勢。一八〇八年，拿破崙入侵西班牙，監禁皇帝查爾斯和他的兒子費迪南，使西班牙無暇顧及其海外殖民地，保利瓦和他的支持者抓住機會，抵抗新世界（意指西半球）的西班牙，他們發動的獨立戰爭很快席捲整個南美洲，西班牙雖然派遣了當時有史以來橫跨大西洋陣容最盛大的部隊，仍在短短十五年內被逐出南美洲。

骨牌效應持續發酵，而法國入侵西班牙對於法國本身也造成影響。由於威靈頓公爵以及英國軍隊暗助的西班牙游擊戰，使得西班牙變成拿破崙麾下很脆弱的側翼。拿破崙沒有正確的評估入侵西班牙的後果，使得這個衰弱、不穩的法國盟友，變成對英國敵軍廣開大門的疆域。在西班牙擊敗法軍的英國軍團，後來繼續在滑鐵盧擔任威靈頓大軍的主力。

我們回顧歷史時，提到歷史趨勢和殖民主義必亡等等當然說來容易，但是歷史趨勢不是命運的產物，而是眞實的人所作的冒險決定，進而戰勝一個又一個的危機。除了自然災害以外，沒有任何事是憑空發生的，在不平衡的局勢裡，第一個採取關鍵行動的一方，就是改寫歷史的一方。如果站在歷史正確的一方卻仍然失敗，只能讓你的後代稍感安慰（如果還有後

❷夏多布里昂（Chateaubriand, 1768-1848），法國作家兼政治家。

代的話）。在這種情況下，時機更是加倍重要，因爲你可能太早或太遲採取行動，你不能只在作好準備工作以後，就靜待機會降臨，機會之窗關閉的速度可能和它打開的速度一樣快，所以我們必須隨時準備強制主導事情的發展。

每當遇到這種情況，我們就能從中學習，因爲處理危機需要有不同於典型的決策，我們發現平常採用的模式並不管用，也沒有簡單的答案。情勢也許變得錯綜複雜、變化快速，以至於我們不得不用猜的。遇到這種情況，必須運用更抽象、更主觀的評估因素，我們沒有時間做扎實的分析，也難以取得實質的數據，這正是能夠區分出一位將軍是偉大抑或平庸、區分出一位政治領袖能否永垂不朽的關鍵時刻。

引發第一次世界大戰的所有原因當中，最重要的也許是參戰國低估了戰爭的代價，一八七七年到一八七八年間的俄土戰爭，在當時已是遙不可及的記憶，列強在俄土戰爭結束後的柏林會議裡，試圖建立長久的和平。那場戰爭造成十分慘重的傷亡，據估計光是俄軍的死傷人數就高達二十萬人，柏林會議後，很多領導人相信未來大國之間不可能發生戰爭，因爲現代武器殺傷力太強，會造成太多傷亡。

但是一八七八年的慘痛教訓已被世人遺忘，就像第一次世界大戰後在破瓦斷垣上簽署的凡爾賽條約同樣遭到世人遺忘。很少人能想像這場戰爭會歷時如此之久，更想不到它會導致四大帝國的崩解，雖然奧圖曼帝國早已岌岌可危，但是俄帝、德意志帝國和奧匈帝國卻無任何即將毀滅的徵兆。不過，這場戰爭非如大部分人所預期的速戰速決，反而催化了幾乎在歐陸發生的所有危機與瀕臨爆發的危機。

除了歐洲各國領導人沒能看清戰爭可能造成的大災難，一次世界大戰的爆發還包括一些其他因素。歐洲複雜的協約網已經到了盤根錯節的地步，任何一個國家採取激進行動都可能引發連鎖反應，因而導致全面戰爭，例如英國參戰的理由並非為了履行與強大盟邦法國的攻守同盟義務，而是為了小小的比利時。

我們可能認為這種混亂和欠缺遠見，是古時候才會發生的事，今天，即時的國際通訊媒介提供我們世界各地的最新資訊，但是即便溝通媒介大幅進步，還是無法預防危機。眾人皆知，在一九一八年「終結所有戰爭的戰爭」結束後的二十年，又爆發更血腥的戰爭。大國重新劃分邊界，試圖創造長期的和平，可是事實證明，幾乎第一次世界大戰後的所有決定最終都導致衝突和混亂，凡爾賽條約也造成全世界接踵而來的更多危機：如德國和波蘭、伊拉克和科威特，以及巴爾幹半島和大半個非洲……等等，而巴爾幹半島的危機在七十五年後又再度爆發。最近美國進駐戰後的伊拉克，就證明了只關注眼前的危機可能蒙蔽我們的視野，使我們看不到緊跟在後的更大危機。

所以，我們學到教訓了嗎？每個人處理危機的方法都不盡相同，我們選擇符合自己長處的解決方案（很不幸的是，做錯事情的方法永遠比做對事情的方法多），如果危機是問題無法輕易解答的關鍵時刻，我們就不能期待一般的解決模式能夠引導我們安然度過危機。

波蘭作家列茲（Stanislav Ezhi Letz）曾說：「要找到源頭，我們必須逆流而上。」只要有勇氣與經驗，我們就能迎接每一次危機，甚至為了能運用自己的方式去解決而去尋求危機。不要懼怕這種會帶來極大壓力和風險的時刻，我們必須接受危機是無法避免的事實，而要把目標放在改善預測危機的能力，以及妥善處理後果的能力。

緊緊抓住冠軍頭銜

睡個好覺固然重要，但我仍有工作得做，棋盤上還有十三個棋子，包括后在內，這種數量的子力無法作明確的殘局分析，我多了一個兵，但在子力有限的情況下，卡波夫有很大的機會逼成和棋。接下來還有很多可能的走法，我們花了整個晚上研究對方可能的防禦，並一一拆解，對局之前我預測機率是一比一，贏棋與和棋機會各半。

最好的消息是我可以在這個局面不停的反覆運子，引誘對手犯錯，黑方只能被迫防守，卡波夫也明白這一點，從他眼裡我可以看出，如此漫長的折磨對他會造成很大的傷害。卡波夫晚我幾分鐘走上舞台，他聽天由命的表情告訴我他在心理上已經輸了，這讓我信心倍增。

我開始調動棋子。我記得我看到卡波夫過沒多久就把一個兵往前移時，覺得十分驚訝，因爲那是我們分析時認爲會對黑方防守相當不利的一步棋，現在他的結構變得很固定，給了我更明確的攻擊目標。顯然若非卡波夫的分析團隊不同意我們的看法，就是這步棋是心理上的錯誤，卡波夫這步棋讓局面變得更固定，減少對局的不確定性。有時處於壓力之下我們很難讓自己持續承受壓力，反而會有很想作決定的衝動，任何一個決定都行，哪怕是不好的決定。我對我們分析的品質深具信心，所以我判定：卡波夫顯然背離我們分析結果的走法是錯著而非可能改善局面的佳著，這又進一步增加我的信心。

又走了十回合，我持續向他施壓，並開始感覺自己勝券在握。卡波夫的棋子已經無路可退，只要稍微再調動一下就會帶來關鍵性的得子；後來我聽說國際西洋棋總會主席坎波馬斯此時正忙著召開特別會議，決定如何處理原訂在當天舉行的閉幕典禮，因爲對局看來彷彿永遠不會結束，不知該怎麼辦才好？結果，就在此時有人跑進會議室宣佈：「卡波夫認輸了！」兩個危機雙雙化解。

這無疑是我在俄國以外得到最響亮、時間也最長的起立鼓掌致敬，如雷的掌聲響徹整個劇院。西班牙電視台中斷足球比賽轉播，改播對局的結果。我做到卡波夫一九八五年沒能辦到的事，我贏了最後一盤，打平這場棋賽，也保住了冠軍頭銜。這一次我有三年的時間可以好好享受勝利的滋味。

我走下塞維爾的舞台，跳進團隊成員的懷裡大叫：「三年！我有三年了！」令人遺憾的是，無論我們多麼渴望，時間也不會停留在這一刻，這三年的時間過得比我想像中還要快。我們再度交手——卡波夫和我，我們再次面對面，進行我們兩人之間連續第五度世界冠軍賽，我們如史詩般的大對決已成爲西洋棋史的一頁，今天幾乎所有頂尖棋手都是從小看著我們的對決長大。

一九九〇年，我又以些微差距贏了我們兩人之間最後一場世界冠軍賽，我們交戰的得分紀錄十分接近。但是每一次對奕、每一場比賽，無論是在莫斯科、聖彼得堡、塞維爾，還是里昂，每一次關鍵的時刻都是我獲得勝利，這對我而言比任何輸贏的數據都更有意義，因爲這代表我在最關鍵的時刻都有最好的表現！

後記
生命即是準備

我們的未來不只會以我們的過去來定義，還會取決於我們如何瞭解、運用過去的經驗。我回顧自己的前半生，彷彿在看小時候父母給我的地球儀，在我們珍惜的事物裡、在我們找到成功和失敗的地方，這些過去構成了一張地圖，地圖上不只記載了我們從何而來，也註記我們要往何處去，但是這張關於未來的地圖最令人不可思議之處，在於它並非篆刻於石上，而是能夠靠著洞察力和努力，隨心所欲的加以塑造。

我的後半生將會有很多新挑戰，我會有新目標、生命中會出現不同的人，我已經離開我唯一瞭解的職業，新領域乍看之下也許陌生，但是西洋棋的生活爲我打下扎實的基礎。我問自己，既然已經征服了西洋棋世界冠軍的最高峰，怎麼可能還會怕秘密警察？一輩子都站在舞台上的我，又怎麼可能會在國家領導人和跨國公司總裁面前驚慌失措？

經過一生的準備和自我檢討，我相信自己絕對擁有適應新戰場的必備工具，不過我不期待這種轉換會永遠一帆風順，我需要新的戰略和戰術。我的地圖佈滿了灰色地帶，邊界也永遠不會完全繪完，最重要的是，我已經學會不畏懼這種未知的領域。

我十歲的兒子瓦欽已經到了我自己童年記憶歷歷在目的年紀，他的生活當然會和我的很不一樣，我眞心希望能給他引導，我深信倘若家父還在人世，必然也會持續給我同樣的引導。走過一段轟轟烈烈的人生，我很慶幸能遇見達莎，她既是我的朋友、妻子，也一直是我背後的支柱；此外，我更要感謝引導我走過人生第一個職業生涯的人——我的母親克拉拉，她再度陪伴我走入人生第二個職涯，每當我遇到困難時，她的話總能激勵我：「除了你之外，還有誰？」

不再有秘密

本書的目的是要啓發同樣擁有冒險精神的人，我們都可以照著自己的人生地圖，航向未知的領域，在那裡，我們會面對新的挑戰，瞭解失敗爲成功之母的道理。我們會記得麥哲倫，是因爲記得那股引領他在一五一九年環遊世界的信念，很少人記得他並非完成整個奇航的十八位倖存者之一。

和任何探險家一樣，我們必須先規劃行程和策略，然後要整合資源，謹愼加以分配，同時去蕪存菁；一旦開始進行，我們必須保持敏銳的戰術眼光，除非確定退縮不前正好符合我們的需求，否則永遠不能在衝突中退縮；我們要對危險和機會保持警覺，不能受此干擾而背離目標；我們必須時時察覺環境的改變，並尋求機會做正面的交換，以善加利用新的情勢。

更重要的是，我們必須清楚自己所有的決定，不僅要評估每一項行動未來的進展，也要回顧並分析過去的決策，以及決策過程的效能。

探險不會讓我們感到疲倦，而是替我們注入新的活力，使我們充滿自信和靈感，也使我們的感官更加敏銳。未知的挑戰很快會變得比熟悉的慣例更令我們欣賞，新的刺激會培養我們的直覺，讓我們更能察覺趨勢的形成，在擁有縝密思緒的同時，也擁有宏觀的視野，單一事件之間變得更容易連結。當危機來臨之際，我們的直覺可以作爲警示系統，一旦意外出現，我們的本能反應會讓我們有主動出擊的機會，而非僅止於被動的防守。

大約二十年前，基於早熟的性格，我替自己的自傳寫下結論：「隨著我解決一個又一個問題、擊敗一個又一個對手，我明白最重大的戰鬥尚未來臨……，我的奮鬥永無止境。」現在，我知道我不只是在和蘇聯體育委員會、國際西洋棋總會或克里姆林奮戰，也是在挑戰自己的能力與極限。我們可以把精力用在爲自己的命運負責、創造轉機，帶來正面的影響等方面。

每個人衡量成功的標準皆不相同，但是第一個步驟，也是最重要的步驟，就是瞭解成功的秘訣就在我們心裡。

補充後記
爭取民主的策略

二〇〇六年底，正當本書送往好幾個國家的印刷廠付梓之際，俄羅斯內部的政治紛擾突然成了世界各地的頭條新聞，英國籍的俄羅斯前特工、批評克里姆林不遺餘力的李文年科（Alexander Litvinenko）被罕見的放射性物質「釙二一〇」毒殺身亡。目前至少有三個國家仍在調查這個案件。

這件謀殺案緊接在轟動一時的記者波利特柯夫絲卡雅（Anna Politkovskaya）謀殺案之後發生，而後者就發生在普丁生日當天。以往在西方世界的認知中雖屬專橫獨裁、卻尚稱穩定的普丁政權，因而受到西方注目。突然間，國外媒體終於領悟：我們這些反對派多年來大聲疾呼的事實——克里姆林沒有走向民主，而是比從前更加獨裁，而且毫無穩定可言。

世人的興趣促使媒體更加注意我在俄羅斯反對運動中所扮演的角色，也想知道前任棋王的身分對於我所追求的使命有何助益。因此，出版社希望我在最後一刻加入這篇補充後記，說明我如何把書裡呈現的內容，用於我在俄羅斯從事的政治戰鬥。但是這篇補充後記不只爲了因應時事，在撰寫本書以及爲企業演說作準備的同時，從融會貫通這些方法，進而實際運用這些方法當中，我獲益良多。我真的是「從自己的書裡學習」，這也印證了一句古老的格言——學習一件事最好的方法，就是去教它。

我所推動的政治議程中，最重要、也最困難的要素就是制定一套策略，爲反普丁的勢力注入活力。這種感覺很像半途加入一盤已經開始對局的棋賽，發現我所加入的這一方在所有變化裡都快要被將軍。我可以馬上將這種情況與我第一場世界冠軍賽聯想在一起，也就是我在一九八四年到一九八五年與卡波夫對奕的那場漫長棋賽。那次比賽裡，我有長達好幾個月的時間距離慘敗僅僅一步之遙，在那種情況下，我必須偏重求生存而非求獲勝的新戰略，結果我辦到了，我撐了過去，得以隔日再戰；等到下一次交手，我就是贏家。

二〇〇四年，對抗克里姆林的勢力正處於同樣悲慘的狀態。不幸的是，在這場比賽裡，我們的對手不停改變規則，而且規則永遠對他們有利。然而，即使面對這種無法預測的不公平競爭，好的策略仍使我們有奮鬥的機會。我從計畫的基本原則著手——針對局面進行詳細評估，進而決定最重要的因素爲何。找出整體局勢的輪廓是首要之務，此外也必須敵友分明，這在黑白分明的棋盤上是再簡單不過的工作，但在灰暗的政壇裡卻複雜許多。

最後，我發現兩件事最爲明顯，首先，就反抗普丁鎮壓的組織勢力而言，其持續的存在已然岌岌可危，我們必須向下扎根才能存活，否則可能會完全被推下棋盤。面對這種對手，你不可能優雅的認輸，也不可能與之達成和平協議；面對這種一心想完全掌控的威權政府，你存在的每一天都散發出希望的訊息：「我們還在」。既然無法運用電視或任何國家掌控的媒體，我們一定得找出別的方法來散播這個重要的訊息。

其次，反對勢力必須結盟。反對勢力就像一盤散沙，小型政治組織以及非政府組織各行其是，儘管各組織的成因和意識形態各不相同，我深信我們必須結合在一起，找到共同的抗暴之道。我們有一個共通點，那就是瞭解民主是我們唯一的救贖，無論是自由派、共產黨，或是人權團體，我們都相信、也一直相信，如果俄羅斯人民被賦予公平選舉的機會，我們就能抵抗普丁，不讓他把我們的國家變回一個警察國家。

反對勢力不會自然而然合而爲一。所以我的第一步，是在二〇〇四年一月共同發起「二〇〇八委員會——自由選擇」（Committee 2008 – Free Choice），並擔任主席。此一聯盟集結了想法一致的自由派人士和媒體人士，我們的目標在於確保二〇〇八年普丁的第二任期——亦即憲法規定的最後一任——結束後，俄羅斯屆時能有自由公正的總統大選。透過這項工作我也發現，俄羅斯的問題實在大到無法從內部或意識形態去解決。

之前討論過無法透過既定架構解決的問題，說的就是這種問題。運用協商得到政治資產以交換政府認可，只會讓腐敗的體系永續生存，也會使我們同流合污。要得到眞正的影響力，就必須專注於最重要的議題——不是和克里姆林合作，就是要努力去瓦解這個政權。

類似的合作想法已經蔚然成風，進而促成「全俄羅斯公民大會」（All-Russia Civil Congress）在二〇〇四年十二月成立，我獲選爲聯合主席。我一直密切觀察各方社運人士的不滿，我發現大家都厭倦隨著普丁起舞，同時眼睜睜看著他們的領導人爲了微不足道的施捨和普丁達成協議。公民大會被視爲合作的平台，可是當政治立場相左的人無法拋開葉爾欽時代內戰的思維、無法與昔日的敵人合作，公民大會便無法發揮作用。後來事實證明，我最大的貢獻便是替這個缺口搭起連接的橋樑。

二〇〇五年三月，我自職業棋壇退休，便開始計畫我在政治戰線的下一個戰術操作。我們遭遇到一大障礙，那就是除非獲得掌權者的同意，沒有人有辦法接近電視媒體，缺乏這個通路，政治的草根就會在整個國家枯萎，我們必須想辦法把觸角伸到莫斯科中心有錢人聚集的「花園圓環」以外的地區，需要一個組織來串連不同意識形態的反對團體，同時發展遍及全國的社運人士網絡。這個新組織就是「聯合公民陣線」（United Civil Front）。我透過這個組織在俄羅斯各地散播我們的訊息，從海參威到加里寧格勒，討論為何偏遠鄉間如此貧困、菁英人士卻如此富有；以及最重要的——告訴大家：為了爭取公民自由與民主，我們現在聯合起來還不算太遲，因為唯有如此，才能改善每況愈下的生活水準。

這個聯合不同意見的反對組織也帶來一些正面的影響。左派人士與那些仍在哀悼蘇聯瓦解的人，開始瞭解自由民主和政治自由的重要性；自由派人士也學會接納左派所宣揚的社會主義。結盟不僅強化了反對勢力，也幫助組織之內的會員全體釐清、推動特定的目標。

所有的理念都使我獲益良多，我迅速的學習，我們也一直在進步，但是無論在俄羅斯國內或是國外，我們仍然需要接觸更多的群眾，現在正是進攻的時機。在我算來只有七大工業國的「八大工業國」於二〇〇六年夏天在聖彼得堡召開高峰會，當自由世界的領導人和媒體聚集在俄羅斯的時候，就是我們聯合起來，散播訊息的最佳時機。

我們在莫斯科召開國際會議，聚集全國的社運人士分享想法、互相打氣，我們也邀請全世界勇於替民主發聲的國際媒體及講者。我與全俄羅斯公民大會其他的共同主席寫了無數封邀請函，到處託人幫忙，在必要時施加壓力，終於得到許多傑出人物的支持聲明，不過，很遺憾少有八大工業國的政府有勇氣公開為我們背書。我們將活動命名為「另一個俄羅斯大會」，目的是昭告全世界，普丁對外所展現穩定、民主的俄羅斯只是一個假象。

我們知道我們有很大的進展，因爲政府開始用各種方式騷擾我們（如果這是衡量成功的方法，那我應該覺得很光榮，因爲我們簡陋的聯合公民陣線辦公室這個月被國家安全人員查抄，正好在我們舉辦莫斯科遊行之前幾天）。雖然我們仍然朝不保夕，但我們已經成功的把自己推到政治棋盤上，並且占有一席之地。

俄羅斯的反對勢力和我的政治思維同時與日俱進，聯合公民陣線替全俄羅斯公民大會增添政治影響力，後來，兩者終於合而爲一，成爲「另一個俄羅斯」（The Other Russia）。

我們的處境依然不利，但在評估對手情勢時，我發現他們也並非沒有弱點。這些掌權人士有個很大的罩門，因爲他們財產的大部分都投資在銀行、股票市場、房地產，甚至足球隊，而且絕大多數是在國外，這意味著他們禁不起外在的壓力。倘若西方世界因爲俄羅斯政權日趨獨裁，最終切斷與俄羅斯的關係，這些掌權人士將無法承受此一代價。不過，到目前爲止，我們很難說服所謂自由世界和自由媒體的領導人對這些掌權者施加這種壓力，普丁把能源財富當作棍棒，歐洲的領導人只得乖乖服從。因此，我所擬戰略中的第三項要素，就是盡我所能在社論文章裡揭發這種僞善的行爲。

我們並未短視到不去注意可能的後果。維持結盟十分重要，因爲如果不穩定的普丁政權因內部衝突而突然崩解，可能會導致大混亂。我們要記得僅僅十五年前，強大的蘇聯政權瓦解時，西方的情報組織均十分震驚。我們必須看得夠遠，才能有充分的準備，包括爲勝利作準備！

二〇〇六年十二月

附錄　名詞解釋

本文中，我會簡單的介紹書中提及的西洋棋術語，其中一部分在書裡已作過詳細解說。

本圖爲棋局開始時棋子的擺放位置，棋盤共有六十四格，每一方在一開始共有八個棋子和八個兵。這八個棋子名稱爲王（代號K）、后（代號Q）、車（又名城堡，有兩個，代號R）、相（又名主教，有兩個，代號B）、馬（又名騎士，有兩個，代號N）。

棋盤邊緣的座標是作爲「代數記譜法」的基準，例如「1.e4」代表兵在第一回合走到e4格，開局棋步「1.e4 e5 2.Bc4」代表白兵進到e4，黑兵進到e5，接著白相走到c4。運用類似的方法，西洋棋的對局保存了數百年之久，現代的電腦資料庫裡則包含上百萬盤棋局。

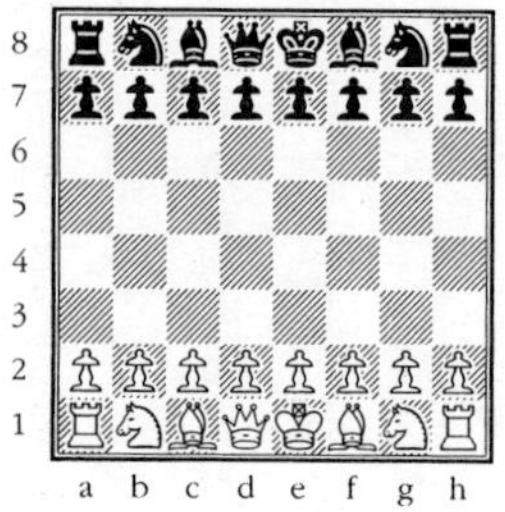

■**超快棋賽**（Blitz Chess）：下棋時間非常短的棋賽，通常每位棋手只有五分鐘。

■**中心**（Center）：棋盤正中央的四個格子（d4,e4,d5,e5）。控制中心是最主要的戰略目標之一，掌控中心的棋手在棋子的移動能力上占有優勢，因此有發動攻擊的潛力，不同格子的位置價值通常等於從格子到中心的距離。

■**將軍**（Check）：一方的王遭到攻擊。王遭受攻擊的棋手必須做以下三件事之一：移動王、吃掉攻擊的棋子，或放入一個棋子阻擋攻擊線。

■**將死**（Checkmate）：王無法躲避攻擊的局面（王永遠不會真正被吃掉），棋局結束。

■**棋鐘**（Chess clock）：有兩個鐘面的計時器，記錄每位棋手剩下的時間，一方走完一步棋後，按下棋鐘，他這面計時鐘便會停止，對手那面計時鐘同時開始計時。鐘面時間則是整盤棋局的時間，而非一步棋的時間，時間用盡棋手就輸棋。

■**古典棋賽**（Classical chess）：走棋時間相當充裕的棋賽，每位棋手至少有九十分鐘，通常超過兩個小時。

■**顏色**（Color）：無論棋子真正的顏色為何，皆統稱為白方或黑方，白方永遠先行，在職業選手層級，白方有很大的優勢。

■**戰術組合**（Combination）：有特定目標的一系列強制棋著，組合中通常包含棄子。

■**和棋**（Draw）：棋局結束時沒有決定性的結果，通常由一方提和，另一方同意；另外無子可動、五十回合沒有進展或重覆三次同樣的局面，也會判和。在傳統計分制度裡，和棋時雙方都能加半分。

■**殘局**（Endgame）：棋賽的最後階段，在中局之後。到了殘局階段大部分棋子都已經兌換掉，此時下法成了技術性而非策略性考量。

■**國際西洋棋總會**（FIDE）：英文全名是The International Chess Federation，FIDE為其法文Fédération Internationale des Echecs全名的縮寫。

■**開局讓棋法**（Gambit）：開局時一方自願犧牲子力，換取局面上的優勢。

■**對局**（Game）：兩位棋手對奕的一局。

■**特級大師**（Grandmaster）：擁有最高級國際頭銜的棋手，除了很罕見的例外情形，此一頭銜皆是授予三場錦標賽成績符合標準、等級分至少2,500分的棋手。

■**主動權**（Initiative）：令對手局面感到威脅的能力，擁有主動權的棋手能經由發動有效威脅的能力，控制棋賽的走向。

■**系列對局**（Patch）：兩位棋手之間一系列的對局。

■**子力**（Material）：棋盤上所有棋子，減掉永遠不會離開棋盤的王。擁有子力優勢代表棋子的總價值較大。

■**中局**（Middlegame）：開局之後、殘局之前的對局階段，沒有精確、公認的分界，中局階段的大致定義是子力已佈局完成，仍可能有複雜的戰略及戰術的下法。

■**開局**（Opening）：棋賽的開始階段，開局棋著通常由一連串精確記憶的棋著組成，叫做開局法，開局通常在棋子皆離開原來的格子，開始出現原創下法時結束。

■**兵**（Pawn）：由於其移動能力有限，是價值最低的棋子。雙方一開始都有八個兵，兵通常不算在棋子內。當兵長驅直入對方底線時，就有獨特的能力可以升變為除了王之外的任何棋子，絕大部分都是升變為后。

■**棋子價值**（Piece values）：棋子的相對強度，一般以相當於幾個兵為標準，馬、相值三個兵（或者相比馬多一點），車值五個兵，后值九個兵。

■**快棋賽**（Rapid chess）：下棋時間相當短，介於超快棋賽和古典棋賽之間，通常約為三十分鐘。

■**等級分**（Rating/Elo rating）：以每盤對局結果為基準計算而得到的數字，代表棋手的表現。此一積分系統由美國物理學教授艾羅（Arpad Elo）所創，國際西洋棋總會從一九七〇年開始採用。特級大師通常等級分在2500分－2800分以上；優秀的業餘錦標賽棋手可能會到1800分；一般成年的初學者在參加幾個月錦標賽之後會達到1200分，一級通常是200分。

■**棄子**（Sacrifice）：為了局面上或戰術上的優勢而犧牲子力，一般而言，棄子都有特定的戰術目標，例如製造攻擊對手王的機會。

■**空間**（Space）：局面因素之一，代表棋子的行動能力與其控制的格數，擁有空間優勢的棋手可以較自由的調動子力。

■**戰術**（Tactics）：遂行戰略計畫的手段，棋局中的每一步棋都包含戰術成分，戰術必須計算，也是戰術組合的基礎。

■**時間控制**（Time control）：每一方棋手必須走完所有棋步的時間，依棋賽規則而訂，其中差異很大，有僅僅十分鐘的超級快棋，也有可能長達七個小時的古典棋賽。

■**贏**（Win）：贏一盤棋可以得到一分。當其中一方被將死或認輸時，另一方就贏棋；很少職業棋局以將死終結，因為棋手一旦發現自己必輸無疑，就會認輸。

國家圖書館出版品預行編目資料

走對下一步：向棋王學策略思考／蓋瑞．卡斯帕洛夫（Garry Kasparov）著；方祖芳譯．-- 初版．-- 臺北市：遠流，2007.12

面；　公分．--（實戰智慧館；340）

譯自：How life imitates chess：making the right moves, from the board to the boardroom

ISBN 978-957-32-6205-3（平裝）

1. 卡斯帕洛夫（Kasparov, G. K.） 2. 傳記 3. 西洋棋 4. 決策管理 5. 戰略 6. 俄國

997.16　　96022125